汽車记忆

何光远题

NEW JOURNEY

1950 2020

中国汽车工业咨询委员会 指导

葛帮宁 编著

新征途

解放研发70年

中国工人出版社

图书在版编目（CIP）数据
新征途：解放研发 70 年 / 葛帮宁编著. -- 北京：中国工人出版社，2020.7
ISBN 978-7-5008-7439-3
Ⅰ. ①新… Ⅱ. ①葛… Ⅲ. ①汽车工业－工业史－长春－现代 Ⅳ. ① F426.471
中国版本图书馆 CIP 数据核字 (2020) 第 102949 号

新征途：解放研发 70 年

出 版 人　王娇萍
责任编辑　习艳群
责任印制　栾征宇
出版发行　中国工人出版社
地　　址　北京市东城区鼓楼外大街 45 号 邮编：100120
网　　址　http://www.wp-china.com
电　　话　（010）62005043（总编室）
　　　　　（010）62005039（印制管理中心）
　　　　　（010）82075935（职工教育分社）
发行热线　（010）62005996　82029051
经　　销　各地书店
印　　刷　北京美图印务有限公司
开　　本　710 毫米 ×1000 毫米 1/16
印　　张　22
字　　数　300 千字
版　　次　2020 年 7 月第 1 版 2021 年 7 月第 3 次印刷
定　　价　68.00 元

1

1950 年 3 月，重工业部成立汽车工业筹备组。同年 7 月 3 日，在北京南池子 76 号成立汽车实验室，中国汽车研发之路由此开启

2

1956 年 7 月 13 日，第一辆解放 CA10 下线，结束了新中国不能制造汽车的历史

3

1953 年至 1956 年，一汽先后派 8 批共 518 名实习生到莫斯科实习。图为苏联专家在现场做技术指导

4

1962 年至 1964 年，一汽开发并研制出 CA140 型载货车，后移交至二汽生产

5

1980 年至 1983 年，汽车研究所用 3 年时间完成 CA141 产品定型。图为汽车研究所工程技术人员正在审查解放 CA141 模型

6

1987 年 1 月 1 日，解放 CA141 投产

7

1995 年 5 月 31 日，解放第三代产品 5 吨平头柴油车投产，形成解放卡车长头、平头两大系列产品

8

2002 年 7 月 15 日，第四代解放产品“四大”加强型下线

9

2003 年 12 月 20 日，国内第一台拥有自主知识产权、具有国际先进水平的 CA6DL 奥威四气门大功率重型柴油机投产

10

2004 年 7 月 15 日，解放奥威重卡下线

11

2007 年 7 月 15 日，解放 J6 下线

13

2018 年 4 月 18 日，解放 J7 下线

14

2018 年 4 月 18 日，一汽解放在青岛港发布 L4 级系列智能车

15

2018 年 5-6 月，两辆解放 J7 从长春出发，横穿欧亚大陆，跨越 5 个时区，历时 55 天，行驶 20000 余公里，途经 10 个国家，到达意大利都灵，完成“丝绸之路”穿越之旅

序 一

薪火70年 解放在征途

今年是中国汽车工业诞生70周年。

中国汽车工业的发端并非自第一汽车制造厂建设开始，而是从新中国诞生不久的1950年初——中央人民政府重工业部成立汽车工业筹备组时就开始了，至今正好70年。

中国汽车工业发展70年，也就是中国汽车工业技术发展70年。因为汽车工业筹备组最初的领导人，一位是郭力，他是一位具有很高政策水平和领导能力、多年从事军事工业的老干部；另一位是孟少农，他是一位具有渊博知识、海内外知名的汽车专家。这样的领导组合就必然使得新中国的汽车工业和汽车技术同步诞生、并肩前进。

今天我为之作序的这本书正是对中国汽车工业技术70年发展之路的一个系统回顾。

翻开这本书，中国汽车工业和汽车技术前进的脚印就清晰地展现在我们面前。直到今天，这条薪火相传的路已经整整走过了70年。

1950年1月10日，时任中央重工业部副部长刘鼎同志找到时任重工业部技术室主任孟少农同志，开始着手规划中国的汽车工业。接下来的两个多月就是普查中国的机械工业现状。那时候，中国还没有全部解放，国民党旧政权给我们留下的是一个千疮百孔、百废待兴的烂摊子，普查工作的艰难可想而知。孟少农同志带领的普查团队在上海调查时就曾经历过两次国民党空军的空袭。

就是在这种困难的处境中，1950 年 3 月 27 日，汽车工业筹备组正式成立，暂在灯市口胡同办公。筹备组主任郭力，副主任孟少农、胡云芳。

筹备组面临的第一个紧迫问题就是尽快广纳人才。筹备组吸纳的人才大致来源于四个方面：一是从晋察冀调来的干部，如胡亮、吴彦儒等；二是从各地抽调和吸引而来的专业科技人员，如吴敬业、王玉京、张致中等；三是海外学成归来的专家，如支德瑜、陆孝宽、杨南生、翁世功、励承豪等；四是大学应届毕业生，如刘经传、陈善述、汪声銮、李松龄等。正是他们这些人，组成了中国汽车工业萌芽时期的核心力量，成为中国汽车技术的第一簇火种。

1950 年 7 月，筹备组汽车实验室成立，从而诞生了中国汽车行业第一个研发机构。后来，汽车实验室逐渐演变成一机部汽车拖拉机研究所。在一汽建成后，一机部汽车拖拉机研究所的汽车业务部分又迁往长春，成为长春汽车研究所，最后又成为一汽技术中心。70 年来，日月变迁，但是从汽车实验室开始的这支技术力量队伍始终坚持自主的发展道路，为中国汽车事业作出了巨大的贡献。更为难得的是，这里培养出了数以千计的优秀人才，他们遍布中国汽车行业，并成为行业的骨干力量。

汽车实验室和长春汽车研究所还走出了中国汽车界的顶级科学家。除了我国汽车界最早的一位学部委员孟少农同志，还有张德庆、杨南生、郭孔辉和李骏 4 位院士。如果把汽车实验室和长春汽车研究所比作中国汽车界的“黄埔军校”，也是丝毫不为过的。

我是 1956 年进入中国汽车行业的，不能算是对中国汽车行业从无到有、从小到大发展全过程的亲历者。但是在我看了这本书后，仍然禁不住被书中 23 位口述者的奋斗经历所感动、所震撼。他们是一群真正的中国汽车人，他们是中国汽车的中坚力量。

我给葛帮宁的“汽车记忆”系列丛书写序，这已是第三本。这本书和以前的书的不同之处在于，以前的书多是第一代汽车人的回忆，让我们回顾那火红的时代，获取宝贵的精神食粮。而这本书，横亘 70 年，从当初汽车工业筹备组那小小的四合院，写到了中国汽车蓬勃发展的今天。在此，我看到了中国第一代汽车人是如何在战后的废墟上建起了中国汽车工业，看到了一汽人是如何克服重重困难制造出了东风和红旗轿车，看到了解放卡车是如何从第一代发展到具有国际一流水平的第七代，看到了我们是如何攻克汽车技术的巅峰——发动机高压共轨技术，也看到了一汽解放如何学习华为的流程化组织建设，实施“征途”计划，来保证一汽解放“中国第一、世界一流”的战略目标。我更看到了他们的一个共同信念——从 70 年前传承下来的信念——自主创新。这才是他们成功和胜利的根本。

要不要自主创新？是中国汽车工业的老生常谈。回顾中国汽车工业发展 70 年的历史，自主创新始终是中国汽车工业的灵魂和传统，即使中间有过这样那样的迷茫和挫折，但是中国汽车自主创新的基因，从未被抛弃。

若干年前，曾有过一次被民间戏称为“×× 之争”的讨论。实际上，这种讨论并非方向之争，而是路线之争。方向是不容讨论的，那就是一定要建立新中国自己的汽车工业。而如何实现这个方向则是路线问题。

路线实际就是两条。一条是和世界汽车名企合资，希望“市场换技术”；另一条是对外合作，努力学习外国的先进经验和技术，坚持自主开发。一汽解放无疑走的是第二条路。

2020 年一场突如其来的新冠肺炎疫情，使得整个世界陷入瘫痪，各国经济受到很大冲击，而中国的汽车产业也深受其害。根据中国汽车工业协会发布的汽车产销数据，4 月我国乘用车销量同比下滑 2.6%，其中，中国品牌乘用车销量下滑得更加严重，达到9.4%，市场占有率下滑到34.6%，创下2014年7月以来的最低水平。与其形成巨大反差的是，商用车销量达到历史新高，同比增长31.6%，重型货车更是异军突起，同比增长61%。商用车市场的中国品牌占有率达90%以上，一汽解放居于首位。这充分展现了一汽解放走的路是正确的。

一汽解放的优异成绩是一代代一汽人创造出来的。在这本书的口述者当中，有相当一部分人是20世纪60年代出生的，他们是一汽解放新生一代的管理者和技术带头人，为一汽解放和中国汽车工业做出了骄人的成绩。长江后浪推前浪，一代新人换旧人，这是我看过此书后最感欣慰的地方。他们接过了前辈的重担，也继承了前辈的精神。而这种精神就是薪火相传70年的自主精神、解放精神。下面我摘录了他们在本书中口述的一些片段，从中可以看出他们的境界。

郭立群是一汽技术中心第一位女部长，她说："技术进步不是突变，而是渐进式的积累过程。如果没有前面几代研发人的艰苦努力和积累，也就无法成就解放商用车今天的辉煌地位。"

钱恒荣："2003年，CA6DL发动机投产，这是中国第一台拥有自主知识产权的发动机，被评价为跨越时空20年——使我国发动机的水平与国外一下缩短了20年差距。"

朱启昕："如何保持解放基业长青？胡汉杰董事长确定了以流程化组织建设为管理的变革方向，启动了征途项目。我将以此为指引，以数字化、网络化、智能化融合为契机，带领解放全员全体系向着'中国第一、世界一流'的智慧交通运输解决方案提供者的战略目标不断迈进！"

吴碧磊："如果不向其他欧洲厂商学习先进技术，我们就不可能开发出具有国内最高水平的商用车。开放的目的是用好外部资源，但最终还是要回归自主。"

赵国清："华为方法论对我们也很适用，我们可以结合解放业务现状重构流程管理体系。解放的目标是‘中国第一、世界一流’，要实现这个目标，就要有世界一流的管理体系。”

一汽解放学习华为体系项目的名称是“征途”，这个名字对于一汽解放来说、对于中国汽车工业来说，都是十分贴切的。中国汽车行业走到现在，只是万里长征走出了第一步，前面的道路还长，任务还重。我们只有不忘初心，砥砺前行，方得始终。

现在，中国制造已经在世界上占据越来越重要的地位，中国航天、中国航空、中国船舶、中国高铁、中国5G……什么时候中国汽车也要和它们并肩站在一起，这才是我们中国汽车人的历史责任。

最后，还要说说自主创新。自主创新不仅仅是中国汽车行业要走的路线，更是我党的基本治国方针。毛泽东同志曾经说过：“我们的方针要放在什么基点上？放在自己力量的基点上，叫作自力更生。”习近平总书记也多次强调指出：“中华民族奋斗的基点是自力更生，攀登世界科技高峰的必由之路是自主创新。”现在，国际上单边主义、贸易保护主义抬头，我们必须更加坚持走自力更生的道路。

中共十八大提出了“两个一百年”奋斗目标，要实现中华民族伟大复兴的中国梦。明年就是第一个一百年了，中国要全面建成小康社会。2049年是第二个一百年，中国要建成富强、民主、文明、和谐、美丽的社会主义现代化强国。那时候，中国也必然成为世界上的汽车强国。

对此，我深信不疑。

何光远

2020年6月　北京

（作序者系原国家机械工业部部长）

序 二

为国造车　为车筑基

欣逢中国汽车研发肇始70周年，心潮澎湃，感慨万分。作为新中国第一代汽车人，我有幸经历了那如诗如歌、激情燃烧的火红岁月，见证了一汽发展壮大、浴火重生的辉煌历程。今天，虽已年至耄耋，但回首往昔，依然心如初始，历久弥新。

汽车是现代工业文明的象征之一，是集时代科技于一身的高技术产品，只有高水平的研发才能不断推出既满足市场需求又符合技术进步需要的高可靠、高性能产品。

70年前，成立于南池子的汽车实验室，承载着新中国的汽车梦，承载着伟人“现在我们没有的，将来我们也可以制造出来”的嘱托，也承载着民族振兴的伟大梦想，开启了新中国汽车研发的蹒跚步履。

63年前，长春汽车研究所成立，研发与制造融为一体，为中国汽车工业发展开创了全新的模式，也奠定了中国汽车工业稳健发展的坚实基础。

34年前，解放卡车成功换型，一汽开创了研发、工程、生产一体化的“三结合”模式，也创造了世界汽车史上单轨垂直转产的一个奇迹。

此后，随着解放轻客、轻卡、重卡的相继投产，一汽彻底改变了商用车“缺重少轻”的面貌，自主研发能力也得到了质的飞跃。

进入新世纪、新时代，解放J6、J7产品相继投放，开创了中国重型车史上完全自主开发的全新时代，并在全球高端商用车市场中占有一席之地。

应当说，一汽的每一次飞跃，都留下了研发人为之奋斗的时代烙印，一汽的每一个卡车产品都是一代又一代研发人薪火传承的结晶！

我在一汽工作了45年，其中有5年的时间兼任汽车研究所所长，可以说是名副其实的研发人。20世纪80年代初，一汽开始谋划换型转产。当时，开发新产品是一汽摆脱落后、迎接市场经济大潮的唯一选择，研发战线首当其冲，率先投入了凤凰涅槃的洗礼之中，我正是在这时加入的研发队伍。那时，试验室、试制车间的设备昼夜运转，每到夜晚，设计室、图书室一片灯火通明，人们以极大的热情和坚韧的毅力书写着中国汽车工业史上二次创业的壮丽篇章。

为有牺牲多壮志，一汽研发人的智慧和汗水培育出了引领时代的宠儿，解放卡车一跃跨入了20世纪80年代的先进水平。时至今日，研发人那种坚忍执着、自强不息、勇于挑战的优秀品格，仍然感染、激励着我要不断学习，跟上时代的步伐，不做落伍者。

那一段时间的历练对我个人的成长弥足珍贵，使我更加全面地了解了汽车，也开启了我对汽车工业发展的深入思考。但相对一汽的研发发展史而言，这仅仅是一汽研发人不懈奋斗历程中的一朵小小浪花。70年来，一汽研发人把“为国造车”的初心贯穿始终，把“为车筑基”的使命勇担在肩，为一汽的发展、为中国汽车工业的发展作出了不可磨灭的贡献！

一汽的老厂长饶斌曾经面对几代一汽创业者语重心长地说：“一汽的事业靠的是一汽精神一汽人。什么是一汽精神呢？归根到底，就是学习、创新。”每每想起老厂长的这句话，深感他道出了一汽能在顺境中成长、在困境中逆出的真谛。一汽人就是在学习、创新中，摘掉了不会造车的白帽子，甩掉了“30年一贯制”的旧帽子，并开创了三次创业的历史壮举，也迎来了今天解放（车）国内第一、红旗（车）复兴的良好局面。

“学习、创新”，这不仅是创业者的心声，也是几代人的共同结论，更是一汽开启未来宏伟事业的金钥匙。时代在变化，思想在进步，但一汽人在几十年奋斗中凝练的宝贵精神不能丢，形成的优良传统不能忘。今天，解放之所以能够持续领航、稳居中国第一，正是传承发扬一汽精神的结果，也是对一汽精神强大力量的最好诠释。相信有这样的精神武装，有这样的队伍支撑，一汽解放的明天会更加美好！

最后，衷心祝愿，在我们深厚的研发实力支持下，解放的“根”扎得越来越深，一汽的“树”长得越来越繁茂！

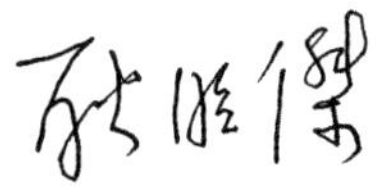

2020年7月　长春

（作序者系中国一汽原党委书记、董事长、总经理）

序 三

百年基业长青路　创领解放新征途

“解放一路走来，靠的是什么？”

近年来，我经常在各种场合被问到这个问题。行业领导、合作伙伴、媒体记者、用户朋友……大家都在关注一汽解放的领航之道。

每次回答，我都会首先提到四个字——“技术领先”，这其中包括一汽解放对核心技术的自主掌控、在产品创新上的技术储备、在未来事业上的前瞻布局等。技术领先的背后，是研发领先。

说起解放的研发，大家有多少了解？

今年，是解放研发70周年。

1950年3月，伴随着新中国国民经济恢复，重工业部在北京组建汽车工业筹备组，同年7月3日，筹备组成立汽车实验室。作为我国第一个汽车品牌，解放卡车的研发由此起步。

70年来，当年的汽车实验室从南池子起步，由北京到长春，在分分合合、更更迭迭之中，一步步发展壮大，研发出一代代经典产品，培养出一批批汽车人才，孕育出一个个专业院所，为我国汽车工业的发展作出巨大贡献。

70年来，围绕解放卡车的研发始终是汽车实验室的中心和重点。从无到有、从弱到强、从引进吸收到模仿学习，从自主创新到开放合作……一路走来，一批批解放研发人薪火相传，一代代解放卡车接力领航。

今年，在解放研发70周年这个重要节点，知名媒体人葛帮宁著作出版了这本《新征途：解放研发70年》，这是继2019年《解放：中国第一个汽车品牌的前世今生》之后的第二册“汽车记忆”系列丛书。本书的采访对象，包括了孟少农、庄群、刘经传、支德瑜、韩玉麟、徐兴尧、林水俊、周颖、郭孔辉、冯建权、田其铸、姚贵升、朱德照、王秉刚、董春波、许宪志、李骏、朱启昕、吴碧磊、尚兴武、赵国清、钱恒荣、郭立群23位前辈和同志。他们之中，有当年组建筹备组、成立实验室的先行者，有荒原建厂、3年出车的亲历者，有重大项目、重点车型的主导者，全部都和解放研发有着不解之缘。书中的一篇篇文章、一段段回忆、一个个故事、一幅幅照片，为我们展现出一部壮丽的解放研发历史画卷，读者们能够看到解放研发的点点滴滴，也能找到解放技术领先的答案。

在书中，我们能看到解放研发的与时俱进。卡车是生产资料，国家经济建设需要什么样的卡车，解放就研发和生产什么样的产品。从老解放到CA141，解放伴随改革开发的春风，完成了“30年一贯制”后的换型改造。从6吨柴油平头、9吨柴油平头到“四大”加强型，解放实现了从长头到平头、从汽油机到柴油机、从中型到准重型的转变；从“奥威”到J6再到J7，解放紧跟市场需求变化，轻、中、重型全面发展，国际化的步伐越来越快。70年来，解放研发人专注于产品开发，从未停止创新的脚步。

在书中，我们能看到解放研发的自主担当。“加强自主创新、掌握核心技术”，这是几代解放研发人矢志不渝的信念。无论是当年老解放成功实现车用钢材国产化，摆脱进口依赖，还是在CA141产品定型和换型改造时的自力更生、背水一战；无论是国内第一台拥有自主知识产权、一举缩短和国际先进水平20年差距的CA6DL柴油机，还是历经7年打造推出的国内第一个正向自主开发高端自主重卡J6。70年来，解放研发人攻克了一道道技术难关，攀登上一座座行业高地。

在书中，我们能看到解放研发人的艰苦奋斗。辉煌的背后，是一代代研发人的艰苦付出和执着坚守，让我们钦佩，更让我们感动。朱德照翻译俄文图纸，跑遍国家部委借阅资料，边搜集边抄写边翻译，整整干了3个月；王秉刚在新疆戈壁滩试验样车，遭遇恶劣天气、车辆故障和迷失方向，险些遇难；在本溪矿区，14个一汽设计师挤在炕上连续奋战40天，设计出CA390全部2400张图纸；朱启昕年轻时承担“9015”项目课题，在实验室废寝忘食、通宵达旦，手累得落下了毛病……70年来，解放研发人热爱事业、埋头实干，谱写了一曲奋斗的华章。

这本《新征途：解放研发70年》，讲述的，是解放卡车研发的历史；传承的，是解放研发人的精神；激发的，是继续干好解放事业的力量！

党的十九大报告提出，到本世纪中叶，要把我国建成富强民主文明和谐美丽的社会主义现代化强国。2050年起，我们将陆续迎来解放研发100周年、一汽建厂100周年、解放出车100周年等重要时刻。我经常思考，怎样才能确保解放百年基业长青？如何才能让解放持续领航，在建设汽车强国的过程中有更大的作为和担当？

最重要的两点，均和研发密切相关。

一是坚持技术领先，构筑企业核心竞争力。

通过持续创新打造技术领先优势，围绕用户需求，打造拳头产品，既是解放过去的领航之道，也是我们未来的制胜法宝；既是参与国际竞争的迫切要求，也是强大自主工业的责任所在。

我们要加强新技术、新材料应用和以数字化、网络化、智能化为核心的信息技术应用基础研究，准确识别新技术发展趋势、发展规律，为抢占行业技术创新制高点、提升解放自主创新能力、保持行业领先地位提供有力支撑。

我们要瞄准全球商用车领域第一阵营知名企业，全力打造“技术创新、性能开发、精益设计、试制试验、实验验证”五大研发能力，加速突破并掌控“低碳化、信息化、智能化、电动化、高品质”五大领域关键核心技术。

我们要建立开放式自主创新体系和研发机制，实现与国内外研发机构、高等院校、知名商用车及零部件企业、互联网科技企业深度融合、跨界合作、协同创新。

我们要传承创业创新精神、干事成事文化，加强技术创新人才培养，建设具有行业一流水平、全球视野的领军人才团队，打造有活力有创新力的人才高地。

今年，我们将正式发布技术品牌“解放创领”，明确把创新作为企业发展的第一动力，把保持行业领先地位作为奋斗目标。

二是推动管理变革，实施流程化组织建设。

近几年，国际化竞争是我们面临的一个重大课题。一方面，随着合资股比的进一步放开，将有更多国际品牌下沉国内市场。另一方面，我们也在加速“走出去”的步伐，把产品推向欧洲，全力提升海外销量。对解放来说，国际化竞争既是生存问题，也是发展问题。

我们清醒地认识到，解放今天的成绩并不能代表明天的辉煌，与世界一流企业相比，我们还存在很多亟待提升的地方。最大的问题，就是缺少流程标准积累、体系制度不够完善，很多时候靠经验、靠个人，而不是靠流程、靠体系，这是老国企的通病，也是我们最大的短板。

从 2017 年开始，我们启动了流程化组织建设。围绕战略目标，我们将建立端到端的业务流程，使所有业务对准客户、所有组织对准业务，所有流程反应业务本质，实现业务的连通与集成，塑造一体化的管理体系。实施流程化组织建设，既是我们补齐管理短板、提高体系能力的需要，也是建立现代企业制度、打造世界一流企业的要求。从重要性上来说，它是我们的“生命工程”。

我们将流程化组织建设涉及的管理变革项目称为“征途”，变革路漫漫其修远兮，解放人将上下而求索。

在“征途”项目中，研发是重中之重。作为产品“研、产、供、销”产业链的龙头，研发是解放最核心的业务。“产品为王、研发为本”，只有真正建立对准客户、市场导向、分层异步、高效协同的研发模式，才能不断提升创新能力、缩短上市周期、提高交付质量。

也许是偶然，也许更是必然，2017年，在一汽集团整体改革的背景下，商用车开发院并入一汽解放，不仅使得解放成为全价值链企业，也使得我们推进流程化组织建设的根基更为牢固，沟通更加顺畅。

卓越的管理是实现“世界一流”目标的基石，我们要以“不打胜仗决不收兵”的决心、信心和恒心，加快项目推进，加速成果落地，坚定不移将管理变革持续推向深入。

回顾70年历程，解放由研发起步，一路走来，研发助解放前行。

展望百年图景，解放以研发创领，新征途上，研发是解放的核心。

不忘初心中国梦，解放尚未有穷期。

百年基业长青路，创领解放新征途。

是为序。

2020年6月　长春

（作序者系中国一汽总经理助理，一汽解放党委书记、董事长）

目 录

1950
-
2020

孟少农

中国汽车工业的创建

他的手稿和日记，为了解中国汽车工业的最初面貌打开了一扇窗。

孟少农，中国科学院学部委员，中国汽车工业奠基人之一。

原名孟庆基，1915年12月出生于湖南省桃源县。1940年毕业于西南联大，1941年取得清华大学留美公费生资格，1943年在麻省理工学院获硕士学位，先后在美国福特汽车、斯蒂贝克汽车厂实习，担任工程师。1946年回国，在清华大学担任教授。

从1948年起，孟少农先后担任华北人民政府工业企业部工程师、中央重工业部技术室主任、重工业部汽车筹备组副主任。1952年至1956年，担任一汽副厂长、总工程师。1965年至1969年，担任中国汽车工业公司总工程师室负责人。1971年5月至1977年12月，担任陕汽革命委员会副主任、总工程师。1977年底，调任二汽，先后担任副厂长、总工程师、二汽咨询委员会主任。1988年1月15日在北京逝世。

本文根据孟少农1983年5月13日的手稿整理而成，经孟少农之女孟运及女婿张超授权收录，略作编辑。

这份弥足珍贵的历史资料，为我们了解中国汽车工业的最初面貌打开了一扇窗。

中国汽车工业是在中华人民共和国成立之初开始创建的，长春第一汽车制造厂的建设是创建的主体工程，创建筹备工作比正式建厂早 3 年。

1949 年 10 月 1 日，毛泽东主席在天安门城楼上宣布中华人民共和国中央人民政府成立。中国发生了惊天动地的变化，重大的经济建设事业开始酝酿。

1949 年 9 月，中央人民政府重工业部成立，部内人员主要来自原华北人民政府公营企业部（新中国成立前称为“中央金属工业处”）。陈云同志兼任部长，何长工、刘鼎、钟林同志任副部长。徐驰同志任计划司司长，我当时在徐驰同志手下工作。9 月份来了三位苏联专家，其中一位叫斯莫林，是斯大林汽车厂的总设计师。

1950 年 1 月 10 日，刘鼎同志把我叫去，谈着手筹备汽车工业的事。我对此事全无思想准备，以为至少还要等经济恢复几年后才有条件发展汽车工业。刘鼎副部长说：“形势的发展比你估计得要快，我们有一定的工业基础，国民经济要汽车，你提个意见吧！”

这样，1950 年 3 月就在重工业部下成立了汽车工业筹备组。

筹备组最初只有 30 来人，在灯市口西口的原工程师学会会址办公。最早的成员，一部分是从晋察冀的干部中调来的，包括胡亮、吴彦儒等；一部分是进城后新参加工作的知识分子，包括吴敬业、王玉京、张致中等。还有一批老工人，如马浩然等；一批青年，如冯银玉、王环等。

郭力同志原在部里任专家办公室主任，三四月间，刘鼎副部长为加强领导，把他调了过来。这样，筹备组成员不久就增加到 100 余人。

我们用 1000 匹五福布在鼓楼东扁担厂买了一栋旧房，原主是湖北军阀萧耀南的后代。斯莫林也和我们一起搬了进去。

筹备组成立后，最初的工作是开了两个会议：第一个是全国机器工作会议（从 1950 年 2 月 22 日开到 5 月 23 日），第二个是汽车工业会议（从 1950 年 8 月 2 日开到 8 月 7 日）。两个会议交换了各地的情况，酝酿了恢复生产和发展的方向，确定了先恢复后建设、先前方后后方、先关外后关内的方针。

筹备组这个时期的主要工作有两个方面。

第一个方面是调查研究。收集过去有关汽车和汽车工业的情况，作为制订建设汽车工业计划的基础。

我们看过了北到哈尔滨、南到昆明、西到重庆、东到上海，由日伪和国民党、官僚资本遗留下来的汽车修配工业；了解了原宋子文集团设立的“中国汽车公司”设在株洲、凭祥、重庆等地的工厂和人员的下落；找到了伪资源委员会委托美国 Reo 汽车公司制作的五卷建设汽车厂的设计图；在昆明山洞里发现了伪资源委员会买的美国 Sterling 公司的汽车图纸。

为寻找建厂地址，我们实地踏勘了北京、石家庄、太原、西安、宝鸡、武汉、株洲等地，并在京西石景山附近的衙门口做了地质勘探。

第二个方面是集结和培养技术骨干。中国要建设汽车工业的喜讯迅速传遍全国，北京、上海及其他各地的技术工程人员纷纷要求调来汽车工业筹备组，还吸引了从国外归来的留学生。此外，筹备组和京津的几所大学联合组织了高年级学生下厂实习，为汽车工业培养了一批技术干部。

为容纳和培养这些人员，筹备组在南池子建设了一个面积达千余平方米的实验室。南池子这个实验室后来发展成为汽车研究所，并迁到长春。

在解放战争期间，美国有一批援蒋物资存在上海。其中有 1835 台机器设备，1950 年中，这些设备被分配给需要的单位。

汽车工业筹备组也分到若干设备、样车和仪器。有一套格里森 16 号等螺旋伞齿轮加工机床，分得后就放在南池子实验室，由工程师杨南生同志带着李龙天、张学孟等青年学生，以及从上海虬江机器厂（现在的上海机床厂）调来的八级工老师傅蔡继常，一起研究掌握齿轮技术。这套设备后来曾先后迁入长春 636 厂和西安大路的四联，最后迁入底盘工厂，成为中国汽车齿轮行业的第一个技术核心设备。

1950 年 12 月 2 日，由沃龙涅茨基和基涅谢夫二人组成的汽车厂设计专家组来到北京。他们是根据毛主席与斯大林同志签订的协议来中国援建汽车厂的。据他们说，苏联汽车工业部向他们交代，此次援建的建设目标是建成年产 3 万辆吉斯 150 货车的完整汽车厂，苏联承担成套设备交付。他们详细介绍了工厂的情况。

从这时起，中国汽车工业筹备工作转入具体建设第一汽车制造厂的准备阶段。

1951 年 1 月 18 日晚，由刘鼎副部长和我向主持中央财政经济委员会工作的陈云同志作重工业部关于建设汽车厂的汇报，与会者还有陈郁、滕代远等四五位部长。最后，陈云同志作出决定：建设目标同意苏方的意见，厂址定在东北，在四平至长春之间选择。建设开始期定为 1953 年，一次建成。协作配套问题由有关部门解决。会后，重工业部起草了决定文件，并由中央财政经济委员会下达。

根据胡亮同志去东北预选厂址的结果，经过汽车工业筹备组与专家们研究，初步决定以长春为主要目标。

春节前，我陪同专家去长春，长春市建设局局长宋均出面与我们联系。当时，长春市因受战争破坏尚未恢复，全市只有两辆吉普车，全部提供给我们使用。我们看了铁路西边，发现地势很好，非常空旷，周边有几十万平方米破损的楼房，只是被一个名为“饮河部队”的军事仓库占据了大片面积。此外，道路、上下水、供电条件也都不错。

专家们当天看完后，晚上在地图上摆了两个方案，第二天又去看了一次，很满意，认为可以确定为厂址，胡亮同志之前选的市南的另一厂址就不看了。我与宋均同志谈定，于 1951 年 2 月 22 日交换了协议，随后我就和专家们回京。

厂址一定下来，我们马上联系有关部门，请“饮河部队”搬家，并组织力量进行测量和地质勘探。派遣了胡云芳等一批同志作为先遣队伍去长春主持工作。按照专家提出的要求，着手收集各种设计资料。专家们于 1951 年夏初才回莫斯科进行初步设计。

初步设计方案于1952年1月23日送到北京，同时，留学苏联的陈祖涛同志回国。江泽民同志（大家都称他为“老江泽民”，以跟原国家主席江泽民区分开来）也在这时来筹备组工作，担任汽车工业筹备组副主任。

经过翻译、研究、审查，中央财政经济委员会于1952年3月25日批准初步设计方案，并同意重工业部的意见，技术设计方案不再送北京批准，而由重工业部派代表去莫斯科，在驻苏大使馆领导下办理。对于轮胎、滚珠轴承等配套厂，以及重工业部拟向苏联提出的事项，也都作了原则性的决定。

初步设计方案批准后，现场的建设准备工作和苏方的设计工作迅速开展。郭力同志去了长春，我和李刚、陈祖涛、潘承烈4人组成驻莫斯科订货代表小组，办理设计联络、设备分交、聘请专家、派送实习人员等事宜。重工业部给工厂起名为第一汽车制造厂，代号为652厂。

中央调来2万多人的施工队伍，包括建工部直属工程公司、安装公司、建筑五师和强大的施工机械队。宿舍按苏联设计的统一规划，由上海华东设计院承担。经过一年的准备，现场施工于1953年7月15日开始。

关于建厂进度，苏联设计专家在审批初步设计方案时没有提出具体意见。重工业部的意见是4年建成，但觉得没有把握。我去苏联的任务之一，就是要与苏方协商一个统一的进度。

当时，我与苏联汽车工业部对外联络司司长古谢夫谈及此事，他表示，对于援建中国汽车厂，苏联最高领导人十分重视，重大问题都亲自过问。他们的工作是按3年建成安排的。他希望我们集中力量建设这个厂，把时间安排调整到与他们一致，并建议重工业部放弃原考虑的在北京建汽车装配厂一事。

这件事关系重大，经请示重工业部后，我们接到指示，等周总理率领的政府代表团到莫斯科后，请代表团指示处理。

代表团到后，李富春同志听取了我的汇报，指定由宋绍文同志与苏方会

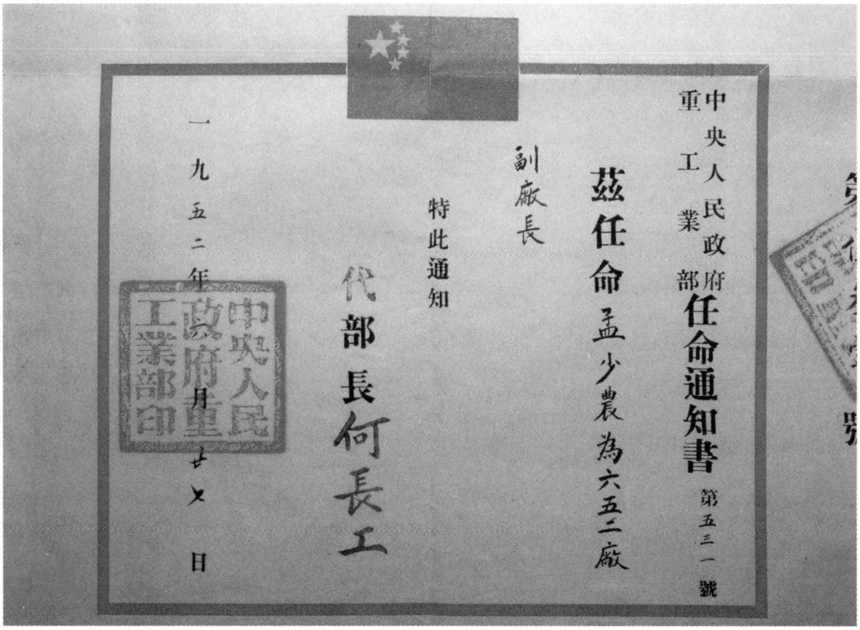

关于孟少农担任 652 厂副厂长的任命书

谈。会谈后，代表团致电中央，建议接受苏方意见。1953 年 1 月，我携带苏方建议的总进度表回国报告。根据代表团的建议和重工业部的报告，中央作出 3 年建成一汽的决定。这一决定开创了全国支援一汽建设的热火朝天局面，大大加快了工作进度。

此前不久，饶斌同志从东北局调来一汽任厂长。他的到来也是促进一汽建设的一个重要因素。

到 1953 年 7 月，在莫斯科要办理的事已经大部分就绪，而现场工作亟待展开，我回国，留下李刚同志继续工作。我的工作关系转到长春，因此把家也搬了过去。由于长沈段铁路遭遇水害，耽搁了几天，我没有赶上 7 月 15 日的开工典礼。

从 1953 年 7 月 15 日破土动工，到 1956 年 7 月 13 日总装线上出第一辆解放牌汽车，为期整整 3 年，如期完成中央下达的任务。

孟少农（左一）和原一汽厂长耿昭杰（左二）交流

这 3 年中，在长春的西南部汽车厂区内，不但进行了大规模的建设工作，而且进行了细致复杂的生产准备工作。这就使新建成的工厂能迅速投入生产，充分地发挥出国家投资的效益。这两项工作在当时都是新事物，完成得这样好，应当归功于中央和各级领导决策的正确，也是现场几万名干部群众忘我劳动的成果。

从全国各地调来的干部、工人和技术人员组成了各车间、处、室，对设计文件进行翻译、学习、应用。我们关注着每天都在变化的工地，接收每一台安装好的设备，抓毛坯、工装、技术文件各方面的进度，等到新车间一建成，就调整、试车、出产品。每天早晨上班前，大家还要学习一小时，极大的工作热情浸透了汽车厂的每一寸土地。这是中国汽车工业创建时期的峥嵘岁月。

如果从汽车工业筹备组的组建开始算起，到 1956 年 7 月 15 日止，是 6 年半；如果从设计专家组开始工作算起，是 5 年半。在这段时间里，中国用引进技术和设备的办法，从无到有，成功地建设起自己的汽车工业。在当时的历史条件下，这种做法是完全正确的。

1950
-
2020

庄　群

管理汽车研究所

到汽车研究所去，还可以接触一些实际，不至于悬在空中。

庄群，原一汽副总工程师。

1920 年 11 月，庄群出生于山东莒县。1936 年，考入济南师范学校。第二年，抗战爆发，他投笔从戎，加入国民党汽车团。后来“开小差”离开国民党军队，1941 年在贵州参加中国共产党的地下工作。1946 年进入重庆《新华日报》工作，直至报馆被国民党查封，报社人员撤往延安。

1948 年 3 月，经李维汉批准，庄群到东北解放区学习工业技术。1949 年 8 月，考入东北工学院机械系。1952 年 9 月，转入大连工学院机械系。1953 年 9 月，33 岁的他毕业后被分配到一汽。

1954 年 4 月，作为第三批实习生，庄群赴苏联斯大林汽车厂，在总装配车间技术科科长岗位实习。一年后回国，在一汽先后担任总装配厂技术科科长、设计处副处长、汽车研究所副所长、一汽副总工程师等职。

1975 年到 1979 年，他在管理汽车研究所期间，主要经手两件事情：一是参与建立汽车行业的国家标准，主要是标准化、通用化和系列化标准。二是组织编写《机械手册》中的汽车篇。

1985 年，庄群离休，时年 65 岁。2009 年 9 月 16 日，在长春一汽宿舍，庄群接受访谈。2012 年 9 月 20 日，庄群逝世，享年 92 岁。

本文原刊发于《汽车商业评论》杂志（2010 年第 01 期，作者葛帮宁），此文有删减。

“最不好抓的单位”

1953年，我从大连工学院机械系毕业，被分配到一汽。9月，我到一汽报到，住在招待所里。当时，一汽正在建设，冬天施工，气温零下30摄氏度。

我被分去搞筑炉，以前没学过，就从头学起。刚干了一个月，组织上通知我去俄文班学习。突击学习4个月后，我们被告知，要去苏联斯大林汽车厂实习，给我定的实习部门是总装配车间技术科。我是第三批去苏联的实习生，由胡善甫带队。胡善甫干过地下革命，新中国成立后到一汽，担任工具车间主任。

1954年4月到1955年5月中旬，我们在苏联实习一年后，回到国内。当时一汽正在建厂，每个车间都有一位苏联专家指导，我就陪着总装配车间的苏联专家。

总装配车间的工人基本上都是从全国各地调来的老修理工，主要是从天津和北京调来的两批，他们对汽车生产很在行。总装配线有近100人，技术科有十来人，除了一个秘书，全是技术人员。

1957年，第一机械工业部部长黄敬到一汽考察，他在座谈会上讲，设计处力量太薄弱，承担不起全厂的发展目标。汽车厂要发展，首先要充实设计处。他这句话的效果立竿见影，厂里立即往设计处调人。

在这个背景下，我去找一汽副厂长郭力。我们之前一起在苏联实习，相互比较熟悉，有什么话可以直接讲。

我说，我学了几年，现在当个技术官，感觉使不上劲儿。

什么意思？你说吧。郭力问。

我说，我想做技术工作，我确实感觉到，辛辛苦苦学到的东西，不用的话忘掉了很可惜。现在设计处需要人，我能不能过去？

行。你和我说的心里话，就不要再和别人说了。他回答道。

20 世纪 80 年代的汽车研究所大门

他这么说，是因为我在总装配车间当技术科科长，是一汽副厂长、副总工程师孟少农安排的。

不久，郭力告诉干部处，调我去设计处。

到干部处报到时，我说，技术科科长名称我不要，工程师名称保留。干部处就以工程师名义，将我派到设计处总布置科，参加设计工作。

设计处处长陈全是 1938 年到延安的马来西亚老华侨。他从干部处知道我的情况，就想调我去道路试验室。他说他正需要这样一个人，去抓最不好抓的单位。

陈全动员了我好几个月，弄得我实在没办法，最终只好答应。1957 年八九月，我以总布置科工程师的名义，调到道路试验室当主任。总的来说，在道路试验室，有经验，也有教训。

1958 年，设计处做过东风轿车，也做过红旗轿车。这两个车的试制阶段我参与不多，因为还没到道路试验的程度。东风开始只出了一辆，后来又出了十几辆，这些车在进行道路试验时是我亲自抓的。

主要是做行驶试验，就是在沙石路、柏油路、山路与丘陵地等各种路面进行试验检测。一汽建厂时，我们建了个简易试车跑道，还是孟总（孟少农）做的设计，我承担的施工任务。向长春市要下地后，就开始施工。简易跑道用过一段时间后，慢慢就不用了，因为路太短，做试验比较困难，速度上去后有种不安全感。

一汽建厂后的十多年里，在产品的整车道路试验中，遇到的最大难题是找不到理想的道路条件。一汽拿不出大笔钱来建专用试车场，不同程度地影响了整车试验质量。直到改革开放后，情况才大为改观。现在的汽车整车道路试验条件有了质的变化。

领导海南试验站

20 世纪 50 年代后期，苏联出口一些汽车到亚非国家，因发动机磨损及车身各部件锈蚀严重，要求中国提供湿热带地区的汽车试验场所。为此，我们选定了海南岛地区建立简易汽车试验站。站址选定在海南琼海县加积镇，1958 年末初步建成。

这项任务原由第一机械工业部汽车局下达给长春汽车研究所，该所指定由翻译科科长赵尔承（俄文翻译）承担。1959 年初，汽车局又通知一汽设计处，出一名干部参与该试验站的领导工作。

一汽设计处指定我去承担。我指定党员工程师林水俊全权负责道路试验室，便去了海南试验站。

抵达海南后，我一头扎进具体试验工作中。会同中苏双方技术人员，每日早出晚归，埋头于试验工作中，找问题解疑，晚间回站，分析整理试验数据……忙到深夜不觉累，甚感其中乐趣。

汽车局原本让我参与领导站上工作，我到站后一心想具体技术工作，领导的事从不闻问，一律推给赵尔承去管。但在工作中，当苏方有错误意见时，我会很不客气，甚至直截了当地指出来。

可惜好景不长，大半年过后，新问题又来了。

半年多后，红旗要做整车试验。本来是让刘经传负责，他是设计处底盘科科长，但他得了肝炎，陈全也生病住院。这样，就改让我回来抓具体技术工作。

设计处用了两个电报催我回长春。我从海南到广州后，买了硬座火车票去北京。路上遇到发大水，京广线不通，结果历经三天三夜才赶到北京。

回来后就参加试验准备工作。我根据参考资料，确定试验大纲，然后带技术人员和工人，选定道路条件较好的辽宁省，在辽宁的沈阳、大连和丹东三个城市之间进行行驶试验。我们住在沈阳的一个宾馆里，试验了整整一个冬天。

参加试验的有 3 辆红旗，与 1 辆苏联吉斯 110 和 1 辆新买的美国林肯牌高级轿车做对比试验。试验下来，红旗的表现不比这两种车差：可靠性跟美国车差不多，美国车还坏了些部件，而红旗没坏。此外，红旗的缸体耐磨性也不比它们差。

在试验过程中，汽车局又邀请一位苏联专家（高尔基汽车厂道路试验负责人）参加。他本人是司机出身，受过高等教育，苏联当时也在做海鸥牌高级轿车。我问他，红旗和新海鸥牌相比如何？他的回答是，两种车水平差不多。

我一听非常高兴。我们做轿车才几天，一汽从 1956 年投产到 1959 年，3 年时间不到，而他们有 30 来年的经验了，我们这一步迈得可真不小。

我们赶在春节前做完 25000 公里道路试验。做完后，我心里就有底了：这个车可以投产。然后回长春，写试验报告。有了这个试验基础，国家没再做过红旗整车道路试验。

1960 年前后，陈全生病住院。他是书记，又是处长，他生病后，一个副书记接替他。后来，副书记被抽调去支援农业。这时党委又通知，要抽调一个干部到中央党校学习，没办法，又把那个下乡的副书记调去学习。

设计处党总支的组织工作无人负责，调来的一位书记不久后便辞职，坚决不干了。这时，我又被调过来，抓党总支的工作。抓党的工作，离技术就更远了。因此，我想到设计处搞技术的目的，根本无从谈起。以后一直都是这样。

“汽车研究所不好管”

设计处还做了一项大工作，就是设计解放 CA140。

CA140 是在 CA10 基础上搞的改进型，原则是花最少的钱，把老解放车的潜力最大限度挖掘出来。我们把发动机气门顶置和燃烧室的形状作了改进，提高了压缩比，功率几乎提高一半，发动机马力从 95 提高到 140。

车设计好后，试制过好几批，大概有 20 多辆。然后发到西北、东北地区以及湖北，委托用户做使用试验，请他们如实记录一些数据，如，油耗量、抛锚次数、出过什么问题等。一段时间后，一汽派技术人员去跟踪掌握使用试验全程。通过厂内外一系列试验工作，CA140 新车已基本定型。

当时王少林是一汽副厂长，分工抓新产品。他这个人很有才干，他抓工作，能把群众的积极性调动起来。他下面的一员大将就是李刚，李刚是副总工程师，负责发动机开发。

发动机我们认为没问题。定型后，一汽就委托大连机床研究所，承制气缸体组合机床生产线。这个研究所下面有个工厂，能生产组合机床，一条线几十台设备，毛坯进去，产品出来，这在当时算世界最高水平。

但就在这时，“文革”开始，一切都停了。如果没有“文革”，最晚 1968 年 CA140 就能投产，一汽产品就不会 30 年一贯制。

CA140 一汽搞了一半，算是半途而废了。但 CA140 如何给了二汽？我知道原因。当时我还在牛棚里，整天打扫厕所、挑水、扫车间。那是 1967 年秋的一天，第一机械工业部副部长沈鸿带了一批人到设计处，其中还有总后勤部等军队的人。这时第一机械工业部很多部长都还被关在牛棚里。

沈鸿问，现在一汽要包建二汽，怎么包？当时一汽厂长都靠边站，但总后勤部的军人知道，一汽做了个 CA140，水平还不错，就点名要这款车。沈鸿同意了。

从我的角度，CA140 是一汽花钱最少但能够解决大问题的一个产品。把一汽最好的一个产品拿去建新厂，一汽下一步怎么办？就这样，CA140 就被稀里糊涂地定给了二汽。

1970 年，我被“解放”，被要求参加科技部（设计处和工艺处合在一起）的领导工作。军代表张士海（师长）找我谈话，问我（科技部）应该怎么搞？

赶快抓 CA140 的生产准备。我答道，并且还说了些具体意见和利弊关系。

听完我的话，张士海一拍桌子说，你这个人骨子里就是走资派，你知道我们现在的任务是什么？

我没吭声。

我们现在的任务是育人建厂。他继续说，你脑袋里怎么净考虑那些东西？为什么不考虑育人建厂？

我的意思是，要赶快抢时间，赶快追。否则，老解放车要多用多少钢铁？多烧多少汽油？成天在那里浪费，对不起国家啊。

后来军代表退出，刘守华恢复厂长职位。科技部解散，又恢复了设计处和工艺处。厂里找我谈话，要调我去汽车研究所，或者可以去厂总工程师室当副总工程师。

陈全希望我去当副总工程师。他跟我讲，汽车研究所不好管。但我认为，到汽车研究所去，还可以接触一些实际，不至于悬在空中。

所以，尽管不好管，我还是愿意到汽车研究所去。汽车研究所所长是孙景泉，我负责生产技术，还有个副书记跟我一起。但是不管怎样，杂七杂八的事情我这个副所长都得管。

我在汽车研究所干了4年，从1975年到1979年。我经手的主要有两件事：

一是参与建立汽车行业的国家标准。汽车行业的标准一直都在建，当时的主要内容是“三化”：标准化、通用化和系列化。这些内容由各个汽车厂搜集，然后集中进行修改。基本通过后，让行业执行。如今全国汽车工业有了更大发展，情况要复杂多了。

二是组织编写《机械工程手册》中的汽车篇。接受任务后，我组织力量编写，内部通过后，交给《机械工程手册》总编辑去汇总审定。

1979年，汽车局将我暂借北京工作，我在那里干了3年。1982年，我从北京回到一汽，担任副总工程师，这时一汽厂长是李刚，他计划让我专职抓产品售后和用户服务工作。但不久，李刚便被调到第一机械工业部汽车局工作。他离开后，此事便不了了之了。

1985年我离休，正好65岁。

1950
-
2020

刘经传

汽车研究所成立始末

还原长春汽车研究所与一汽设计处合并重组为一汽汽车研究所的整个过程。

刘经传，原一汽总设计师，解放联营公司总工程师，一汽集团常务董事。

1930年，刘经传出生于江苏仪征，在战争年代度过颠沛流离的童年生活。1948年，他不顾家人劝阻，考取清华大学电机系，后转入机械系。

1951年刘经传到汽车工业筹备组实习，1952年毕业后被分配到汽车工业筹备组，1953年作为一汽“第零批实习生”（比正式培养的第一批实习生早一年），被派到苏联斯大林汽车厂实习。1954年，刘经传回国，被分配到一汽设计处。他从一名技术员干起，历任底盘设计科副科长、科长，设计处副处长、处长，一汽副总工程师，一汽总设计师，一汽汽车研究所所长，解放联营公司总工程师，一汽集团常务董事。

在一汽三年建厂出车阶段，他在消化吸收苏联设计文件资料、配合零部件生产调试、外协件选点和试验鉴定方面起到重要作用。此外，他还在解放车换型开发、解放变型车开发、延长老解放车寿命以及制定解放汽车系列产品型谱方面作出努力。

本文梳理了长春汽车研究所与一汽设计处合并并重组为一汽汽车研究所的过程，由刘经传撰写，经其授权收录于本书，略作编辑。原文曾刊发于《一汽创建发展历程》（中国文史出版社2007年11月出版）一书。

汽车实验室

1950年，我国第一个汽车研究设计部门——汽车实验室（长春汽车研究所前身）成立。次年，我从清华大学毕业被分配到汽车实验室当实习生，后转为技术员。汽车实验室的地址是北京南池子76号，第一位主任是吴敬业。他是一位德高望重的老专家，貌似严肃、不苟言笑，实际却谈吐幽默、平易近人。

我们几个刚离校门的学生一到，他就给我们介绍概况。他说，别看初建的实验室简陋，随着祖国汽车工业发展，它将成为规模宏大的汽车研究中心。他还鼓励我们努力学习和工作，成长为建设汽车工业的有用人才。

当时，实验室人数虽不多，却拥有一批知名专家，如杨南生、支德瑜、张世英等，还有一大批比我们早一年来到的学长，如王汝湜、李龙天等，我们尊称他们为老师。这些人后来都被调往一汽，成为建设一汽的技术骨干。

实验室的设备很少，多为车、钻、刨、铣等普通机器加工设备。最高级的是3台美制格里森伞齿轮加工机床，后来也被运送到一汽。

实验室第一个产品开发项目是研制罗茨式增压器，为汽车在高原行驶提高功率所急需，王汝湜承担设计工作。产品试验时，噪声大得吓人，经过不断改进，终于开发成功，为高原行车作出贡献。

设计人员集中在二楼的一个房间里，负责人是航空设计专家张世英（后调至一汽设计处，领导产品设计工作）。第一个整车项目是测绘苏制嘎斯69型吉普车，打算由天津汽车制配三厂投产。我也被安排在那里，任务是测绘车架。测绘方法十分原始，在实验室一楼的地面上，用吊线和高度尺测量尺寸和车架孔位，然后按测量数据制图。全车测绘图纸完成，但没有试制，更谈不上投产。

为使新来的大学生了解汽车的结构和功能，实验室曾组织进行汽车拆装和驾驶。严机、叶智等工程师和早一年来的沈同文、赵震鲤、周亿俭等学长，以及杨陆一等师傅给大家讲课并指导拆装。

拆装的两辆车是苏制吉斯 150 和美制中吉普。拆完总成后交流总结，再拆成零件，清洗干净，了解作用和功能，然后重新装配调整，恢复原车，直至能开动。

这一切完成后，司机在离南池子不远的天安门广场西侧红墙外，用拆装后的中吉普教大家开车。每人 8 次，每次 15 分钟，最后还要做钻杆尝试。这种通过动手实践来讲解汽车构造并学驾驶的方法，效率高、收获大，令人印象极其深刻。

南池子没有食堂，每天的午饭和晚饭，我们都是坐卡车到扁担厂（汽车工业筹备组所在地）去吃。我们没有饭桌，都是端着饭菜在院子里站着或坐在石阶上吃。

我住在崇文门外的一个四合院里，这是筹备组包下的一个旅社，单身的人 4 人一间房，已婚的张曰骞和杨陆一等是我们的同院邻居。

一汽设计处

1952 年 7 月的一天，汽车工业筹备组在扁担厂院子里召开全员大会。有的人坐在地上，有的人坐在自带的小板凳上，筹备组主任郭力拿着红头文件宣布，中央决定在长春建 652 厂（一汽的代号），厂长为郭力，全院一片欢腾。

2 个月后，我被指定和其他 7 人组成小组，任务是自学俄文。第二年初，我们奔赴苏联，成为最早派往斯大林汽车厂的实习生。起初，确定我们 8 个人都到工具车间实习，因为工具车间要先开工。

孟少农到苏联后，认为汽车厂设计和开发产品是核心要务，一汽建设之初，需要有熟悉产品技术文件和管理的人，于是从 8 个人中选派我到设计处实习。这就决定了我后来从事数十年之久的专业——产品开发。

就这样，一个尚无俄语听说能力的年轻人，只身进入人生地不熟的斯大林汽车厂设计处。苏联人十分友好热情，加上环境所迫，不久，我就可以用蹩脚的俄语和他们交流了。

产品开发处处长斯莫林是最早派到汽车工业筹备组的苏联专家之一，曾帮助选定一汽产品和厂址。他比较了解我们的情况，对实习做了细致安排。

我的实习计划非常庞大。首先在传动设计科实习，然后到其他各设计科、实验室、试制车间、文件科等学习技术和管理知识，收集有关资料。

此外，我还要上俄语课和汽车理论、汽车构造、汽车设计等大学专业课程。我实习期间，适逢他们正为一汽载重车制作图纸和技术文件，以及编写一汽设计处的组织设计，整个设计大厅热火朝天，悬挂着“为了一汽”“苏中友谊”等大红横幅。

他们常把我叫去咨询，问他们制作的图纸和文件我能否看懂，应该如何修改才能做得更好？他们感谢我的“帮助”。其实，这些对我回国后的工作大有帮助，应该是我感谢他们。

美术师曾将车头徽标旁的图案给我看，问是否具有中国风格？为适应冲压工艺需要，他们把国内寄去的发动机罩上盖的“第一汽车制造厂”字样做了一些修改，问我能否识别，并要我在图纸上签名确认。这成为解放原版俄文设计图上唯一的中国人签名。

紧张而繁忙的一年实习期满，我回国时在长春下火车，发现苏联图纸和文件与我同车到达。工厂急需我们来帮助吸收、消化这些文件。

此时，一汽设计处刚成立不久，是从技术处设计科分出来的，地处西安大路的黄楼，约有七八十人。我去报到时，见到许多原来同在北京南池子的熟人。设计处有张世英、叶智、宜受冠、沈同文、杜时可、蔡传平、杨陆一等，技术处有吴敬业、杨南生、支德瑜等，让我有种不在南池子却似在南池子的感觉。

到设计处后，我比在苏联实习时更加繁忙：给大家介绍在苏联实习时学到的东西；翻译苏联为我们编制的组织设计文件；讲授设计处的组织机构、

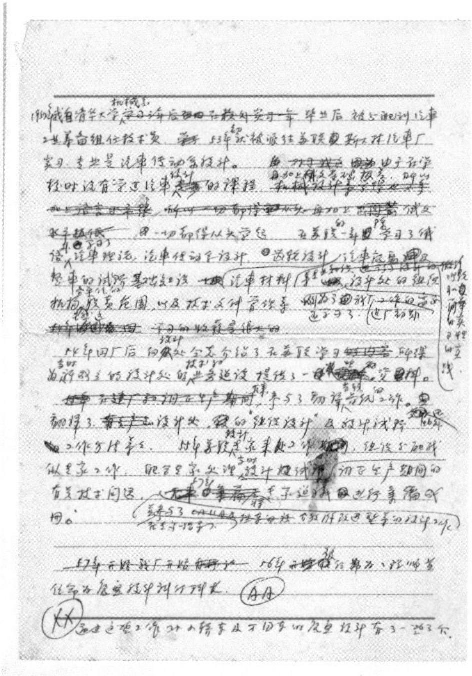

刘经传在苏联的实习总结

职能分工、工作路线；帮助新建的设计处工作步入正轨；翻译和复制图纸；讲解图纸文件并解答大家提出的各种有关俄语文字和技术的问题；将在苏联时所买的数百册俄文技术书刊编号，成立小图书馆，供众人学习查阅等。

每天我们都工作到深夜，还经常不回宿舍（绿园的小平房，地面是泥土），就睡在办公桌上。

1956 年，苏联设计专家费斯塔到来后，我被指定安排专家工作、组织贯彻专家建议、陪同专家参与解放汽车生产调试、参与外协件选点等，并汇编《苏联设计专家建议》上下两册。

设计处当时的技术工作主要是吸收和消化苏联的设计图纸、配合解放车的零部件生产调试、外协件试验鉴定、试验室和试制车间建立等。设计处的办公室也几经搬迁，从黄楼、伪满皇宫到一汽 95 栋楼，最后进入新建的工程大楼。

设计处最初的主要试验设备和仪器按苏联指导的进行配置，有发动机水力测功机 2 台、电力测功机 1 台；底盘总成电力测功机 2 台、自己设计制造的扭力机和后桥封闭试验台；道路试验五轮仪以及电器和非金属试验设备、仪器。

设计处最早的开发任务是针对使用实际，消除解放车水箱开锅、转向沉重和驾驶室闷热三大缺陷。

当时的试验条件十分艰苦。水箱的室内发动机试验在临时搭起的三合板隔间内进行，改善转向沉重试验是用人力在广场上开车，不断进行转向。司机太累，技术人员就轮流顶替，几圈下来，胳膊往往酸疼难当。

转向节垫片磨损的照片（试验报告中贴用）是用苏联朋友送给我的“莫斯科人”2 型折叠式照相机加上放大镜近距离拍摄的。驾驶室闷热的最后路试是在南京机场最热的天气下进行的。骄阳似火、地面烫人，驾驶室如蒸锅一般，试验人员坚持开车作记录。

这三个项目均获得成功，为解放车改进立了头功。随后，采用 231 型化油器、加强车架、改进悬挂系统等项目也相继投产。

在后来的 30 年中，设计处为解放车做过数千项大大小小的改进。为使苏联设计的产品更符合我国国情，并延长寿命周期，设计处辛勤劳动，取得了成绩。设计处最后一个项目是提高发动机功率和改进其他总成，将 CA10C 型解放车的载重量提高到 4.5 吨，将 CA15 型解放车的载重量提高到 5 吨。

设计处第一个自行设计项目是 CA119 型惯性制动挂车，经试制试验达到设计要求后，由交通部组织投产；第一批改装车项目是解放自卸车、牵引车；第一个整车设计项目是解放改型尝试，型号为 CA11A，当时被称为“解放大型现代化项目”，1956 年在苏联专家指导下进行。

设计处历时 20 多年，开发过许多车型和发动机机型，项目繁多，不可胜数。仅我参加或领导过的项目就有解放越野车，东风、红旗轿车，大小军用车，以及载重量从 0.5 吨到 100 吨的货车和矿用自卸车、各种专用车、改装车等上百种汽车及发动机的开发。其中，数十种获得鉴定和投产，设计处为此作出了应有的贡献。

回想起来，持续时间最长、工作量最大的开发项目是解放换型车。解放卡车投产伊始，以孟少农为首，我们都向往开发载重车，以取代不完全符合我国使用条件的老解放车。

从 1956 年到 20 世纪 70 年代末，一次又一次地设计、试制，试验过十几轮解放换型车，从未间断。其中，除 20 世纪 60 年代的 CA140 得到定型并开始生产准备（后因“文革”未能继续）外，其他均半途夭折，无果而终。

解放一直未能换型，社会舆论称其为“30 年一贯制”，其实这是计划经济的弊端。1987 年，我（时任一汽设计处处长、一汽总设计师）被派往日

1986 年，刘经传赴美国跟克莱斯勒谈判，右一为刘经传

本半年，发现他们十分重视产品开发，产品换型频繁，车型性能优良。他们对开发投入巨大，采用手段先进，我煞是羡慕。深入学习后，我才逐渐领悟到，他们之所以重视，是因为市场竞争带来的压力。

改革开放后，计划经济逐步由市场经济取代，严酷的市场竞争威胁着企业的生存发展，迫使老解放车必须赶快换型。1979 年，一汽做了解放车改进换型的总体规划。李刚带领我们到北京，用 49 天时间向中央各部门汇报，征得国家同意并落实所需 4 亿多元资金（贷款、留利、提高折旧等）。

薄一波副总理批示，解放车换型是当务之急；国家计委、经委、机械委报告（1986 年完成换型改造），国务院批准；一汽召开党代会，动员落实，象征着一汽第二次创业的解放车换型工作被列为重中之重，如火如荼地开展起来。

以翻转车头、6102 汽油机和 6110 柴油机等为特征的换型产品 CA141 被确定下来，成为设计处的主要开发任务。经过几年不断改进，该车型终于定型并投产。

一汽汽车研究所

汽车研究所的隶属关系曾多次变换。1978 年重归第一机械工业部领导，1979 年第一机械工业部下文，改由一汽统一领导，仍是国家一类所，任务和待遇不变。

同年，确定一汽产品换型重任时，第一机械工业部和一汽领导认为，必须大大加强一汽产品开发力量，而像汽车研究所这样以实用科研为主的部门，应更多地介入生产实际，为工厂生产发展服务，于是开始考虑将长春汽车研究所与一汽设计处合并重组。但意见并不统一，不少领导顾虑重重。最后，由第一机械工业部部长拍板决定，且下达文件。

经过紧张筹备，1980 年 5 月 20 日，一汽根据第一机械工业部发文，决定将长春汽车研究所和一汽设计处合并，成立第一汽车制造厂汽车研究所

（设计处）。实行一套机构两个名称，对外对内分别以汽车研究所和设计处名义行使职权。在一汽工人俱乐部召开两方全体人员大会后，由时任一汽常务副厂长李刚宣布合并重组，一汽汽车研究所由此开端。

这时我已部分承担汽车研究所领导工作，如文件签字等。后来，一汽宣布成立以陆一峰（后为一汽汽车研究所党工委书记）为首的领导小组，负责汽车研究所和设计处的合并重组工作。我是副组长之一，第二年 5 月，一汽汽车研究所正式成立，我被任命为所长。

对于合并重组，有人欢迎，认为这有利于进一步明确以应用研究为主、面向生产（产品）发展的科研方向，增加了科研和产品开发的力量、手段及资金，双方优势互补。有人反对，认为有损于行业一类所的地位和行业服务业务，或认为科研人员不能为工厂产品开发帮上忙。也有不少人怀疑观望，认为双方合不来、合不长，过一段时间还会分家。当我从设计处搬办公桌椅时，有人对我说，待以后分家时，一定要将桌椅一起搬回来。还有人想调离，厂领导规定，凡想调离而又有单位接收者一律放行。后来，也确实有些人调离了。

事实上，合并后，双方并没有被各自担心的问题所困扰，工作成效明显。合并重组前，长春汽车研究所有 738 人，固定资产 1306 万元，年费用 238 万元，占地面积 15.4 万平方米，建筑面积 1.69 万平方米（另有宿舍和福利设施 1.25 万平方米）。设计处有 517 人，固定资产 427 万元，年费用 273 万元，建筑面积 0.93 万平方米。合并重组时，一汽汽车研究所有 1225 人。1980 年末为 1273 人，固定资产 1948 万元，年费用 1216 万元。面积未变，设备 665 台，仪表 680 台套。图书馆（原属长春汽车研究所）藏书 4.2 万册，期刊 403 种，还有国际标准 2000 份以及情报、文摘、通讯等。

合并重组后的技术业务工作中，产品开发工作主要有解放 CA141 和 CA6102、CA6110 发动机的设计改进、试制、试验，以及老解放 CA10C 和 CA15 的设计、试制、试验和改进。科研工作有汽车、发动机、零部件、材料等课题项目 48 项（当年完成 15 项），标准工作项目 14 项，情报工作及发行《国外汽车》和《汽车技术》万余份，还组织过 1976 年以来的课题鉴定会。

合并重组后，汽车研究所立项的基建施工项目为强振室、电子楼、发动机附件室等。第一个新建项目是 7000 平方米的设计楼，该楼由第九设计院设计，起初设计为 6 层、不带电梯的砖混结构楼，我们力争改为 7 层（缩短长度）、带电梯的框架结构楼。经厂务会讨论，决定采纳我们的意见。这就是现在的大院主楼。

第一批进口试验设备为 MTS 道路模拟试验机、Prodera 多点激振测试系统，以及后来的发动机性能试验台等 20 多台套。

汽车研究所始终坚持产品设计和科研必须为产品换型服务的方针，在产品研发方面做了大量工作，取得了可喜的成绩。一批科技人员得到锻炼，促进了复合型人才的成长。

1950
-
2020

支德瑜

中国汽车工业筹备组档案

以其个人经历，呈现创业之初的中国汽车工业面貌。

支德瑜，东风汽车公司原副总工程师。

1923年6月18日，支德瑜出生于上海。1945年，以优异成绩从浙江大学毕业，获得由著名科学家、浙江大学校长竺可桢亲笔签名的毕业证和工学学士学位证书。两年后，他考得庚子赔款公费留学生名额，赴英国留学。1949年，获得英国曼彻斯特大学科学技术硕士学位。

1950年12月，支德瑜辗转回到新中国，进入中国汽车工业筹备组及其所属实验室工作，先后参加一汽、二汽的筹备与建设。在几十年的汽车生涯中，他为我国汽车工业新材料的开发、新工艺的应用和推广作出了难以估量的贡献。

在一汽，面对外国对我国封锁禁运，他带领工程技术人员，利用锰、钛、硼研制出含硼结构钢，成功生产出我国第一辆解放牌"无镍汽车"，并大量投产。在二汽，他在材料工艺上坚持"四新"（新工艺、新装备、新材料、新结构），在开发铁素体、稀土镁球墨铸铁方面取得了技术领先的科研成果。

支德瑜以其个人经历，弥补了关于中国汽车工业筹备组及其所属汽车实验室历史记载的部分阙遗，呈现创业之初的中国汽车工业面貌。

从筹备组到实验室

我曾两度在汽车实验室工作，时间长达 4 年以上。

1950 年末，我被分配到中国汽车工业筹备组（以下称为“筹备组”），不久便转到汽车实验室。1953 年 5 月，调到一汽，1965 年 10 月，参加二汽建设。饶斌安排我到已属二汽编制的长春汽车研究所（汽车实验室迁往长春后的名字），协助张庆梓工作，直到 1967 年长春汽车研究所脱离二汽。

后来，一汽技术中心吸纳原一汽工艺处和材料所，而我在一汽 13 年，大部分时间是在工艺系统（含冶金处、工艺处和技术处）工作。所以，我算是一汽技术中心的元老。

我和杨南生都是第 9 届中英庚子赔款机械工程专业的公费留学生，在英国学习 3 年。1949 年，新中国成立，美国、英国、法国三国共谋，要扣留中国留学生。留英中国学生总会深受中国共产党的影响，如 1948—1949 年学生会主席黄新民是地下党员，他一直与中共联络员陈天声联系。

我是该届学生会的一名理事，在黄新民的指示下，与全国学联驻香港代表黄凯琳联系，留英学生会成为全国学联会员。1949—1950 年，我连任两届学生会理事。学生会发动和团结全体同学，与英国政府进行了历时约 200 天、争取返国人权的坚决斗争，最后取得胜利。绝大部分同学先后回归新中国，理工专业者大多进入各大学和中国科学院工作，志愿进入工厂的不多。

1950 年 10 月，我先到上海探亲。我父亲支秉渊是机械行业的知名专家，曾积极配合共产党号召的护厂工作，成为新政府留用人员，任华东工业部机械处处长。时任工业部部长汪道涵得知我回国，要父亲带我去见他，想留我在部里工作。

我谢绝了汪部长的好意。我更愿意去东北工厂，因为抗美援朝初期，东北从上海招聘的技术人员流失严重。汪部长赞许我志在东北，便不再挽留。到北京的中央高等教育部留学生处报到时，我填表写明“工作服从组织分

1947 年 9 月，中英庚子赔款公费留学生 12 人在赴英途中，前排左四为支德瑜

配”，志愿则是“去东北工厂”。

我被分配到重工业部所属的汽车工业筹备组，重工业部代部长是何长工，筹备组主任是郭力，副主任是孟少农。后来我才知道，杨南生已先于我到筹备组工作，因为他的推荐，我还没到北京报到，就已被中央人事部内定了工作单位。

从此，我便与中国汽车工业结缘。

新中国成立后，在陈云同志的领导下，中央财政经济委员会下设重工业部，这是领导我国工业建设的主要部门。1952 年秋，重工业部分解为冶金、第一机械、第二机械等若干个部。

早在 1950 年 3 月 27 日，直属重工业部的筹备组便设立。重工业部分解后，筹备组隶属第一机械工业部，改名汽车工业局。筹备组的成立早于第一机械工业部两年半，是我国汽车工业专责领导部门。

发展汽车工业被列入国家议事日程，与毛主席和周总理 1950 年 1 月 23

日在莫斯科与斯大林议定苏联对华援建156项重点工程有关，其中就包括建一个汽车厂。因此，年产3万辆的第一汽车制造厂便成为我国“一五”计划中的特大型项目。

国家决策兴建一汽仅2个月，筹备组便开始运作。筹备组位于北京鼓楼东扁担厂内，用一所四合院的民房安排各科室，并在鼓楼东的胡同——小经厂10号设立单身宿舍。

1950年7月，筹备组便撒下了中国汽车行业的第一颗种子，即汽车实验室。1951年初，实验室落户北京南池子76号，主体是一个厂房，临街有办公室平房，厂房后端是楼房，全实验室总面积约1000平方米。

汽车实验室后成为汽车研究所，地位相当于苏联汽车工业部下属的汽车研究所HAMH，是计划经济下的国家最高汽车研究开发机构。在我国的实践中，汽车实验室探索了具有自己特色的发展道路。

筹备组从旧中国接收过一些与汽车有关的企业，如天津的汽车修配厂、北京长辛店的修理厂、长春的坦克发动机修配厂，还有后来各地兴办的汽车整车厂，包括北京、南京、济南和上海的汽车厂，以及一些汽车配件企业等。

筹备组早年的主要工作是领导建设一汽，兼顾各老厂的生产、改建和扩建。作为筹备组直属单位，汽车实验室的早期工作，除协助各地方厂做产品设计外，主要是兴建一汽。

我被分到筹备组计划科当工程师，计划科是重要科室，人称“第一科”。科长胡亮是一位和蔼可亲、循循善诱、党性很强的领导，长期担任主管技术的汽车局副局长，在技术方面多有建树。郭力、孟少农和胡亮组成我国汽车行业最早的领导集体，人称“郭孟胡三杰”。

汽车实验室迁入南池子76号时，我就被调到汽车实验室，主任是吴敬业。吴敬业沉稳寡言，善于组织和领导工作，是汽车实验室第一任主任，也是后来一汽第一任技术处处长、第一任设计处处长。一汽支援洛阳拖拉机厂

（以下称为“一拖”）时，他被调到一拖工作，直至病故。

不拘一格筹人才

为集纳人才，筹备组想了很多办法。

一是调查汽车专业人才，列出名单，上报国家，请求调入。

早期进入筹备组的主要技术干部有吴敬业，以他为首，兴办汽车实验室；以王玉京为首，兴办（工厂）设计室，稍晚于汽车实验室。此后，陆续到来的人员，分别安置在筹备组机关、实验室和设计室。1952 年，吴敬业被调至一汽，实验室主任空缺，直到从上海调来的张德庆担任此职务。

筹备组聘用了几十个工程专业大学毕业生，他们被授予工程师职称。一汽初建时，他们被称为老工程师。

二是努力吸收留学生。

新中国成立前，大学毕业生去科技先进国家学习者并不多，回来后多被各大学聘为教授，也有进入科学院的。被工厂派遣出国实习者，回来后仍在原派遣单位工作。

孟少农自清华大学毕业后，公费到美国学习，获硕士学位，并在美国工厂工作。回国后，他先在清华大学执教，倡办汽车工程系，后进入解放区投身革命，再调任筹备组；张德庆曾在德国学习；张世英学习航空工程，曾留学英国，很早便进入实验室，负责设计部工作。

筹备组注意吸收留学生。据我所知，当时的留学生有陆孝宽、杨南生、翁世功、励承豪和我 5 人。其中，陆孝宽很早就进入筹备组，后到汽车研究所；杨南生和我到汽车实验室；翁世功到设计室，励承豪到汽车局。

国家后来对具有大学及以上学历、从境外（含当时的港澳）自愿回归新中国者予以鼓励。我从《人民日报》的报道得知，此政策始自 1949 年，止于“文化大革命”，约有 1500 人回归。

1991 年，国家人事部和财政部发文称，新中国成立初期，一批旅居国外的专家和学者放弃了国外优越的工作和生活条件，克服重重困难，回国参加新中国的建设。几十年来，他们为祖国社会主义建设事业作出了重大贡献。很多人已经成为我国教育、科研、卫生等领域的著名专家。经国务院批准，决定给早期回国定居专家发放生活津贴，教授及相关职务人员每月100元。

经国家人事部批准，中国汽车工业总公司被列入“早期回国定居专家名单”者共3人，即励承豪、陆孝宽和我。事实上，1991年时，杨南生和翁世功已调离汽车业。

三是努力争取应届大学毕业生。

孟少农曾到清华大学向学生们宣传汽车工业前景，吸引有志者，并向国家申请分配应届大学毕业生到筹备组。大学生到筹备组报到后，由训练科组织他们按专业去上海等大工厂实习培训，然后再次分配。

最早吸纳的是1950年到1952年的大学毕业生，很多人先在汽车实验室工作，继而为支援一汽调往长春。我印象中，1950届毕业生有李龙天、王汝湜、谢渊、张曰骞、杜友竹、陈超常、赵震鲤、许政润、沈同文、潘承烈、周亿俭、沈永言、张学孟、樊惠卿等。

1951届、1952届毕业生有李岚清、陈善述、朱德照、李松龄、汪声銮、杜时可、蔡传平、刘经传、白慧琳、秦秉常等。这些人后来大多成为我国汽车工业的专家。其中，有七八个大学生被派往苏联斯大林汽车厂实习，如陈善述、汪声銮、李松龄等，回国后直接分配到一汽。

1953年，国家开始进行大规模经济建设，急需人才，不得已让读完大学三年级课程的学生提前一年毕业。上百名大学生被分到一汽，其中一部分人直接被指定实习专业，被派往斯大林汽车厂实习。他们回国时正值一汽建设高潮，后来他们被调入一汽，成为汽车技术或管理骨干。

四是努力办学。

1952年，训练科便开始自办中专，派赵宏到长春办汽车学校。这个学校培育出了不少中专毕业生。

五是到斯大林汽车厂培训。

筹备组与苏方协商，确定一汽开工需要整套关键人员定岗工作，有厂长、技术和管理干部、工长、调整工和操作工共500多名，商请斯大林汽车厂培训。

筹备组除从已有人员中遴选外，还报请国家抽调。这些赴苏学员，先到大连俄文班突击学习俄语，然后分批奔赴苏联。他们将来的工作岗位明确，加上斯大林汽车厂岗位老师一对一的悉心传授，成效显著。

六是为一汽配备干部。

一汽最早是由郭力担任厂长，孟少农为主要技术干部，说明筹备组把主要干部都给了一汽。郭力调离后，张逢时接任。1952年，吴敬业调任652厂（后改名为一汽）技术处处长，后将实验室各部门负责人调往一汽。

实验室的开创性工作

下面讲讲我所了解的汽车实验室早期的几件往事。

其一，筹措设备仪器和吸收人才。

1951年，我刚到实验室时，南池子76号只有约1000平方米的使用面积，还没有设备仪器，显得空空荡荡。

杨南生重点筹划材料机械性能测试设备和化学成分分析仪器，我分工筹划金相试验仪器、热处理用炉和测温设施。当时，国内只能自给化学分析的玻璃仪器和试剂，以及一些简单的力学测试仪器。我曾寻找过显微镜，市场上并不缺台式生物显微镜，但费了很大力气，才买到一台台式金相显微镜。配上自制的试样抛光磨盘，总算能看金属试样的金相了。

较高档的材料测试设备仪器必须进口。一切外贸环节都由外贸部经办。因资本主义国家对新中国经济封锁，只能向苏联等国家订货，好在民主德国也有些名厂，比如蔡司光学厂。但因当时外贸部门没有样本可供参阅，我们在填申请表时，实际是按自己的理解提出货品技术要求，不但要提供中文说明，还要翻译成外文。而是否能使供货方和需求方达成一致并且成交，就要看外贸部工作人员的本领了。

这项工作进行得不容易，也极费时间。首先要列入国家计划，得到稀缺的外汇支持。当时国家外汇有限，全靠农副产品易货收入来平衡收支。若申请方重要性不够，或钱不够，只能等来年再申请。即使排上队，订了合同，也还有生产和运输周期。也有可能货物性能不太对路，出现到货后不能充分发挥作用等问题。

我在北京工作近 3 年，没看到一些重要设施到过货。直到杨南生带领材料部人员，连同全部物资一起，支援一汽冶金处中心试验室时，我才看到当年对外订货确实为一汽建设打下了材料试验的物质基础。

南池子有了些从国内采购的初级设施后，便可以招收人员。赵德寅是高中生，最早开始做金相试验，后来在一汽也成为优秀的技术人员。材料部支援一汽时，像吴景之、姚贵升、龚远耀这些优秀技术人员便成为一汽重要的材料技术专家。

实验室早期从国家仓库调入几台机床，主要是日本赔偿物资，大多磨损严重。后又调入几名老师傅，才有了一些修配能力。如曾调入一台残损的动平衡机，由沈永言修复调试。

其二，为一汽生产螺旋伞齿轮做前期准备工作。

苏联专家提醒筹备组，制造汽车后桥的一对螺旋伞齿轮是最关键项目，其加工设备和技术为美国格里森公司垄断，中方要有所准备。

巧合的是，1943 年，杨南生从西南联大毕业后，曾到当时中国最大、最先进的昆明中央机器厂工作，被分配到螺旋伞齿轮制造部门。据他所知，刀具就要用近百个计算公式才能设计出来。

筹备组领导大喜过望，便在新毕业的大学生中挑选了李龙天、张学孟、张显初 3 人交给杨南生带领，目的是掌握螺旋伞齿轮切齿技术。这样，除材

20 世纪 60 年代在一汽，图中从左到右分别为俞振隆、支德瑜、姚贵升

料部的工作外，杨南生又多了份业务。张学孟善于调查研究和执行，于是派他到全国各地去寻找库存的格里森机床。

经努力，找到了两整套格里森机床，是第二次世界大战期间美国答应供给苏联的，机床身上还有俄文标牌。1944 年，德国已呈败象，美国认为战后必然出现新局面，便将这两套机器扣留。这两套机器经国家批准调给一汽，成为一汽底盘车间齿轮工部的主力设备。

还有些分散各地的格里森机床，如上海新中公司 1944 年曾在湖南祁阳试制过汽车，在其他总成都自制的情况下，做不出螺旋伞齿轮，只好拆进口汽车后桥来拼装。抗日战争胜利后，该公司便在美国购买了一台格里森机床。这台机床也被张学孟调到一汽使用。

这样，汽车实验室暂时拥有格里森机床和操作说明书，以及刀具设计公式资料等。汽车实验室还调来一名有格里森机床操作经验的技师蔡继常，又录用农村青年马聚坤、曹长有等，都交给杨南生领导。这些人才和设备后来暂调筹备组所属长春636厂，一汽建成时，再调给一汽。

经过这番努力，汽车实验室为一汽建设解决了一大难题，提供了技术人才。李龙天成长为我国齿轮专家，曾任一汽车间技术科长、二汽总工艺师、南汽厂厂长。张学孟曾任一汽切削实验室主任（该室配备有一台格里森机床），后调任陕汽齿轮厂和北京齿轮厂。马聚坤成长为二汽车桥厂厂长，曹长有也成长为干部。

实验室为一汽和全国伞齿轮技术及生产所做的开创性工作，值得一汽技术中心骄傲。

其三，探索有特色的技术方向。

即使在早期，实验室便已考虑从实际出发，探索自己前进的道路，有几个例子很能说明问题。

比如，材料部在未接触苏联制作的一汽设计资料前，便从新华书店进口的俄文书籍中，了解吉斯150卡车的易损零部件用材牌号。由此得知，苏联富产铬，虽也生产镍，但资源不足。因此，尽管外国汽车主要应用镍铬合金钢和镍铬合金铸铁，苏联却只沿用一小部分镍铬件，并已开发了更多铬系合金钢。

我国既缺镍，也缺铬。1951年，实验室缺乏试验研究仪器，便向北京钢铁研究所提出，探寻苏联钢号40铬的代用合金钢。到一汽兴建时，钢铁所已研究开发出40锰钼中国牌号。

后来，冶金部从民主德国聘来的顾问孔歇尔教授指出，中国虽然钼资源富有，但钼宜保留作合金工具钢，如高速钢和锻模钢，不宜大量耗用于一般结构钢。因此，该项40铬代用工作要等一汽冶金处有研发条件后自行解决。

一汽冶金处中心试验室是杨南生率队组建而成的。在一汽为大量生产解放牌卡车而开展的节约近100种合金钢铁件镍铬的斗争中，姚贵升作出了重大贡献。从此，一汽大量以40锰硼钢代40铬、以20锰钛硼钢代18铬锰钛，走出了典型的中国特色汽车合金钢道路。

一汽冶金处还因为合金铸铁、工模具钢、耐热钢中节约镍铬所做出的成绩，受到第一机械工业部表扬。

又比如，中国有世界海拔最高的青藏高原，空气稀薄，使汽车实际功率剧减。汽车实验室设计部很早便认识到，需开发发动机增压器。大约1951年，汽车实验室便在没有技术资料的条件下，自行设计试制车用罗茨式增压器总成，王汝湜的汽车设计生涯便由此起步。

此后，汽车实验室很多成果都探索中国特色道路。包括大庆油田未发现前，在张德庆的领导下开发煤气动力研究；为在热带开展汽车试验研究建立的海南试验站，至今仍是我国汽车业的一个特色试验单位。

其四，拟到京西郊衙门口新建实验室基地。

1952年，国家曾考虑在北京兴建一个汽车厂，命名为752厂，拟产与苏联莫洛托夫厂的2.5吨载货汽车嘎斯51相同的车型。方式为进口散件，在华组装成整车，再逐步提高自制率，成为一个汽车制造厂。厂址选在京西郊衙门口。

筹备组决定把汽车实验室也建在衙门口。消息传来，实验室上下都很兴奋。因为南池子地处天安门旁，面积狭小，无发展所需空间。现在能在首都新建厂址，就是永久性基业了。

1952年第二季度，实验室机构改组，我负责新设立的综合部，基建任务全落在综合部。1952年到1953年上半年，我便与工程师王文隆、新来的贺沸溪等2名部队转业干部，及焊工师傅张清泉投身综合部的工作。

我们快速设计了试验大楼、附属场房、宿舍的图纸以及平面布置图，申请了钢材、木料、水泥、砖、砂、石等基建物资，并运达工地。不料1953年即将开工时，国家计划变化，752厂停建，筹备组下令放弃实验室项目，所有建材拨给衙门口一所学校。

这样，筹备组让实验室靠近一家大汽车厂的想法，最终在实验室升格为汽车研究所，并且迁建长春，得以与一汽结合，再与一汽技术部门合并，改组为一汽技术中心后实现。

汽车实验室和后来的汽车研究所走出了几位顶级科学家。我国顶级科学家是中国科学院院士（最早称学部委员）。我国汽车界最早一位学部委员是孟少农同志。长春汽车研究所的学部委员先有张德庆，后有郭孔辉。

杨南生也是从汽车实验室走出来的一名科学院院士。他早年在实验室，后到一汽，再进入中国科学院，在领导火箭事业中作出突出贡献，被国际宇航科学院选为院士。但因航天事业早年高度保密，加之他离开实验室年久，一汽技术中心也不知他的业绩和院士身份。我曾建议他的女儿将她所著的《我的父亲杨南生》一书寄赠给一汽技术中心党委。

因此，汽车行业先后拥有孟少农、张德庆、杨南生、郭孔辉 4 位国家顶级科学家。

1950
|
2020

韩玉麟

为何 30 年一贯制

一汽当时面临的最大问题是，设计了换型车，但没钱投资。

韩玉麟，原一汽副厂长兼总工程师，解放联营公司董事长。

1929 年，韩玉麟出生于上海。家里有兄弟姐妹 11 人，他排行老大。从小学四年级到高中毕业，韩玉麟在上海圣芳济中学念了 8 年书。1946 年，考取上海交通大学，先就读于水利系，后转到机械系。

1950 年 5 月，为响应国家号召，韩玉麟从上海交通大学提前毕业，到东北参加重工业基地建设。他先被分到沈阳机械二厂，1953 年调入一汽，这一干就是 40 多年。历任一汽技术检查处技术科科长、总调度室科长、生产处处长等职务。

1982 年，韩玉麟被提拔为一汽副厂长兼总工程师，先后分管生产处、机动处、工艺处、汽车研究所等。1985 年，担任解放联营公司董事长。1989 年，开始参与一汽-大众建设。1991 年，一汽-大众合资工作办公室成立，他负责具体事务。1996 年，一汽-大众建成，韩玉麟退休。

2018 年 6 月 29 日，韩玉麟在一汽咨询委员会办公室接受访谈。

1929年，我出生在上海，在上海圣芳济中学念了8年书，从小学四年级到高中毕业。1946年考大学时，我报考了4所学校，包括上海交通大学（公立）和大同大学（私立）。

大同大学先发榜，上学一个月后，上海交通大学才发榜，我便转到上海交通大学，就读于水利系。两年后，内战爆发，不可能有大的水利建设，因此，我随多名同学一起转到机械系，改学机械制造专业。

我们本该在1950年7月毕业，那时候还没有统一分配，工作得自己找，我参加了上海好几个工厂的考试。但到了1950年5月，国家号召大学生支持东北重工业基地建设，东北招聘团到学校招人。我是共青团员，也心怀满腔革命热情，便决定去东北。机械系制造组去了7人，其中4人是从水利系转到机械系的。

我们被分到东北机械工业局。机械系7个人中，有5个人被分到工厂，2个人留在机械局，我被分到机械二厂，即现在的沈阳重型机器厂。这是中国第一个重型机器厂，后来又建了2个重型机器厂，分别是位于齐齐哈尔的一重（中国第一重型机械集团公司）和位于德阳的二重（中国第二重型机械集团公司）。

机械二厂位于沈阳铁西郊区。工厂没有宿舍，我们就住在老乡家，我和一个南方大学生合住一间土房。我们基本以厂为家，每天一大早去工厂，晚上9点后才回宿舍，工作、学习都在工厂里。

我先被分到机械二厂计划科效能统计股，不久被调到制造科工具股，后来又被调到设计处设计股。设计股一部分做产品设计，一部分做基建设计，我在产品设计股，主要做矿山机械设计。一年后被提为股长，股里有几十个人，基本上都是年轻人。

1953年，厂人事部告诉我，要调我去652厂。我们去了5个人，除我外，还有1个管铸造的车间主任、1个锻造工、1个机械工和1个冶炼工。

到一汽报到后，我先被安排到俄文班学习，准备去苏联斯大林汽车厂

（后改为李哈乔夫汽车厂）实习。在俄文班学了 4 个月，1954 年 4 月，我作为第二批实习生被派去苏联。出发前，一汽副厂长孟少农做动员报告，我们才知道要去苏联实习什么专业，我在检查科科长岗位实习。

质量部门“三上两下”

1955 年 4 月，我从苏联实习回国，被分到底盘厂检查科当科长。从这时起到 1966 年，我一直在做质量管理工作。

一汽从 1956 年开始出汽车，大家严格按照苏联专家的意见办。1958 年“大跃进”，一汽搞班产 250 辆。应该讲，当时的一汽厂长饶斌同志看得很远，但有些超前。一汽最初设计是班产 50 辆，翻一番后，通过设备填平补齐，再加上一些投资，班产达到 100 辆，已经很不简单。

解放车质量问题越来越多，到 1960 年尤为突出。厂里决定，由孟少农带队走访用户，质量检查处工长王泽山同行。回来后，他们在一汽俱乐部开会作报告。王泽山介绍情况说，用户反映，解放车的变速箱、发动机、后桥都响，就是喇叭不响。

一汽质量检查部门经过了“三上两下”的整顿。每次整顿，都把检查部门下放，整顿后上来，下一次整顿又下放，再整顿又上来。每次整顿，质量部门往往都是首先被批的对象。

第一次整顿是“大跃进”时，检查科被下放到车间，由工部主任管。结果检查出质量问题后，工部主任不同意改。有些部门还撤销检查科，取消检查员。1964 年整顿后，这些人被重新组合起来归检查处管。

这期间，1960 年底盘厂、发动机、总装配等车间合并，成立载重车分厂。仅一年后，载重车分厂就解体，我回到底盘厂检查科。当时检查科由底盘厂领导，书记是一位上海纺织女工出身的老干部，她让我分管党务工作。1962 年，我被调到检查处技术科当科长，检查处处长是宋玉麟。

第二次整顿是 1966 年。一汽取消质量部门，我被调到生产处当值班主任。当时生产处有三个值班主任，生产处跟以前的质量处正好是对立面。

“文革”期间抓生产很困难，为安全起见，生产处在办公室门外楼梯处装了一个铁门，有人说我们是在“笼子里办公”。这段时间，一汽产品质量一塌糊涂。比如，从总装配线上下来的汽车，后轮本来应该装两个轮胎，却只装了一个。汽油箱供不上，空气压缩机没有，这些就不装，先把车从总装线上下来，以后再补。为了当天任务当天完成，最多时一辆车缺了八九种零件。

因此，20 世纪 70 年代一汽第二次搞质量整顿，恢复质量部门，集中管理，我转到质量组。“文革”结束后，我调回检查处当处长。刚干两年，李刚被提为一汽厂长，我被提为一汽副厂长。

1982 年，李刚调任中汽公司总经理，黄兆銮被任命为一汽厂长，总工程师胡传聿退休，我接他的班，主管技术业务。

一汽曾规划过“九部五中心”方案，我负责筹建技术中心，就是将工艺处、汽车研究所和技术处合到一起。但只开了个会，宣布技术中心成立，给每人发个小手册，就算完事了，实际并没有运行。

1985 年 5 月，一汽领导班子换届，徐元存调到吉林省，耿昭杰担任厂长，党委书记是李玉堂，总工程师是林敢为，总经济师是吕福源，总会计师是尹士君，对工作重新作了安排。

我担任解放联营公司董事长，总经理是谢云。虽是董事长，但我不管联营工作，仍负责规划发展。1989 年，我开始参与一汽-大众建设。1996 年，一汽-大众建成，通过国家验收，任务完成后，我正式退休，转到一汽咨询委员会，截至 2018 年，已在一汽咨询委员会 20 多年。

第三次整顿是 1998 年，一汽集团大改革，不设质量管理部，把它放到生产部里，成立生产协调部。2007 年，一汽才成立质量管理部。

产品为何 30 年一贯制

解放车 30 年一贯制是有原因的。1956 年 7 月，一汽出了第一批车，其中有 10 辆开到吉林省委报捷，当时我也坐在卡车上，路上围着很多人。不管怎样，这是中国生产的第一批车。

从 1956 年到 1958 年，解放卡车产量并不大，因为没有车架。1958 年，中苏关系破裂，对方不再提供零部件，当年一汽只生产了 1000 多辆解放车。

1962 年，一汽开始做解放换代产品 CA140，1964 年推出第一辆样车。接着开始试制，对发动机和样车都做了试验。"文化大革命"开始后，工作停止。

二汽成立后，一汽要包建。二汽最初做 2 吨军用越野车和 3.5 吨民用载货车，后来确定把 3.5 吨提高到 5 吨。产品方案发生重大改动，重新设计肯定来不及。

怎么办？第一机械工业部明确要求，二汽产品要保留 CA140 的主要特点，性能指标绝不能低于 CA140。这样，一汽就把换代产品 CA140 的设计成果无偿拿给了二汽。

CA140 是 5 吨车，在 CA15 的基础上做了很多改进，比如，把双级桥改成单级桥，采用等缸心距发动机和翻转驾驶室。一汽当时面临的最大问题是，设计了换型车，但没钱投资。

现在看来，换型这笔钱只是小钱，但在国家统购统销的计划经济年代，一汽没有自主权，产品价格由国家定，一汽自己没钱搞发展。

为此，时任一汽党委书记徐元存去争取权利，希望每年一汽能自购自销一部分汽车，自销价格高于市场价格。只有权力下放后，一汽才能挣钱用于企业发展。但上面不同意，资金问题难以解决。

直到 1986 年，一汽才将解放换型车定为 CA141。结果换型后，又碰到质量问题，这方面我们有深刻教训。有一阵子，在飞机上都能看到，地面一

一汽咨询委员会部分成员，图中右三为韩玉麟

片全是蓝色的解放卡车，卖不出去都积压在机场。

问题主要出在发动机上。CA141 的发动机是不等距的，马力增加后，由于没钱投资，仍在原来的老生产线上生产。二汽的新品比我们先出来，按理说，我们应该后来居上。可惜当时就想着跟二汽竞争，担心老解放车卖不动，想赶紧做新车。这种心情可以理解。也因此，在发动机试验还没做到位时，就将 CA141 推出去，后来不断修改，虽然最后改得不错，但耽误了时间。

不过，CA141 也有先进的地方，比如，从日本日野汽车公司引进的变速箱就很不错。当时流行的一种说法是，变速箱一汽比二汽好，发动机二汽比一汽好。

3 年建成一汽

谈谈对 3 年建成一汽的感受。

一是一汽的学习风气。

我刚到一汽工作，就好像进入一所大学校。这里学习风气浓厚，全厂从上到下，从干部到工人都在学习。学文化，学技术，学政治，也学外语。

饶斌同志不仅把组织学习作为重要任务，还自己带头学习。许多老干部通过学习，成为熟悉业务的领导。我印象最深的有两个人，一个是沈曾华，另一个是王少林。

王少林当时是技术检查处处长，1959 年被提拔为一汽副厂长。他没上过大学，几乎全靠自学。我们两家住得很近，他因为工作太忙，白天不能参加学习班，就让我晚上到他家，给他补习数学和物理，可惜他英年早逝。沈曾华是主管生产的一汽副厂长，当过模具车间主任、车身厂厂长，是中国模具协会创办人之一。

厂内办有各种不同程度的学习班，老干部、青年技术人员、工人都可以参加，技术人员与工人还可以互订师徒合同，共同提高。我过去学的是机械制造，对汽车结构不熟悉，就参加了汽车构造学习班。

一汽确实是个学习型企业。对外主要学习苏联技术，后来也学习日本、德国、美国经验，使一汽能跟上世界汽车行业的发展步伐。这种为汽车工业发展而艰苦学习、持续学习的优良作风，为一汽“出汽车、出人才、出经验”提供了保障。

二是党和国家高度重视，调动全国资源支援。

一汽管理干部来自五湖四海。我是从沈阳过来的，也有从清华大学等大学过来的。还有上海调来的一批老知识分子，他们很不简单，上海生活条件好、工资高、生活舒适，但他们为建设汽车工业来到了一汽。此外，还有从国外回来的老知识分子，比如支德瑜、陆孝宽等。

三是苏联的无私帮助，具体表现在以下几个方面。

其一，一汽原计划派600个实习生到苏联，实际派出518人，分9批，包括后来的国家领导人江泽民同志和李岚清同志等。

当时是成建制派出进行对口实习，从厂长到车间主任，从生产调度到供应，从设计到工艺，非常全面。只有两方面没有涉及，一是人事，苏联的人事制度和工资制度跟我们不一样；二是销售，苏联是统一分配。

这500多人后来都成为一汽的骨干。一汽是中国汽车工业的摇篮，不但要出技术，还要出人才、出经验，全国大大小小的汽车厂几乎都有一汽人。所以我们建的不是一个汽车厂，而是中国汽车工业的基础。

其二，从厂址选择到工厂设计、工艺设计，都是苏联协助的。

其三，所有工艺装置和工艺设备，都是从苏联订货。比如，苏联帮我们专门制造了3000吨大压床。他们考虑得很周到，设备上面都是中文标志。

其四，组织斯大林汽车厂各方面专家编写组织设计，共涉及62个分厂。我们在苏联主要学习这套流程、生产组织怎么运行以及怎么生产汽车，否则就得摸着石头过河。

其五，苏联共派了200多位专家到一汽，大部分都是我们在苏联实习时的导师。

这些情况在《风华正茂的岁月》一书里都有概括。2003年，在一汽建厂50周年之际，我们组织编辑了这本书，我和冯云翔是总编辑。我们想办法联系留苏的同事，请他们写回忆录，共收录文章109篇，也算是给后人留些资料吧。

1950
-
2020

徐兴尧

向中重型转型

一汽产品结构从单一品种向多品种调整的过程。

徐兴尧，一汽原副总经理兼总工程师。

1938年，徐兴尧出生在辽宁省海城市的一个农村。1958年，考上吉林工业大学内燃机专业。1963年8月，他毕业后选择去一汽。从一汽设计处一个普通技术员做起，历任科长助理，设计处副处长，汽车研究所党委副书记、第一副所长、所长等职务。

在设计处期间，徐兴尧参加CA140发动机设计，主要承担配气系统设计和整机试验工作。从1968年底至1992年中，他借调到一汽轿车厂，参加CA772B保险车大马力发动机设计，主要承担连杆、活塞等运动件设计和发动机性能及可靠性试验工作。

负责汽车研究所期间，汽车研究所重点完成解放CA141、CA142、CA150等中重型及轻型系列产品研发，完成奥迪轿车图纸国产化转化工作，完成汽车研究所和一汽设计处的合并、融合及汽车研究所自身发展工作。

自1990年8月起，徐兴尧历任一汽副厂长、总工程师、一汽集团副总经理兼总工程师。1999年底退居二线。2003年3月退休，时年65岁。

2018年5月28日上午，在九院办公室里，徐兴尧接受访谈，对CA141换型改造进行回顾与反思。

本文详细记录了一汽第三次创业时，其产品结构如何从单一品种向长平头、汽柴油、中重型与轻轿多品种并举的调整过程。由徐兴尧撰写，经其授权收录于本书，略作编辑。原文曾刊发于《一汽创建发展历程》(中国文史出版社2007年11月出版）一书。

对一汽来说，以产品换型、工厂改造为标志的第二次创业，是一次求生之战。

没有二次创业的成功，就没有一汽的今天。国内有多少“一五”期间建成的老企业，就因为没有完成企业的换型改造而纷纷倒下。

一汽的二次创业，使生产了 30 年的老解放 5 吨载货汽车获得新生，使生产这个车型的工厂、工艺、装备得到改造。新型解放车与老解放车对比，车头驾驶室、发动机得到脱胎换骨的改变，其他主要几大总成进行了适应性改进（这些总成，在后来引进日野变速箱、AP 膜片离合器之后得以换型），产品的品种是 5 吨汽油长头载货汽车系列及其变型产品。

在当时的条件下，一汽能做到这些已经难能可贵。市场的选择是无情的，用户关心的只是产品的适用性，他们并不关心企业自身的难处。因此，一汽要得到持续发展、不断壮大，只有一种选择，那就是必须跟上市场节奏，满足客户需要，克服一切困难，在行业中保持极强的产品竞争力。

为加速一汽产品结构调整，一汽厂长耿昭杰不止一次讲过，一汽的第三次创业，就是要实现三个转变：一是产品实现由单一品种向多品种（长头与平头、汽油与柴油并举，中、重与轻轿并举）转变；二是市场实现由国内单一市场向国内、国外两个市场转变；三是资本实现由单一的资本——工厂体制向多元化资本——集团体制转变。

根据这一战略目标，在产品战线，几个车型的研发工作几乎同时展开。一汽的产品开发工作，有的从“六五”时期起步，“七五”时期是研发高峰期，“八五”时期和“九五”时期是产出的重要时段。“八五”末期，中型、轻型、轿车的比例已达到 4.5 : 3.5 : 2。从这里可以看出，轻型和轿车比例已占据半壁江山，中型卡车形成 5 大系列 67 个品种，柴油车占总量的 70%，一汽的 5 吨柴油平头载货汽车已成为畅销产品。

“九五”时期的重点是适应市场需求，开发与投放承载能力超强的特殊运输车。例如，运煤、工程用的翻斗车等，以及真正的重型车及底盘，完善一汽中、重型系列车的开发与投放。

在中、重型载货汽车产品结构调整中，重点抓了以下三方面工作。

平头车开发好事多磨

载货汽车的平头化，是当今重卡汽车（除美国外）的发展趋势，是载货汽车结构技术参数与先进制造技术的标志。平头汽车具有视野广阔、驾驶方便、承载系数高等诸多优势，成为汽车用户追逐的焦点。

上平头车前，1982 年 4 月，一汽根据中汽公司“六五”期间产品发展规划要求，决定开发 CA142 型（后来的 CA151 型）6 吨载货汽车。它是以 CA141 型 5 吨车为基础，采用 6102-1 型汽油发动机，规定最大功率不低于 145ps，最大扭矩不低于 41kg•m，比油耗不高于 230g/ps•h。对刹车系统进行改进，适当加长轴距，重新设计后桥、悬挂系统。

1982 年 6 月，按要求完成设计。1983 年，试制出 6 辆 CA151 型样车，进行整车和可靠性试验。

在 CA151 型车基础上，从 1984 年 1 月开始，设计 CA151K 型柴油载货汽车，装 6110 型柴油发动机，最大功率不低于 160ps，最大扭矩不低于 41kg•m，比油耗不高于 160g/ps•h。1985 年初，试制出 14 辆样车进行试验。

1985 年下半年，在试验基础上进行第二轮设计，采用 ϕ350 的 AP 膜片离合器和日野变速箱，试制出 8 辆样车。由于日野变速器的引进投产和 AP 膜片离合器的采用，提高了 CA151 和 CA151K 载货汽车的技术水平和质量可靠性。经过生产准备和多轮试验，于 1993 年 7 月 14 日，由李岚清副总理剪彩投产。

1982 年，应林业部门和交通部门要求，一汽还分别开发 CA150K2（6×4）和 CA150K3（6×4）两种 9 吨长头载货汽车和牵引车。这两个车型在使用中几经改进，在汽车研究所中试产、一汽实业公司重型车厂投产后，产品越来越成熟，车型越来越丰富，曾一度成为一汽的主力车型，取得可喜的经济效益。

随着汽车市场发展，1982 年，一汽颁发规字 64 号文《关于下达 6 吨平头载货汽车主要设计参数要求的通知》，开始设计 CA150P 6 吨平头载货汽车。

通知要求，该车驾驶室采用平头、全景玻璃，为金属封闭式，可向前翻转 50 度到 60 度。车架形状、尺寸基本与长头车相当。该车于 1982 年第四季度开始设计，年底试制出 2 台驾驶室，1983 年完成全面设计工作，1984 年试制出第一轮样车。

同时，一汽还开发了 CA151PY 右置方向盘变型车。1984 年 9 月，以技贸结合方式引进日本三菱汽车公司 FK 型平头驾驶室（自行开发工作停下）。该车于 1997 年 1 月 27 日在总装配厂投产。在此之前，5 吨平头车（CA150P、CA150KP）由一汽青岛汽车厂生产。

CA150P 平头驾驶室的开发，可以追溯到“文革”前的 CA150P，这算是平头驾驶室开发的第一轮。“文革”后，从泥模到样车算是开发的第二轮。

在第二轮设计过程中，中汽公司曾组织一汽、二汽与英国吕卡图公司合作，由一汽、二汽共同出资，共同派人参加，成果共享。但因关系复杂，久谈不决，我们只能边谈边自己动手自行设计、试制。

到 1984 年 9 月决定引用三菱 FK 型平头驾驶室为止，自行设计的驾驶室已做完大量工作，不仅完成主模型制作，还完成了 18 套大型冲压件的冲模制造。

1984 年，我国利用技贸结合方式，与日本三菱汽车公司签订购买 1 万辆三菱重型汽车、引进三菱 FK 型平头驾驶室技术的合同。中汽公司将驾驶室技术转给一汽，并由一汽与三菱汽车公司补签一项每个月培训 150 人的合同。

三菱汽车公司对这项工作很重视，替一汽研修人员租了房子及办公室，

20 世纪 80 年代的汽车研究所设计室和设计师

还组织一批得力技术人员负责培训与技术援助。由于一汽在这段时间的主要工作是上轻型车，后又转上轿车，平头车工作算不上重点工作，再加上资金困难，研修中止，仅培训了 75 人，平头车工作中断。

当一汽基本忙完轻型车和轿车的设计、投产工作之后，回过头来抓平头车项目时，与三菱汽车公司签订的研修合同已过期。另外，这期间又出了好几件事情：

一是，从三菱汽车公司进口的 8 吨车出现质量问题，参加这场质量官司的技术专家由汽车研究所派出，中国赢了官司，日方同意免费换新车，但不希望登报。

中方负责人张存道（时任中汽外贸公司经理）答应了，但此事后来还是被《人民日报》报道。在这种情况下，三菱汽车公司驻中国人员，从领导到职员，几乎全被解聘。三菱汽车公司认为一汽不够意思，一些参加援助和培训的三菱汽车公司员工对一汽也很生气。

二是，研修中止后，三菱汽车公司要求一汽支付租房费用，一汽认为研修人员没去住，不同意支付，日方表示不理解。

三是，参加该项目的日方队伍已解散。

由于以上因素，一汽想启动平头车项目，在日方不同意协助这种局面下，我已无能为力，只好让耿（昭杰）厂长亲自出马。为此，耿厂长、吴长发、李国良和我专门去过一次三菱汽车公司，事态总算有些缓和，为后来一汽青岛汽车厂上平头驾驶室项目奠定了一些基础。

一汽上平头驾驶室项目是在极其困难的情况下实现的。这个时间段，一汽上了5吨车、6吨车及其变型车系列，又上了轻型车系列，轿车基地建设也是热火朝天。但最缺的就是资金，也就是外汇额度，要上FK型平头驾驶室项目，模具费用十分难筹。

当得知青岛市有外汇额度时，耿厂长与青岛市长俞正声谈合作事宜。由一汽与青岛联合引进FK型驾驶室模具，青岛汽车厂进一汽（青岛市占青岛汽车厂50%的股份），改名为一汽青岛汽车厂（因为FK型技术不能转让第三方，青岛汽车厂进一汽后，由其生产不算第三方）。冲压件互供，两地组装平头驾驶室及平头汽车整车等。

就这样，平头驾驶室项目重新启动。产品开发研修工作由一汽汽车研究所和一汽青岛汽车厂双方派员工进行。第一批CA150P于1994年9月27日在青岛汽车厂下线。1995年4月30日，FK型驾驶室迁回长春生产。1995年5月31日，在总装配厂A、B两条线混流生产长头、平头CA151-6吨载货汽车。1997年7月，一汽在总装配厂正式投产CA151KP-6吨柴油平头车。

FK型平头驾驶室是日本1984年刚投产的新车型所采用的驾驶室，我们完全按日方提供的技术资料和质量标准进行生产。当时我们的技术水平还处于自主设计主图板、主模型阶段，而日本已进入制备线图、数据表（穿孔纸带）阶段，相差 20 多年。

通过技术引进与培训，我们在产品开发与制造技术上提高了一大步。后来，我们相继引进了α3D 测量机、1.8 米 ×5 米大型绘图机以及系列软硬件，成立了 CAD 工作室，设计水平逐渐赶上来。

在 FK 型平头驾驶室项目上，我们先后派出三批研究人员（李中康为队长、郭竹亭为副队长），其中有发动机、底盘、车身、电器方面的设计人员和工艺、工装设计人员。培训人员规模仅次于一汽建厂初期到苏联的第一次培训，这些人员后来都成为不同岗位的骨干。

这次技术引进，不仅引进了 FK 型平头驾驶室产品，还培训了一大批员工，提高了车身设计、制造技术水平。这次引进与培训，使我们看到了自己的差距和努力的方向，为以后车身开发、制造的技术改造提供了方向。

正因为有 FK 型平头驾驶室的技术引进和人员培训，才有了 FM 型和 FP 型宽体驾驶室的自行开发。正因为有了 FM 型、FP 型宽体驾驶室，才为一汽重型车开发提供了一个很好的驾驶室。在平头驾驶室、平头汽车的研发和制造中，郭竹亭、徐衍男等人的功绩值得肯定。

柴油发动机合作一波三折

我们对 CA6110 系列柴油机进行升级换代。

1985 年 1 月 7 日，该系列发动机通过中汽公司鉴定后，分别在大连柴油机厂和无锡柴油机厂生产。一方面，由于受当时的生产、配套条件所限，该系列发动机的再开发和升级进展不快。另一方面，二汽生产的康明斯柴油机、重型汽车厂生产的斯太尔柴油机，市场反应较好，对一汽长远发展威胁很大。

为尽快改变这种被动局面，从 1992 年开始，耿厂长决定，一汽柴油机要两条腿走路：一是千方百计提高 CA6110 柴油机的技术水平和产品的可靠性；二是寻求国际合作，引进国际高水平柴油机。

在寻求国际合作方面，组成了以我为团长，包括汽车研究所（康展权、赵荣国等）、发动机厂（朱廷福、费明琴、张惠文）、规划处（不定专人）、外经处（张宇华）等参加的柴油机考察谈判团，到德国、日本、英国、瑞典、美国进行考察和商务谈判。

通过样机试验、工厂考察和商务谈判，我们最后选定两家企业，向一汽厂务会汇报：一家是奔驰，他们的产品新，技术水平很高。该公司生产整车，品牌效应好，但价格极贵，合作态度不好，限制较多。另一家是道依茨，该公司是发动机专业生产厂，产品新，价格较低，合作态度很好，限制不多，并答应在引进产品的基础上，共同开发 350ps 以上的发动机。

因此，一汽决定与道依茨合作，并草签合资合同，待国家主席访德时，由耿厂长正式签约。但不幸的是，在此期间，该公司出现严重财务问题，领导班子更换后，新领导对合资提出疑义，未能在规定时间内签约。

几经折腾，双方改为技术引进，重新谈合同，重新提交政府审批。这一拖就到了 1997 年，双方终于签订合同。但又遇到一汽资金困难，项目没有立即“上马”。1999 年后，一汽决定与奔驰全面合作，该项目就拖下来了。

尽管项目一拖再拖，但在这几年考察谈判的过程中，我们几乎走遍了世界上生产柴油发动机的有名工厂，参观访问了很多有名柴油机配套工厂和生产柴油机所用的新材料、新装备工厂。这些企业为做生意，像孔雀开屏一样，把好东西都展示出来。凡是我们提出来的，他们都开放给我们看，并且详细讲解，让我们收获颇丰。

第一，了解了当代国际柴油机最新技术及发展方向。第二，了解了柴油机的设计流程、方法和手段（CAD、CAE、CAM 技术）。第三，了解了生产柴油机的新工艺、新材料、新装备及其生产工厂状况。第四，了解了柴油机配套工厂的技术、装备、价格状况。第五，得到了一批样机、样件和一大批技术资料。第六，培养了一批设计、工艺、商务谈判人才，为以后柴油机自主开发、引进谈判等积累宝贵经验。

克莱斯勒一行到汽车研究所参观一汽产品

一汽当时决定，把引进项目放到长春生产。大连柴油机厂和无锡柴油机厂都不理解，纷纷要求将该项目放在自己工厂里。每次我都苦口婆心地劝说，CA6110 系列产品还是片“处女地”，我们不曾开发过、挖潜过，潜力很大，只要努力，就会大有作为。看到一汽决心已下，大连柴油机厂和无锡柴油机厂才下定决心走自己的路。

为提高柴油机开发能力，1998 年，一汽将无锡油泵油嘴研究所吸收进来。大连柴油机厂与三菱公司合作改进 6110 缸盖，无锡柴油机厂开发了 4 缸 6110 柴油机，并与奥地利 AVL 公司合作，生产 125 冲程 6110 柴油机。汽车研究所与大连柴油机厂合作，把缸径缩到 108mm。无锡油泵油嘴研究所对进气、燃烧、供油做了大量工作。这几家又竞争又合作，使 CA6110 系列发动机的品质得到很大提升。

CA6110 系列柴油机自 1985 年投产以来，在一汽的统一规划下，由汽车研究所牵头，经共同努力，不断开发，满足了欧0、欧Ⅰ、欧Ⅱ、欧Ⅲ阶段排放法规要求。发动机进气方式也从自然吸气逐步开发成增压、增压水空中冷、增压空空中冷等多种吸气方式。高压喷油系统从AD泵，逐步开发为应用P7泵、P7100泵、电控单体泵和电控共轨系统。

例如，20世纪90年代初，开发了自然吸气发动机CA6110A、CA6110。20世纪90年代中，开发了增压吸气发动机CA6110Z1A1、CA6110Z1A2、CA6110Z。20世纪90年代末，开发了增压水空中冷吸气发动机CA6110ZW，开发了增压空空中冷吸气发动机CA6110ZLA9、CA6110ZLA8、CA6110ZLA1、CA6110ZL等。

发动机功率则从140ps逐步开发成最高280ps，满足了4吨、5吨、6吨、7吨、12吨等载货汽车及相应底盘需求。

在满足法规和升级换代开发过程中，重点进行增压技术、空空中冷技术、低机油消耗技术的开发和燃烧系统、冷却系统、润滑系统、高喷射压力系统的开发和匹配。

在产品开发中，系统应用和掌握CAE技术，形成产品结构强度设计、性能设计和开发、排放开发、零部件验证、整车验证、电控开发的能力。

一汽逐步建立发动机产品开发流程、开发能力和开发队伍，这是一种无价之宝。

另外，为满足轻型车柴油化，汽车研究所还开发了CA498系列柴油机，在大连柴油机厂生产，1997年2月装车。为满足中型客车发动机燃烧天然气要求，对CA6102型汽油机进行改造，1997年5月1日试生产。之后与荷兰天然气燃料研究所合作，并正式投产。

虽然柴油机合作项目迟迟未能实现，但一汽掌握了不少信息，帮助与促进了一汽自我研发能力的提升。正因为有CA6110系列柴油机的自我升级换代，才保证了中、重型载货车系列的产品调整。正因为有了CA498柴油机的投产，才有了一汽轻型车系列的柴油化。正因为有了CA6102型汽油机的改造成功，才有了一汽的燃气客车底盘。

主查制开发重型车

按照中汽公司的产品规划，一汽从5吨车向下发展，二汽由5吨车向上发展，重型汽车由中国重型汽车公司生产。

一汽还干不干重型车？根据发达国家汽车产业发展规律，中型载货车不应该是发展的品种。发达国家的中型载货车保有量和产销量都较少，而轻型车、重型载货车才具有大量需求。载货车的发展方向是从5吨向上、下两极发展。随着高速公路的建设和经济的发展，重型载货车在中国有极大的潜在市场，一汽载货汽车一定要占领这块唾手可得的市场。

发展重型载货车，一汽有三种途径。其一，利用现有中型载货车资源，通过改进挖潜，把载重量提起来，爬升到重型载货车的标准。其二，利用社会已有的成熟资源，加上一汽自有资源，经过整合，制造出重型载货车。其三，重新设计，对工厂进行技术改造，生产出真正的重型载货车。

对于第一种途径，我们已在进行中，如CA150K2（6×4）9吨车。对于第三种途径，一汽当时还不太具备条件，而且市场不大，却要投入很多，不值得。因此，选择第二种途径会更好。

1985年4月，汽车研究所派出以贺庆中为首的设计人员，到丹东汽车改装厂（后来的丹东黄海客车厂），与对方组成重型载货汽车设计组。我亲自把他们送到丹东汽车改装厂，他们开始了CA155P-8吨载货汽车的设计、试制、试验工作。

设计原则是，各大总成尽量采用市场上已有的技术水平较高且成熟的产品，重新开发后桥（一汽生产齿轮，丹东汽车改装厂制造冲压桥壳），采用三菱FK、FM型驾驶室，装CA6110Z增压柴油机、CA6110柴油机的离合器（加强型），哈尔滨齿轮厂生产五十铃变速箱，丹东拖配厂生产双落差前轴等，要求尽快出车。

1985 年 12 月 27 日，我与汽车研究所副所长王秉刚到丹东看生产的 5 辆样车（装 FK 型驾驶室 3 辆，装 FM 型驾驶室 2 辆），算是通过验收。车开到长春后，经过试验，大体还不错。

该车型放在刚进入一汽的兴隆山专用汽车厂生产。当时平头驾驶室还未在一汽投产，我们便将驾驶室改为长头，定名为 CA155 型载货车。由于该车双落差前轴离地间隙太小，五十铃变速箱质量问题较多，作为运输车辆销售一直不畅。经过不断改进，改装车、变型车销量逐渐增多。

一汽真正的重型载货汽车（具备以下条件：整车及总成、零部件的设计载荷底线为 8 吨以上，技术结构参数国内外领先，符合国际、国内法规要求，随着市场不断发展，有升级换代空间）9 吨系列，于 1994 年底、1995 年初起步。这时国家高等级公路和高速公路建设取得长足进展，国家对汽车超限提出严格要求，重型载货汽车市场的春天即将到来。

我们通过前几年对中型汽车变型、挖潜改造，观察重型车在市场上的表现，以及“运煤王”的开发等，积累了一定经验，重型车开发时机业已成熟。

为尽快将新重型载货车系列投放市场，根据时任一汽总经理耿昭杰的指示，该车型的开发试行主查制，由汽车研究所高级工程师黄文海担任主查，年轻设计师刘蕴博担任总布置，组成由规划处、发展处、生产处、计财部、采购部、销售公司等部门参加的工作组。

从市场调研、概念设计，一直到生产安排、协作采购、产品成本核算、销售价格确定与市场开拓、培训的全过程，都由主查统管起来。这是国外的成功经验，“一条龙”的工作方式，便于做并轨工程。但对一汽来说，这是破天荒第一次，而且由一个汽车研究所设计师来协调一汽这么多部门，实在有些困难。黄文海找我提供帮助，所以这个主查管理工作相当于由我代理。

成绩还不错。加快开发速度，缩短开发周期，成本在产品开发时就得到控制。但后期因为“肥水不外流”的观念，给质量带来一定损害。例如，按老思路，刹车毂由底盘厂供货，但底盘厂没有生产条件，到公主岭订货，结果刹车毂的硬度不够，金相组织也不合格，整车跑几千公里刹车就偏磨，磨损量很大，间隙自动补偿装置根本无法补偿。

1995 年初，一汽组织三个调研组，分别到大连（海港）、大庆（油运）、大同（煤运）调研。规划车型为（4×2）9 吨车（分为长、标、短轴距）、（6×4）15 吨车、（6×4）30 吨半拖挂车，决定先生产 9 吨长轴距载货汽车（CA1170P2K2L2）。

该车型选用 FP 型平头驾驶室、道依茨 236ps 柴油发动机、ф350 双片离合器（后改为 ф420 单片离合器），新开发传动扭矩为 80~90kg•m 的变速箱，后桥为 ф420（后改为中 ф454）的单级新后桥，采用双管路刹车、动力助力转向机等。

1995 年试制出 8 辆样车，到海南进行 5 万公里路试，试验中期进行第二轮设计。1996 年一季度出第二轮样车，仍到海南进行 5 万公里路试。1996 年 11 月，经中国汽车技术研究中心组织鉴定，1997 年 7 月批量生产。为满足用户需要，后又选装玉柴 240ps 和 250ps 发动机。

（6×4）16 吨载货汽车，选用玉柴 273ps 柴油发动机、120kg•m 变速箱、ф454 贯通式后桥，新开发平衡悬挂系统，采用 ф430 单片离合器，车型定为 CA1260P2K8T1。在该车型基础上，又开发 CA3170P2K1BT2（4×2）9 吨翻斗车和 CA3260P2K8BT1（6×4）15 吨翻斗车、CA4260P2K1CT1-30 吨半挂拖车。

1997 年 12 月，16 吨平头车和 30 吨平头牵引车在一汽总装线试装成功。至此，一汽中、重型汽车产品已形成长头、平头，汽油、柴油，中、重型六大系列，包括 4 吨、5 吨、6~9 吨、15 吨、16 吨、20~30 吨上百个品种。

1999 年，全国重型车产量平均增长 26%，一汽重型车产量增长 96%，一汽的市场份额从 26% 上升至 46%，全国销量第一、增长率第一、市场占有率第一。一汽中型客车底盘占全国市场份额的 35%，中型车市场份额保持在50%。这说明一汽产品结构调整满足了市场发展要求，是成功的。

到“九五”末期，一汽中、重型产品系列已覆盖各个方面，载重量从4吨到30吨，汽车驱动形式包括4×2、6×2、6×4、4×4和6×6、8×4（有的未投产）等不同轴距，还生产标准底盘、自卸车底盘和半挂牵引车底盘。应用这些载货车的基础总成，开发出由低档城市客车到中高档大型旅游客车专用底盘，载货汽车车身也形成长头、平头并举局面。

一汽中、重型产品结构调整取得阶段性成果，一汽载货汽车产品格局基本形成，为以后系列产品的开发奠定了较为坚实的基础。

1950
-
2020

林水俊

中国最早的试验场

建中国最早试验场的坎坷经历。

林水俊，长春汽车研究所原副总工程师。印尼归侨，祖籍福建省龙海市。

1928年11月，林水俊出生于印尼爪哇岛文池兰镇，1950年7月乘太古轮船公司的岳州号回国。同年考取清华大学机械工程系，1953年毕业被分到一汽。

在为一汽效力的41年间，他在生产科做过技术员、计划员，在设计处担任过工程师、道路试验室副主任和主任，1970年被下放到总装配分厂劳动两年。

1980年，林水俊担任长春汽车研究所整车研究室主任。1982年后，历任汽车研究所副所长、海南汽车试验站站长、中国汽车质量监督检验测试中心主任。1986年担任汽车研究所副总工程师，延聘至1993年底退休。

从20世纪80年代到20世纪90年代初，林水俊主要主持三项与试验室相关的工作：一是长春汽车试验场的建设；二是海南湿热带汽车试验场的建设；三是建设中国汽车质量检测中心。

2015年7月11日，林水俊在位于长春的花园酒店接受访谈。2018年5月，进行补充采访。

1950年8月，我考取清华大学机械工程系。1953年毕业分配，一汽建设需要人，当年从清华大学分到一汽的有19个人，我也在其中。

到一汽再分配，我被分到生产科，科长是支德瑜。他给大家讲，生产科的任务就是做生产准备，翻译从苏联运过来的资料，包括工艺路线等，我们这些学过俄文的就直接工作。接着，我又被分到生产准备办公室，由一汽副厂长孟少农直接领导。

我在生产准备办公室干了3个多月，后来生产准备办公室撤销，成立生产处。我在生产处担任计划员、小组长，其间学习汽车厂如何制订计划和组织生产。

黄敬担任第一机械工业部部长后，提出一汽不仅要生产载重车，还要生产更多汽车品牌，如军用越野车和轿车。汽车厂要扩大生产，需要更多技术人才搞设计和制造，一汽也提出要从外面招人。趁这个机会，我要求到设计处。

但我不喜欢坐在办公室里画图，我喜欢和整车打交道，因此我要求去试验室工作，而试验室也的确需要人，我就被分到汽车道路试验室。从此，我再没离开过整车试验工作。

汽车道路试验室隶属试验车间。试验车间主任是何赐文，后来到汽车局当副总工程师。道路试验室下面分为解放、轿车和越野车三个小组，我被安排在轿车组。试验室成员大多是非党员人士，副主任也是非党员工程师，资格很老。很多工人是转业兵，技术员跟工人合不来，所以试验室不好管。

我参加过东风轿车的选型和鉴定试验，也参与了部分红旗轿车的鉴定试验。说实话，我很怀念东风轿车严格按照科学设计程序推进的过程，如果东风轿车能成功生产，一汽的历史可能会有所不同。但历史不能假设，这就是规律。

第一条试验跑道

一汽由苏联援建，苏联没有建试验场，因此建一汽时也没有试验场项目。计划经济时期，项目计划里没有试验场，我们就拿不到建设经费。

没钱怎么办？早在建东风轿车时，孟少农就找到何赐文以及当时的道路试验室主任庄群，一起筹备建汽车试验场。他们决定在一汽附近找地段自建，前后找了好几个地方，有时也带我一起去考察。

后来，在一汽西边（现在的东风大街）找到一个已废的加工厂。加工厂原来属于一汽，后来变成居民平房。这条路不平，不算太好，但因经费有限，孟少农决定在这里建试验跑道。

所谓试验跑道，就是只能做某部分性能试验的场地。能做所有验证试验的才叫试验场，试验场我们做不了。即使这样，这也是中国第一条试验跑道。

这条跑道比二汽建的试验场早得多。孟少农设计出一汽试验跑道后，他想到一个最省钱的办法：利用一汽的剩余能力来建，可以不花国家的钱。比如，一汽运输处出车，设计处出司机，基建处施工队施工，找长春市政处做土建设计。

1959 年底开始干，1960 年初建成，试验跑道长 5 公里。那时我才意识到，汽车厂必须要有自己的试验场。如果没有孟少农，这条跑道根本不会建起来。可以说，中国的汽车试验场是孟少农首创的。有了一汽试验场的设想，才有后来各个试验场的诞生。

试验场设计期间也出过问题。我们原本按照苏联试验规范，路面平整度控制在千分之三以内。但这条路上正好有个洼地，要填平，成本就得提高，我们实在拿不出钱，结果路面平整度就超过了千分之三。

但这个千分之三的数字本身也不准确，正确的试验结果应该是，汽车往返测试的试验数据误差不能超过 5%。打个比方，以试验数据是 100 为例，

设计处艾必瑶、陶本光、吕彦斌、林水俊等与孟少农

往返的试验数据应该在 95~105 的范围，这样的试验结果才可信。我们做试验时，往返的试验数据误差都超过 7%。因此，这条跑道不能用来做性能试验。从这方面看，我们是失败的。但除性能试验外，其他测试都能做。

钱还是不够，就去找老汽研（从北京搬到长春的汽车研究所，合并前称“老汽研”，后来跟设计处合并，叫汽车研究所）。那是 1960 年初，陈全处长去找老汽研主任，希望他们出部分钱参与建设。试验跑道建成后，老汽研、质量处、设计处都可共用。

这中间有段小插曲。试验跑道修好后，相当于给农村修了一条路，农民看到有马路，都往这边走。老汽研不满意，我们也不满意，但路也没办法封闭，要封闭又得花钱。

1962 年，第一机械工业部部长段君毅到一汽蹲点。我们跟他反映这个问题，段部长就批评设计处。他说，你们没钱，不能自己动手封闭吗？我们弄些大石头垒起来，但也不能完全封闭，只能封闭农村的出口。

到了 1965 年，我们攒下些钱，想改造试验跑道，便于做快速试验。什么是快速试验？汽车要跑 2.5 万公里才能判定其可靠性，要完成这个试验需要很长时间，我们也等不及。于是我们考虑怎么让汽车集中起来在一个区域跑，既能达到试验效果，又能省钱、省时间。

道路试验室开始研究这个问题，结果“文化大革命”开始，打乱了所有计划。这时孟厂长已调往陕汽，道路试验室的计划落空。军代表进驻一汽后，合并设计处和工艺处，成立科技部。我们这些科长都靠边站，基本不上班，上班也没事干，每天学习毛泽东思想，这样持续了两三年。

1969 年底，我被下放到总装配厂当工人。我当换零件的修配工，就是在汽车下线后检查，把不合格的零件换掉。我的工资和级别都没变，还是科长。工作虽然辛苦，但我喜欢当工人，不用想太多，就是干活。总装配厂实行三班倒：早上 8 点到下午 4 点；下午 4 点到晚上 12 点；晚上 12 点到早上 8 点。一年多后，我被派去当检查员，就比较轻松了。

1972 年底，形势基本稳定，陈全和庄群回到设计处，但实际掌权者还是军代表。上面让我回设计处，我不愿意。我去找总装配厂的车间书记，我说，你要我，我就继续在这里干。接着又去找干部处，说总装配厂想留我，我不想回。干部处处长说，这是厂领导、厂党委的决定，要改变必须向厂党委汇报，重新开会讨论。我只好服从组织安排。

回设计处时，军代表正好去北京学习。我跟陈全说，我不想当领导，当个工程师或者技术员都可以。

军代表回来后说，科技部下面要设一个大试验室，总共一两百人，包括道路试验室、发动机试验室、底盘试验室、车身试验室、电器试验室等。大试验室主任是李昌群，让我当副主任。李昌群原是试制车间干部，出身较好，后升任一汽调度室主任。

1973 年，军代表撤退，陈全和庄群恢复职务。我提议不要搞大试验室，让各试验室回归，我也回道路试验室。设计处领导讨论后表示同意，这样，设计处又恢复了原来的机构设置。

1天解决10年遗留的问题

回试验室后，我就专心搞道路试验，着手解决原来考虑过但没解决的问题。比如快速试验，我发动大家去找能做快速试验的样板路段。约500米长的样板路，每25米为一段，再按路面的宽度分隔成5条路，在初始位先定一个点，每隔25厘米用水平仪测其高低点，5条路就有几百个数据。坑洼高低都用水平仪测量，这就测出了几千个数据。

数据怎么用？我们参考英国MIRA试验场，其中有条比利时路，由方块砖筑成，时间长后变得凹凸不平，这条路被移到试验场里面。假如按照汽车30英里/小时的速度，在这条路上跑300英里就能确定可靠性。

但这些数据没有根据。一位吉林大学数学系老师告诉我，这在数学上叫路面谱，可用计算机做一个随机路面谱，把数据导入得出谱值，再据此修路、做人工测试。冬天，试验室同志按路面谱值用砖头铺成路，路面一结冰就变硬，这时驾驶人员再感受汽车在此路面行驶时的状况。

几个人分别去测试。试过好多地方，就凭感觉和经验，因为没有仪器，也没有其他参考资料。那时，计算机有一个房间那么大，只有吉林大学数学系才有，所以要算数据，只能去吉林大学，而且结果得过几天才能出来，过程很艰难。

从1973年到1977年，我们花了近4年时间，才弄清楚合适的路面谱值。1978年初，我们确定建一条试验跑道，专门用来做可靠性试验，之前那条试验道路就不再使用。

1978年，李刚担任一汽总工程师后，让我们易地再建试验跑道。我回设计处时就听说过，其实早在1973年，我们就有意识地在找一个可建试验场的地方。

这之前，老汽研根据我们研究快速试验路的结果，派过很多人到海南试验站找地建可靠性道路，也请我们派人参加。他们找到的那块地属于当地生产队，可靠性道路建成后，10 吨以内的载重车都可以用。后来建永久性的道路时，我们派王秉刚和王湘海参加，他们在研究可靠性道路时做了很多工作。

1978 年，我第一次去海南考察建可靠性试验路的情况。刚来两个礼拜，对海南情况稍有些熟悉，就被徐兴尧一个电报给叫回去，让我参加去日本的考察团。

一汽派出了一个 19 人组成的代表团去日本。我匆匆忙忙学了一个月日语，就硬着头皮去了。在日本先参观卡车厂和轻型车厂一个月，然后参观三菱、五十铃、日野、日产和丰田公司，一个公司一个月，加起来正好半年、180 天，此行收获很大。

我主要看试验场，日本有大大小小的试验场 20 多个，其中四分之三我都看过。丰田有个试验场建在山顶上，是把山顶铲平后建的。我一看图片，觉得奇怪，就想去看。丰田方面的接待人员傲慢地说，那里没什么，不必去

1978 年 6 月，中国汽车工程学会实习团参观日本五十铃藤泽工厂

看，给你放放录像就可以了。

我就将他军。我说，前面这些试验场我都看过，但这个试验场建在山上，不知是真还是假？接待人员愣住了，经过请示，同意我、日方一个工程师和翻译 3 个人去看。

这是一个变速箱厂的试验跑道，变速箱和转向机为丰田生产。我问他们，把试验场建在山顶上遇到的最大问题是什么？他们说，防水问题。

在山顶上怎么防水？水又不会淹到那儿。我又问。

下雨后，水冲下来，路面全给破坏了。对方答。

为什么要在这里建快速试验路？对方说，变速箱在非洲某个地方上坡时坏掉了，他们派技术员到非洲，把当地路面情况测下来，移到这里做研究。

我很佩服日本人的这种精神和作风。我向丰田方面提出要求，能不能把试验场的路面不平度资料给我们？对方或许觉得，给你能有什么用？于是就把资料给我了。我的想法是，拿这些数据回来研究路面谱，看看日本跟我们的研究结果有什么不一样。

从日本回国后，我们一直在找能建更大试验场的地方。如果从 1973 年算起，前后花了近 10 年时间，到 1983 年还没找好。

我们想在吉林省选址建试验场，但吉林省当时不批。于是，我又去了内蒙古乌兰浩特，告诉他们一汽要建试验场。他们带我到离乌兰浩特一两百公里远的一个地方，那里有个日本人废弃的飞机场，三面环山，一面出口。冬天山上下着雪，下面的草还是绿的。

我汇报完后，一汽很多领导都去乌兰浩特看过。他们认为地方很好，但是太远，离一汽有 500 多公里，运输各方面都不方便，就给否定了。

吉林省委书记赵修到一汽考察时，一汽总设计师刘经传抱怨说，我们在吉林找不到地方建试验场。赵修便告诉吉林省副省长，让他批个地方给一汽。

过了十来天，副省长真来电话了，要找一汽厂长黄兆銮。黄兆銮通知我，一起去找地方。我看过那么多地方，哪里最合适也说不清楚。但我灵机一动，冒险说出最近的地方在农安县烧锅镇。

我们一队人马浩浩荡荡地去看地，约 11 个局级干部陪着副省长，包括公安局局长、农业局局长，以及一汽副厂长等。到烧锅镇后，副省长一看，地方挺好，空旷没人，面积差不多有 100 公顷，是公社养羊养马之地，不种庄稼。

副省长跟陪同的县长说，你们就支援支援一汽吧。既然副省长都发话了，县长只能表示同意。我们赶紧回去写报告，趁副省长出差前做完审批，1 天就解决了 10 年都没解决的问题。

找地 10 年，施工 10 年

接着做试验场设计，黄兆銮和李刚的意见是，让一汽基建处承包。基建处不懂汽车试验技术，把土填平后，技术科说干不了。

试验场设计最难的是跑道的弯道部分，在我们一筹莫展之时，刚好有个在中国长大的日本遗孤当过一汽底盘车间调度员，对一汽很有感情。经他牵线，我们找到日本铺道公司承担试验场建设。

这个日本人相当于中介，他让铺道公司请日本自动车研究所出面联系我们。日本自动车研究所和铺道公司合作，前者做担保，后者接任务，跟我们谈试验场建设事宜。

本来是很好的事，谁知道又出现一些问题。铺道公司到一汽谈判，带了很多人，有律师、财务和技术人员，我们这边有厂长和助理参加。

谈到最后，变成两个谈判组。一组是技术组，由我和王秉刚负责；一组是财务和行政组。谈了两天，对方技术组认为，一汽要求太苛刻，钱还压得这么低，他们干不了。

我们决定先谈技术问题，由他们设计高速跑道，施工以后再谈，这样只谈设计费用，大家都能接受。但一汽一位厂领导说，干脆跟他们谈个大合同吧。

这方面我有过教训，以前搞风洞就半途而废，见头不见尾。因此我说，不能这样，我们还是分两个阶段进行，第一阶段设计，第二阶段施工。

高速跑道设计很复杂，中国还没人做过，但有人去日本铺道公司学习过。

对方要价很高，仅设计费就要20万美元。施工费要价更高，要好几百万美元。铺道公司给我一些资料，告诉我，这些都得用计算机控制，平度要在千分之一以内。弯道设计本身就很难，我们国家虽然也能设计，但没有经验。

黄兆銮（时任一汽厂长）同意把设计和施工分开谈。现场讨论时，我们表态说，施工问题以后再谈，但肯定请他们监工。意思是，用我们自己的工人，他们做现场指导。

设计谈成后，钱没问题，人也没问题，交图和审图时间也谈妥。看起来事情都解决了，没想到又发生了意外。

大概是11月，在北京的一个宾馆里，我和铺道公司一位领导签订设计合同协议。但第二年春节后，那位要一次谈个大合同的厂领导突然告诉我，厂里没钱，要取消合同。

取消合同就要赔钱给对方。我跟厂领导沟通，我说，现在要取消合同，起码得赔付10万美元。何况对方已经开始干了，今年底就要出图，为什么要白白送人家10万美元呢？

我问厂里能出多少钱？厂领导说，10万美元还出得起。为了筹措资金，保证设计工作顺利进行，我去找中汽公司科技部的詹同震，他是詹天佑的孙子，我们关系不错，后面建海南试验场也跟他有关。

我说，你能不能想办法借我们10万美元？

干吗用？他问道。

我把整个过程讲给他听。后来他终于说，行。

他跟胡亮局长商量后，决定提前把 10 万美元给汽车研究所，本来要到年底才给。事情就这样解决了，我们最终坚持把设计做完了。

我们还派人到日本去学怎么设计高速跑道。同时，上海市工程设计院有位工程师，名叫崔健球。他原来参加过一汽扩建试验场工作，也帮着我们审查日本铺道公司设计的高速跑道图纸。

图纸确定后就要开始施工，下一步怎么办？我们也不知道该请谁来施工，就跟基建处商量，请来北京计划建筑设计院。他们跟日本铺道公司有联系，也派人去铺道公司学过。北京计划建筑设计院帮我们设计总图纸，而高速跑道的设计图纸，最终由我们和上海设计院确定。

项目前期一直是我牵头，我建议让外面的单位来施工。海南有个福建施工单位，能保质保量。我们先让他们做了试验场边跑道，质量还挺好。刚做完，管施工的基建处又主张不用他们，计划自己施工。

我反对这样做。我说，这样不行，保证不了质量。我们宁可多花点钱，让外单位做。他们不保证质量，我们可以罚他，一汽基建处不保证质量，我们罚谁？但一汽厂领导认为资金不应外流，于是就让基建处自己施工，导致最后质量很差，几次返工重修。到 1993 年底我退休时，还没全部完工。这一阶段工作是由孟祥符完成的。

就这样，从 1973 年到 1993 年，我们找地 10 年，施工 10 年。建试验场，一汽在全国是第一个干的，当时我们的资料还被其他企业拿去学习。结果直到 1993 年，还在返工重修。可谓开始得最早，完成得最晚，且质量最差。

日本汽车研究所一位副所长跟我关系不错，提供过很多资料给我。他曾问我，什么时候到一汽参观？我就推托自己已退休，不再管事，不知道具体情况。因为实在没办法让他们来看。

海南试验场

一汽建成的第一个试验场在海南。海南试验场从1978年开始，先做可靠性试验跑道，那时叫试验站。“文革”混乱期间，老汽研因距离海南太远，鞭长莫及。1972年，第一机械工业部（1982年改为机械工业部）便将海南试验场交给旗下的广州电器研究所代管。

广州电器研究所主要做电器，这一管就是11年。1983年，中国汽车工业总公司跟机械工业部提出，汽车要发展，海南试验站再让广州电器研究所管不合适，应交给汽车部门管。机械工业部同意让汽车研究所（当时老汽研已与一汽设计处合并为汽车研究所）派人到广州跟电器研究所谈判。

派谁去？汽车研究所当时管试验的是我。我就和詹同震、杨时平作为一汽汽车研究所和中汽公司的代表，去跟广州电器研究所谈判。中汽公司担心我们比较年轻，对海南不熟悉，又找了赵尔承同去。赵尔承是最初建海南站时的老站长，70岁左右，已退休，中汽公司请他当顾问。

试验站无偿划拨给广州电器研究所管的11年来，已建了很多房子。现在要收回试验站，这些房子怎么处理就成为难题。

我们和赵尔承意见统一，意思是试验站无偿给你，你也无偿还给我。具体怎么分？最多分几间房子给他们，其他房子留给我们，且试验站归我们管。

但广州电器研究所不干，他们非要画线，各分各的。画线的主要争议在主楼，主楼是木石建筑，是最好的房子，到海南站的人基本都住在那里。

我们连谈两次，1982年、1983年各一次。回来向上汇报后再去谈，双方各提出一个方案，都谈不到一起，最后不欢而散。

他们的想法也简单，这11年来，国家没拨过钱给海南试验站，钱都是拨给电器研究所的，电器研究所用自己的钱建海南试验站，现在要将海南试验站拿回去，就得把钱赔给他们。

谈到 1983 年四五月份，机械工业部下了死命令，从计划司、技术司派出两位代表。那边是机电局，这边是中汽公司，再加上技术司和计划司，一起谈判，一定要谈出结果来。汽车研究所还找来陈全当顾问，他是海南铁矿第一任矿长，对海南情况比较了解。

谈来谈去还是谈不拢。我就跟其他几人商量怎么办？海南试验站一位工程师对我讲，主要问题是主楼，站里面建有电器试验室楼，电器试验室楼跟主楼怎么划都划不清。

广州电器研究所驻海南试验站，其实并没有多少电器试验可做，再没了汽车试验站其实挺吃亏。主要是机械部机电局局长希望广州电器研究所在海南有个落脚地，所以不想放弃。

最后没办法，我们作出让步：主楼给广州电器研究所，电器试验室楼给我们，相当于把试验场分成了两半。

1983 年 5 月 1 日，双方签字，我跟广州电器研究所所长做交接工作。

海南试验站归汽车研究所管理后，我被任命为海南试验站站长。试验站没钱，汽车研究所拨来几万元，作为一年运营费用。这时赵尔承说，他对海南试验站挺有感情，想好好管这里。汽车研究所就聘请赵尔承任党委书记兼副站长。

我要管道路试验室，不可能长期住在海南。于是就跟汽车研究所讲好，半年在海南，半年在长春。这就苦了赵尔承，他一直守在那里。

1983 年底，耿昭杰（时任一汽厂长）到海南，对管理提出一些问题，然后派来赖国平。赖国平也是印尼归侨，比我大两岁，原来在一汽搞电机，到长春市当过一段时间公务员，又回到一汽。他担任海南站第一副站长，赵尔承是书记，我是站长。

1984 年底，赵尔承身体不太好，要求退休，还介绍来一位工程师徐涛。1958 年建海南试验站时，徐涛就在，这时徐涛已退休，我们就把他请到海南站管技术。赵尔承回重庆老家。我也不再当站长，全交给赖国平管，但我还分管长春试验场和海南试验场。

建海南试验场困难很多。举个例子，它不是一块整地，这边一个生产队，那边一个生产队，一共有五六个生产队。跟生产队订合同，以什么为界只能在文字上说明，没有地图。当初，海南试验站领导跟生产队签合同时说，我们只要这块地，生产队可以自由出入。但现在要建试验场，就一定要封闭起来，而封闭前，首先要把地界搞清楚。

这就苦了赵尔承和赖国平。我只在海南待半年，跟他们研究怎么定地界。定完地界后，我回长春，他们继续负责与生产队谈判。

我们的打算是，先把地桩做起来，再做围墙。做围墙问题就更多，原来让他们通行，现在又不让通行。怎么办？我们找到县政府，县政府出面协调，给生产队一些补偿，让他们绕道走。

建围墙时，不光涉及修围墙费用，还有赔偿农民绕道的费用。钱紧张时，我们就跟赖国平商量，找一汽副厂长沈永言支持。沈永言当时在一汽管基建，后来让曹建拨来 60 万元基建费。因为关于赔偿的谈判问题很多，围墙建完两三年后才实现全封闭。

接下来是建高速跑道。我们先找上海设计院做设计，他们拿铺道公司的图纸做参考，设计很顺利。后经县政府推荐，找福建队施工。沈永言亲自派监工人员，他对高速跑道建设起到很大作用。

施工全部完成时，我已退居二线，由王秉刚接管海南试验场工作。可以说，这是我国建成的第一个汽车试验场。

1950
-
2020

周　颖

研发 CA141 系列车型

为拓宽市场，解决销量问题，在只做少量生产准备的条件下，研发 CA141 系列车型。

周颖，长春汽车研究所原所长。

周颖1935年出生在辽宁绥中，1956年考取吉林工业大学发动机专业，5年后毕业，被分配到一汽工厂设计处。因不想干工厂设计工作，便自愿要求去一汽设计处，后被分到道路试验室。

20世纪70年代，周颖参与一汽60吨矿用自卸车CA390试验，后因一汽不生产矿用车，CA390移交本溪重型机械厂生产。1976年，因兴建我国第一个现代化露天煤矿霍林河煤矿，要从美国西屋电气制动公司引进40辆75短吨自卸车。周颖被借调霍林河煤矿项目一年，随队到美国西屋电气制动公司接受培训，回国后对项目技术员和工人进行培训。

1986年，周颖参与一汽集团委托日本日野公司对解放CA141做评价试验。1990年，参与汽车产品创国优项目。同年，他被提升为长春汽车研究所所长，主持产品开发工作。

2020年4月11日下午，85岁的周颖在长春寓所接受访谈。

1935 年我出生在辽宁绥中，距山海关 50 公里。我从小就喜欢汽车，1956 年考取吉林工业大学（后并入吉林大学）发动机专业，当时叫长春汽车拖拉机学院。我 5 年后毕业，被分配到一汽工厂设计处（机械工业部第九设计院前身），处长是陈祖涛。

我学的是产品设计，不想干工厂设计工作，就想去一汽设计处。到工厂设计处几个月后，我直接去找陈祖涛，跟他讲了我的想法。他表示理解，让我先找设计处问问对方愿不愿意接收，对方同意的话就放我走。

设计处总支书记是陈全，处长是文格，主管试验的副处长是庄群。我跟庄群说明情况，他表示欢迎。1962 年，我到设计处道路试验室，当时道路试验室有 30 多人，其中技术员约 20 人，还有些试验司机。

1976 年，中国要在霍林河建一个现代化露天煤矿，霍林河煤矿位于内蒙古自治区哲里木盟扎鲁特旗的科尔沁草原，煤炭覆盖层浅，老百姓挖菜窖就能挖到煤，地质结构简单，便于露天开采。

霍林河露天煤矿项目施工需要大型自卸车，上面决定从美国西屋电气制动公司引进 40 辆 75 短吨自卸车。要引进自卸车，需要懂技术的人。当时国内还没有大型自卸车，缺乏相关技术人员，项目组便从一汽设计处借调两名技术员参与，我是其中之一，还有一位是陈裕春。

从长春到扎鲁特旗，再从扎鲁特旗往北，翻过一个山岭就到霍林河。当地老百姓讲，霍林河的水很浅，没脚脖，但常年有水，是个非常好的牧场。每到夏天，蒙古族人便游牧到霍林河。冬天的霍林河很冷，气温低达零下 35 摄氏度，蒙古族人就南迁，驻扎在扎鲁特旗一带。

1978 年，我们随项目组到美国考察，当时中美两国还没有建立大使级外交关系。美国西屋电气制动公司在伊利诺伊州，我们先从北京到巴黎中转，再到华盛顿。中国驻美国联络处派车来接我们，安排我们住在联络处。

美国西屋电气制动公司安排的培训，主要是讲解 75B 自卸车的结构、维护及保养等，共培训 14 天。回国后，我们两名技术员再对霍林河的技术员和工人进行培训，因此我被借调到霍林河工作一年。

其实在这之前，一汽曾试制过60吨矿用自卸车。因为重型车不在一汽生产计划之列，时任汽车局副局长胡亮找到一汽领导，要求试制50—60吨矿用自卸车。这个任务交给当时的一汽设计处负责人庄群，经过调研，我们认为矿山需要60吨自卸车。

60吨矿用自卸车型号为CA390，产品设计由一汽设计处底盘设计科负责人华庆主管。1971年，他们深入矿山，在实践中设计方案，一个月后拿出初步设计方案，完成结构方案图。当年3月，确定设计方案，开始设计零件图。当年6月，完成CA390全部零件图，开始试制。

CA390长9.2米，宽4.665米，高4.3米，轮距4.2米，自重43.5吨。1971年底，第一辆CA390装配完成。我们到不同矿山进行试验，先后完成两轮样车试制。1976年，汽车局决定一汽不再生产矿用车，一汽试制矿用车工作结束，整套图纸和全部试验资料移交本溪重型机械厂。

一汽将1983—1986年新开发的5吨车CA141代替老解放4吨车。1986年垂直转产，开始生产CA141。垂直转产不是一件容易的事，它体现出一汽领导的魄力与能力。但不可避免地出现一些质量问题，主要问题是发动机断环、拉缸、缸孔早期磨损等。

所谓拉缸，就是活塞在缸筒里运动，缸筒出现一道一道划痕。一汽从苏联引进CA10，产品追根溯源来自美国福特，其发动机缸径为英制，换算成公制就是101.6毫米，而CA141的缸径则从101.6毫米变为102毫米。到换型时，CA10已生产30年，配套体系相对成熟，而CA141的新缸径需要重新适配，这是一个容易被忽视的原因。

当时沈凤歧管生产，秦懋荣和张长根先后管销售。CA141卖不出去，而二汽EQ140却卖得相当好。一汽当时非常困难，为解决质量问题，一汽决定打破常规过大年。1988年2月，利用春节，由7位副厂长分别组成7个小组，到CA141服务站召开座谈会，走访用户，进行调研。

接下来，一汽对发动机问题进行质量攻关。为解决断环问题，将活塞的第一道压力环材料由铌合金铸铁改为球铁环。为解决下排气问题，将活塞三道环改为四道环，提高活塞组与气缸壁的密封性。为减少缸孔早期磨损和拉缸问题，改进油环弹力，既不会破坏气缸壁油膜，又不会出现烧润滑油现象。

同时，加强管理工作。每月召开一次全厂质量例会，总结上个月质量工作成果与经验教训，并对当月质量工作作出安排。例会设批评席和表扬席，对质量工作有严重失误的分厂一把手坐批评席，对质量工作作出显著成绩的分厂一把手坐表扬席。例会情况当晚上一汽电视台，第二天上一汽集团报，无形中提高了一把手抓质量的决心和认识。

汽车研究所为拓宽市场，解决 CA141 销量问题，研发了 CA141 系列车型。其中，主要有 4 × 2 的 5 吨车，加一个驱动桥变为 6 × 4 的 9 吨车。为节省燃油，在 6 × 4 的 9 吨车基础上，又开发一个带浮动桥的 8 吨车。

竞争对手开发了一个 3 吨车，耿昭杰厂长问我有什么打算？我说，在 5 吨 CA141 的基础上开发一个 4 吨车。把 5 吨车的 900-20 轮胎改为 825-20 轮胎，车厢板调低，双排座驾驶室改为单排（投产时驾驶室未改为单排），车架断面变小。4 吨车后来由销售公司调整为 2 吨加强型。

为拓宽市场，汽车研究所在 CA141 的基础上，又开发一个双前轴转向，一个驱动桥的 9 吨车，大大增加了一汽产品的销量。当时汽车研究所除开发 6102 汽油发动机外，还开发了 6110 柴油发动机。

这期间还有个插曲。为科学评价 CA141 的性能水平，1985 年 6 月，我们将两辆 CA141 发往日本，委托日野公司进行评价试验，一汽派人参加，由我带队。整个试验历时 153 天，人员轮换了三个批次，我一直跟着，学到了日本进行汽车试验和评价的方法。评价结果是，CA141 在外观、平顺性和制动性方面获得日方好评。

1991 年，中汽公司提出开展汽车创国优活动。一汽决定参加，并组成

60 吨矿用自卸车 CA390

创优队伍，由质量处处长王志诚、销售公司副总经理郭荣濂、副总工程师李松龄和我负责，这时我已是汽车研究所所长。当年 5 月，在一汽厂部大楼前举行授旗仪式。耿昭杰厂长向我们授旗，希望创优胜利后再把这面大红旗交回来。

我感到肩上的担子很重，如果创不上国优，将无颜回厂见江东父老。参加创国优活动的是一汽和二汽两家企业，到海南试验场做创优试验，中国汽车技术研究中心去了三四个人做评判员。3 个多月后，经过多项试验考核，CA141 以 986.23 分夺得第一名。我记得很清楚，创国优小分队回长春时，由耿厂长带队，全厂职工到一号门迎接我们，场面非常壮观。

1995 年我 60 岁，本来应该退休，但耿昭杰厂长希望我再干一段时间。最后，我干到 1998 年才正式退休。

1950

2020

郭孔辉

汽车动力学开拓者

这位致力于汽车操纵稳定性与轮胎力学领域的科研工作者走过了怎样的风雨人生路？

郭孔辉，中国工程院院士，长春汽车研究所原总工程师，吉林大学汽车学院名誉院长、汽车动态模拟国家重点实验室名誉主任。

1935 年 7 月，郭孔辉出生在福州。1952 年考取清华大学航空专业，1956 年从吉林大学汽车专业毕业，4 年里辗转 4 所大学。毕业后，郭孔辉被分配到第一机械工业部北京汽车拖拉机研究所，1958 年随汽车业务部分迁入长春汽车研究所。截至 1993 年调任吉林大学副校长，他为一汽效力了 37 年。

在一汽期间，他进行空气悬架、8×8 独立悬架军用越野车的开发，研制 1 吨高性能军用指挥车，参与实验室建设等，主持完成一汽新型汽车的开发研制工作，以及多项中国汽车行业的重要基础性科研项目。在吉林大学期间，他以研究解决汽车动力学问题见长。

郭孔辉是我国汽车操纵稳定性、平顺性、制动与驱动稳定性以及轮胎力学等学术领域的开拓者和带头人，也是我国最早将系统动力学理论与随机振动理论引入汽车振动与载荷研究的学者。

他研制开发的轮胎动态模型和轮胎动态试验系统处于世界先进水平，他建立的 Unitire 轮胎稳态模型和非稳态六分力模型，迄今仍是被国际汽车工程学界公认的两种轮胎模型之一，得到国际汽车学界的广泛认同。

2007 年 6 月，郭孔辉创办长春孔辉汽车科技股份有限公司，其目标是加强关键零部件自主创新和产业化，培育核心技术创新能力。

2020 年 4 月 10 日上午，85 岁的郭孔辉在办公室接受访谈。

1935 年我出生在福州。小学四年级前在郭宅中心小学上学，遇到福州沦陷，小学五年级辍学一年。母亲说，辍学耽误了时间，要通过跳级补回来。

原来的小学不让跳级，我就到姥姥家附近的黄山乡小学上学，姥爷跟当地小学校长挺熟，为获得学籍，让我顶替一位郭姓同学直接念六年级。由于数学没补上，我又只顾玩耍，学起来就有些吃力。

中学我考到离家较近的英华中学（福州第二中学前身），这是一所教会学校，此时我开始住校。按照成绩，我可能考不上英华中学，正好小学一位女教师的未婚夫在英华中学校办，类似于办公室主任，他起到了一定作用。

初一的数学老师压不住阵，课堂上总是很吵闹，他经常拿点名用的木头盒敲桌子，边敲边叫大家安静，结果同学们闹得更厉害。整个初一，学校发的数学习题本，我一道题都没做。快考试时，同寝室的同学帮我讲课，这位同学是那位女教师未婚夫的弟弟，他数学成绩很好。

初中前两年，我的数学都不及格，成绩单上用红笔标注，每学期都要补考。直到毕业前一学期，有一次我在家，听到外面敲门，是成绩单送来了。我一看，没有红笔标注，高兴得跳了起来。奶奶坐在大厅里，看我这么高兴，问我考了第几名？我说，全及格了，不用担心补考了，否则放假还不能安心玩。

1949 年，我初中毕业，恰逢福州解放，家里经济出现困难。按理说我家是华侨，家境还可以，但土改时家庭环境发生了变化。家里一时拿不出学费，说我高中不能上了。开学都快两个月了，我突然想起，毕业时老师告知我们，要想继续留校念高中，交一笔留额金（保留学生名额）就行。

学校之前没这样做过，但当时刚解放，经济困难。有一段时间，物价一天要涨好几次，学费要么只收银圆，要么用大米抵。于是，我跑到学校会计科，找他们退留额金。会计科老师教过我植物课，他问，你怎么不上学了？多可惜。要不这样吧，我跟校长说说，给你免一半学费续读，加上留额金，再稍微补交一些就够了。

回家跟母亲商量，母亲说，不上学也可惜。她就想办法凑了些钱，让我接着上。或许是知道了上学机会来之不易，或许是因为遇到两个不错的数学老师，我不再那么贪玩。第一学期数学勉强能跟上，到第二学期，我就经常得到数学老师邵宗周和几何老师陈金华的表扬。

这两个老师都很有意思。他们对我说，你的思路跟《数学》书和《几何》书的思路相通，关键地方抓得住。每天上课，先发一张小纸，上面有几道题，测完后再上课，到后来每次我都能拿 100 分。从此，我改变了对数学的态度，念高三时是小班第一名。

4 年上 4 所大学

物理老师对我影响很大，当时他刚来学校不久，学的是航空专业。1952 年高考，我也报考了航空专业，比较好的航空院校一是清华大学，二是华东航空学院。我第一志愿填报了清华大学航空专业，第二志愿是清华大学机械系，后来我被航空专业录取。

清华大学学习环境不错，教师的水平都很高。大二那年，清华大学航空专业并入北京航空学院（北京航空航天大学前身）航空专业。大三下学期，有一天上晚自习时，学校突然通知我和另外几位同学转学，原因是我们有海外关系。

就这样，清华大学、北京工学院等院校的 32 位同学一起被转到武汉华中工学院汽车拖拉机系，单独编班。一般专业是 4 年制，航空专业是 5 年制，华中工学院要求我们留一级，补学之前的知识。但我们都不希望留级，愿意每天用业余时间补课，学校最终同意。

1955 年我念大四时，赶上全国高等院校调整，上海交通大学、华中工学院、山东工学院部分专业调整合并，组建长春汽车拖拉机学院（吉林工业大学前身，后并入吉林大学）。我成为长春汽车拖拉机学院第一届毕业生。

大学 4 年，我读了 4 所大学，从航空专业变为汽车专业，从天上到地下，并从此与汽车结缘。很多人觉得稀奇，但我们 32 位同学都有类似经历。北京航空航天大学建校 50 周年时，我曾写过一篇文章，将这种转变比喻为旧社会谈恋爱，必须遵从父母之命、媒妁之言，只能先结婚后恋爱。国家派你去你就得去，兴趣可以慢慢培养。

总体来看，我是个不太安分的学生，喜欢挑战和质疑。大三时做课程设计，老师分配给我一个题目——“汽车传动中应用自由离合器的设计”，这是汽车上不多见的结构，能省油，能减轻操作负担，让驾驶更轻松。

当时参考资料很少，我能看到的只有苏联楚达科夫院士的著作《汽车设计》，上面有一小段是这个设计的计算公式。当我准备用计算公式作为设计依据时，却发现推导出来的结果跟书上写的差别相当大。楚达科夫院士的公式当然不能轻易否定，我就反反复复地重新推导，结果还是对不上。

我只好向指导老师报告。指导老师很年轻，刚从清华大学毕业一年多，他找不出我推导的毛病。我问，能不能按照我推导的公式设计？他说，年轻人不要太自信，在没有更权威的证据前，必须按照楚达科夫的公式计算。

怎么办？我又去请教自己比较崇拜的材料力学教研室主任荆教授。没过两天，荆教授告诉我，他认为我的推导是对的，因为他从另一个方向进行推导，结果跟我一样。

我又去找指导老师。我说，荆教授推导的结果跟我一样。指导老师没办法，只能同意按照我的办法设计。

学习方面我一向喜欢刨根问底。大四时，我在齿轮科研组做设计，教科书是一位苏联教授写的。我发现奥斯比扬公式数值不对，经过验算证明，误差约 15%。指导老师也认为我的方法是正确的，苏联教科书写的不对。

还有一次，校长给我们讲课，内容是关于轮胎滚动阻力原理的计算。我在课堂上提出了一些问题，校长当时没有回答出来。后来证明，我提出的问题是正确的。

好几次挑战成功，对年轻学生来说很有成就感，大大激发了我钻研问题的兴趣和信心。我当时想，以后我当老师，一定不会压服学生，学生也不要盲目相信权威，要勇于创新，但不可狂妄。我后来带研究生，给他们写过一副对联：虚心，善以前人为师；创新，不为前人所限。鼓励他们既要虚心，又要创新。

空气悬架从零开始

1956 年毕业分配，按照我的志愿，我被分到第一机械工业部北京汽车拖拉机研究所。这个研究所由汽车工业筹备组所属汽车实验室扩充而来，办公地址在北京先农坛，包括汽车和拖拉机两大部分。当年 8 月，我和 20 多位同学去单位报到时，北京汽车拖拉机研究所刚挂牌，所长是张德庆，副所长是张庆梓，我被分到新成立的悬挂组。

1958 年初，第一机械工业部部长黄敬认为，研究所应该接近生产第一线，决定将研究所一分为二：汽车部分搬到长春，改名为长春汽车研究所；拖拉机部分搬到洛阳。1980 年，长春汽车研究所与一汽设计处合并，成立一汽技术中心。截至 1993 年调任吉林工业大学副校长，我在研究所工作了 37 年。

在汽车研究所，我最早接触的课题是空气悬架与振动研究。当时国家正在做 12 年科学研究规划，其中与汽车有关的一个项目就是空气悬架（早期称悬挂），简单讲就是用空气囊作为汽车的减振弹簧。

早在北京汽车实验室做毕业设计时，我就接触过这个课题，当时有 4 个人做悬架课题，我和陈耀明做油气悬架，另外两人做空气悬架。油气悬架跟空气悬架理论上差不了太多，只是油气悬架多了一个介质，用油来顶气，可以做减振器。

陈耀明也是福建人，和我命运相似，4 年念了 4 所大学，毕业后也被分到汽车研究所，我们在汽车科科长张羡曾领导下工作。空气悬架主要针对解

郭孔辉在长春汽车研究所

放汽车进行研究，目标是每车节省 100 千克弹簧钢。这在当时是很新的技术，国外也才刚刚兴起，可参考的资料很少，更得不到样车、样件，一切都得从零开始。

我们做了分工，陈耀明负责总体布置和结构设计，我负责高度控制系统与空气弹簧寿命试验台设计。空气囊找天津橡胶研究所合作，他们缺乏机械设计制造力量。制造空气囊用的模具，包括硫化模、水胎模和成型机头等，都由陈耀明设计，由汽车研究所制造。

这期间我得到一个学习机会。1957 年初，山东工学院副校长刘先志教授开办机械振动学讲习班。为加强课题理论分析，汽车科派我去进修机械振动学，起初我以为只学三四个月，没想到一学就是一年。

凭借敢干敢想的精神，1958 年初，我们试制出第一辆解放牌空气悬架汽车。经初步试验，各方面性能还不错，空气囊寿命也很长。正赶上“大跃进”运动，各地创新热情高涨，空气悬架得到各方支持。在总结解放汽车空气悬架研发基础上，当年便在“北京一号”无轨电车上进行空气悬架改装，并在1路无轨线路（朝阳门到阜成门）上运营，38辆车运营6年，行程最多的几辆车里程数超过10万公里。

暴露的问题也不少。主要是工艺达不到，减振器容易坏。我们去做调研，人家说，空气悬架虽然比钢板弹簧舒服，但现在不需要舒服，天天挤公共汽车都挤不上去，有个站的地方就不错了，没必要搞这个。那时对舒适性的要求不高，主要是别增添麻烦，简单可靠就行。

其间还发生了一次事故。无轨电车减振器爱坏，空气弹簧没有阻尼就忽闪忽闪的，停不下来。有一次，无轨电车的“辫子”掉了，如果不紧急刹车，就很危险。所以一脱线，警报铃响起后，司机紧急刹车，结果把一个乘客的牙磕坏了好几颗。乘客要索赔，女司机觉得委屈，认为不是她的责任。因为在当时的情况下，她不刹车也不行。领导对她提出批评，她说啥也不再开这种车，坚持要开钢板弹簧车。

减振器不好使，也不好修，弄得大家都很头疼。再加上空气弹簧的无轨电车保养跟钢板弹簧还不一样，需要另建一条生产线，也会给企业增添麻烦，最后空气悬架在“四清”运动中下马。

我们仍从无轨电车空气悬架运行中获得了一些经验，对空气悬架进行了改进。在解放汽车上应用时，改用挠性纵向单臂结构，整车性能得到改进。但结构简单的传统钢片弹簧悬架仍然不能被结构较复杂的空气悬架所代替。

我和陈耀明还因此受到批判。在“四清”运动中，我们被认为是资产阶级科研路线产物，脱离实际、脱离群众、脱离政治，带有动力学色彩的理论性课题相继下马。

1958年，我被下放到白城新民公社劳动。白天抽水试种水稻，种苞米，挖运河，挑运煤，夜间一个人住在远离村庄的煤气抽水机房里。也算因祸得福，由于不受干扰，下放期间我完成了《悬架稳定性及其分析方法问题的探讨》及《空气弹簧特性理论初步研究》两篇有影响的论文，分别刊发在《汽车与拖拉机》和《汽车工程》杂志上。

之后，我还写过两篇文章，一篇《挠性单臂式悬架的基本问题分析》，另一篇《空气悬架开发应用中的几个基本问题》，都在不同学术会议上做过交流。可惜机构几经变动，交流材料和报告原稿都丢失了。

“南北之争”

1964 年，中央按照“山、散、隐”（进山、分散、隐蔽）方针，决定在十堰建中国第二个汽车厂。1965 年，由饶斌、齐抗、李子政、陈祖涛、张庆梓（原汽车研究所党委书记）组成二汽五人领导小组。原来的长春汽车研究所划归二汽，后因造反派闹“体制造反”，工作暂停，但汽车研究所依然保留，大部分人仍留在长春。

一汽设计处骨干一分为三，二汽从中挑选其一。王敬仪（汽车研究所副所长）、王汝湜（原二汽副总工程师）主管二汽产品技术，他们带着大部分技术人员到南京蹲点，设计开发“20Y”2 吨 6×6（共 6 轮，全驱动，普通悬架）越野车。

同时，以“20Y”主要总成通用化、系列化为基础，开发 3 吨半民用载货车。这是二汽建设的前方。

二汽建设的后方，长春汽车研究所有王杰（汽车研究所党委书记）、吴曼绚（汽车研究所副所长）、陆孝宽（汽车研究所总工程师）和张羡曾（总工程师），以及三四百名技术员和试制工人。

长春后方的主要任务，一是设计二汽底盘实验室，由我负责。二是研发 V8 发动机，由陆孝宽带领发动机研究室做。李子政非常喜欢 V8 发动机缸体铸造工艺，支持上 V8 发动机，这就为后来“南北之争”中的“V8 与直 6 之争”埋下种子。

1966 年初，饶斌同志了解到，底盘实验室设计任务已基本完成。他认为，后方应该安排一个远期技术储备产品项目，便提出搞独立悬架越野车研究。

汽车研究所党委决定成立“351 突击队”，意思是第 3 个五年计划的第一项目，我带着原来做试验台设计的一帮技术员出技术方案。第一辆样车装出来之前，汽车研究所从军工室调来党员钱文龙担任队长，我担任副队长。我带着十几个人，连设计带试制，大约用了 3 个月时间，在 CA30 型越野车动力总成基础上，设计出了新的独立悬架。1966 年 4 月底，组装出我国第一辆 8×8 独立悬架越野车，向“五一”献礼。

8×8 样车性能出色，除平顺性优异外，还能跨越 1.2 米壕沟。齐抗提出，要考虑二汽军车系列可否统一用独立悬架，来取代传统的板簧平衡悬架。不少兵种也对 8×8 独立悬架越野车性能感兴趣。特别是装甲兵、通信兵、防化兵、工程兵等，对平顺性（减振性）要求比炮兵更高的兵种，都积极支持独立悬架 30D 上马。

按照上级指示，“351 突击队”在南京前方设计的 20Y（20 表示 2 吨，Y 表示普通非独立悬架）三轴板簧越野车基础上，研发系列化 20D（载重 2 吨的三轴 6×6，独立悬架）、30D（载重 3 吨的四轴 8×8，独立悬架）和 10D（载重 1 吨的 4×4，独立悬架）。

这就冒出一个技术之外的严重问题：长春后方与南京前方的工作对应关系问题。不同派别的造反派各持己见，互相争斗。南京前方造反派提出，要废止在长春进行的独立悬架 8×8 系列研发，长春后方造反派则要保卫科研成果。

技术方案之争很快就演变为“文革”背景下的政治斗争，这就是后来所谓的“南北之争”。不久，长春后方的党政领导因历史问题被戴上反革命帽子。“351 突击队”一把手钱文龙在领导班子改选中落选，我成为“351 突击队”的第一负责人。

在接下来的“抓革命，促生产”阶段，受武汉内燃机总厂（隶属二汽）造反派邀请，我带领设计队伍到武汉进行第二轮 8×8 独立悬架越野车修改设计与试制。

试制还没完成，就到了“清理阶级队伍”阶段，我成为清理对象。理由是，我出身反动阶级，社会关系复杂，把持军工科研项目……用 8×8 独立悬架越野车来破坏二汽产品建设。8×8 独立悬架越野车研发工作就此被放弃，在汽车研究所没有留下任何痕迹。

很多年以后，在吉林工业大学的汽车样车陈列室中，我偶然发现一辆较完整的 8×8 独立悬架越野车样车。据说当年被汽车研究所丢弃后，被吉林工业大学的老师捡回来作为教学样品。

研制高性能指挥车

“文革”后期，解放军进驻汽车研究所支左并主持工作。汽车研究所一把手是大屯炮团九号首长崔文焕，二把手和三把手应该是该团的邹副连长和吕股长。

这时的汽车研究所按照部队编制，一把手相当于副团级，全所分成三四个连。我印象中，汽车研究室与材料研究室组成一个连，归吕股长领导。吕股长 50 来岁，看起来像农民出身，自称没什么正式学历，说起话来喜欢引经据典。

我刚从“牛棚”解放出来不久。有一天，吕股长召集技术员开会，他说，现在有一个重要的国防任务——开发高性能 1 吨级越野指挥车，我们要集中力量设计研制。

他好像才知道研制汽车要先有设计图纸，于是问我们，如果日夜加班，多长时间能出图？我们相互看看，有人说，最快也要 2 个月。

吕股长愕然变色，什么？你们别唬我了……我刚看到报道，武汉前几天研制出一辆类似吉普车，用 3 个“七八”就完成了。

他看我们没听懂，又补充说，所谓 3 个“七八”，就是七天八夜、七嘴八舌，再加上七手八脚，总共七八个人，用七八天时间，从无到有，连车都造出来了，你们画个图就要 2 个月？！

我们不敢笑，但心里想，这可真是秀才遇见兵，有理说不清，赶紧组织起来干吧。无论是白天还是晚上，只要吕股长到大办公室来巡察，都能看到我们在一笔一笔地画图，他也无可奈何。

指挥车要求尽量采用先进技术，发动机要用汽车研究所研制的转子发动机。钟天飞、施益纯负责总布置，钱天蛟负责设计承载式车身，任长胜负责设计独立悬架用的驱动桥，林敢为负责变速箱，我带着两名新手龚全宝和孙冰，负责前后独立复合式悬架设计。

经过 2 个多月的设计，再加上 2 个多月的试制，终于试制出 2 辆样车。为赶上“十一”献礼，9 月底，我们大部分人三天三夜都没有离开试制工厂。当样车跑动起来时，尽管累得筋疲力尽，我们还是欢呼雀跃庆祝成果。

在试验过程中，轻型越野车虽然也发现了一些问题，比如车内噪声较大、低速动力性不足等，但总体来看，设计想法都得到实现，很有创新特色。

悬架系统表现出色，除前双横臂、后斜单臂、独立悬架外，弹性元件是普通螺旋弹簧、由减振器与前后共用的低压贮能器组成的油气弹簧和等频均衡式悬架。减振器带有液压限位，油路中设有在驾驶室内脚踩的举升系统，必要时可使车身比标准高度抬高 40~50 毫米，在平坦路面上也可使车身下降高度低于标准高度 30 毫米。

可惜轻型越野车没能继续研发完善。一辆样车，甚至一套图纸也没能留下。该车型最后因为转子发动机的可靠性和寿命不过关，不能批量投产，组装出样车试验半年多后就下马了。

回想起来，那个螺旋弹簧与油气复合交连可举升的悬架系统，今后可能都有应用价值。于是，当 2004 年大家开始重视知识产权时，我将它整理成一份专利上报。

高速试验新方法

汽车操纵稳定性研究课题最早由张羡曾建议提出，1956 年被列入国家 12 年科技规划中。直到 1963 年，汽车研究所职工增加到 900 人，汽车研究室分为整车研究室和底盘研究室后才正式立题。

整车研究室在工程师盛景方的带领下，陈耀明和钟天飞负责汽车操纵稳定性研究，包志超和贺庆中负责前轮摆振研究。底盘研究室分为传动组、悬架组、转向组、制动组和部件试验组等，从事底盘总成零部件研究。我在底盘研究室担任悬架组组长。

1972 年，一汽接到开发新一代红旗轿车的任务。一汽轿车厂的工程师认为我理论基础不错，要求我参加悬架系统设计，重点协助解决红旗轿车的操纵稳定性问题。我有些犹豫，因为这是之前被批判的课题，我怕再被扣上“三脱离”帽子。

我跟一汽轿车厂负责悬架设计的华福林一起，到国务院国家事务管理局调查红旗轿车存在的问题。有几位从国外回来的外交部司机告诉我们，红旗轿车在国外（主要在欧洲）使用时，最大问题是不能快跑。欧洲限制最低车速，轿车在高速公路上一般要求开到 140 公里 / 小时以上，红旗轿车跟不上，原因不是马力不够，而是司机不敢踩油门。车速快了，红旗轿车就像一匹没被驯服的野马，不知道它会往哪个方向跑。打转向时它不动，不打转向时，它也许嗖一下往一边冲出去。

他们还说，迎接外国首脑时，开着红旗车走在前面，后面的车就直按喇叭，催你快走。如果走在后面，迎接仪式结束了，你还没到机场。外事无小事，高速操纵性问题，一定要好好解决。

在这种背景下，我在参加新红旗车设计分析的同时，接受了红旗轿车高速操纵稳定性课题研究任务。

高速操纵稳定性课题研究，第一大难题是高速试验问题。按照美国ESV（安全试验车）试验规范，要做112公里/小时的阶跃转向（突然转向）试验。此外，这种试验要在带有500米×500米试验广场的专用试验场上进行。

当时我国还没有这么大面积的专用试车场，只能借用飞机场做试验。但是公主岭机场宽度为100米，大房身机场宽度为60米，做阶跃试验时车速只能做到70公里/小时。

我就研究如何在小试验场地上把高速运动轨迹做出来。通过一年的试验和理论探索，我终于找到一种试验方法，能在宽度不超过60米的机场条件下，进行满足美国ESV试验规范要求的高速操纵稳定性试验。

我从汽车高速试验运动轨迹和有效占用面积分析入手，尝试提出“巧用场地，背道而驰，预调方向，以弧代圆”高速试验方法。按照这种方法，我们在宽度只有国外试验场1/5甚至1/8的飞机场上，可将方向盘转角阶跃和转向力阶跃试验的车速都提高到140公里/小时以上。这种方法对暴露在高速下才出现的操纵稳定性问题，以及进行高速操纵稳定性评价是重大促进。

接着，我们又在试验基础上，提出系列评价分析与设计方法。1978年，第一次全国科学大会召开，“汽车高速操纵稳定性试验评价方法”课题获得全国科学大会奖。第二年，吉林省科技大会召开，颁给我一项“重大科技成果奖”。

轮胎动力学研究

在进行汽车高速操纵稳定性研究的过程中，我深切体会到轮胎力学特性对汽车高速操纵稳定性的重要性，便开始设计研制我国第一个轮胎六分力特性试验台。

轮胎动力学是汽车各种运动的根本原因，其仿真的准确度，一看轮胎，二看悬架。悬架和轮胎定位的关系，影响因素很多，载荷变化、刹车以及各种运动下车轮载荷变化等，都会造成汽车高速操纵的不稳定。为什么相当长时间内没人做相关研究？就因为太复杂。加之过去对理论不够重视，更多的是强调实践论，搞理论多就要受批判。

直到 1983 年下半年，试验台才完成试制。轮胎试验台研制成功，对推动我国汽车动力学理论研究、汽车操纵稳定性研究起到重要作用。

从 1981 年到 1983 年，受机械工业部选派，我带着课题到美国密歇根大学公路安全研究所进行访问研究，试制暂停。这 2 年里，我在汽车运动相平面分析方法、驾驶员行为模型与人—车闭环系统动力学仿真方面取得显著进展。

回国后，我继续研究“汽车操纵稳定性的计算机动态模拟”课题和“轮胎特性试验研究”课题。刘蕴博对完成课题起到重要作用，他那时刚从华南工学院毕业，被分配到我的课题组。他用我刚从国外带回的苹果－Ⅱ计算机，在办公室里 24 小时不停地计算，困了就裹着军大衣，趁当时还比较先进的“老爷计算机”运算时眯瞪一会儿。

1986 年，“汽车操纵稳定性的计算机动态模拟”课题获得部级科技进步一等奖，“轮胎静特性试验台”获得全国发明展览会银牌奖，“轮胎力学特性试验研究”获部级科技进步三等奖。

这期间，刚好结合汽车转弯制动稳定性研究，帮助一汽解决 CA130 制动甩尾问题。课题研究中，刘蕴博做整车动力学建模，我做板簧运动学和轮胎力学建模。在仿真计算时，刘蕴博首先发现，一汽正在研发的 CA130 在中等强度制动时出现汽车甩尾问题。

我们跟 CA130 设计团队反映问题，设计团队还不相信，因为在第一轮试验中，各种轻重程度的刹试验车都做过，都没发现问题。这时第二轮生产准备图纸已经下发，我们提示道，刹车时 100% 踩到底不会甩尾，轻踩也不会甩尾，但踩到 60%~70% 时就会甩尾，如果路面再有点毛毛雨什么的，就甩得更厉害。

我们带他们到试验场做试验，结果果真如此，他们赶紧收回生产图纸。先在仿真上研究怎么改，改设计跟重新设计不一样，有不少地方改起来影响太大，那就尽量少改，力求减少损失，总算基本解决了制动甩尾问题。

CA130 课题带来的直接效益是，避免整个生产线大规模返工，因此获得一汽科技进步一等奖、中汽公司科技进步二等奖和国家科技进步三等奖。

1991 年，我们结合一汽 CA141 过度转向问题和轮胎偏磨问题进行研究，其中 CA141 过度转向问题改得不是很彻底。因为有些大模具在第一轮试制中已经制成，不能做太大变动，改进受到限制。但这同时也给了我们一个很重要的经验教训，产品自主开发必须要有自己的数据和知识体系，不能只顾出图，要重视基础科研，积累知识，否则就不可能产生有竞争力的

郭孔辉轮胎试验台

产品。

后来，由我牵头，汽车研究所与清华大学制订了六项操纵稳定性试验方法标准（GB6323.1—GB6323.6）。除吸取ISO标准基本内容外，还加上我们在高速操纵性试验方法与评价方法成果。再后来，我们和清华大学联合提出“操纵稳定性指限值与评价方法”（GB/T13047—91），成为各企业评价和提高汽车操纵稳定性的依据。

这些标准对指导各汽车企业、减少出现操纵稳定性问题起到重要作用，获得中汽公司科技进步（标准类）一等奖。

在轮胎力学研究方面，我创建了我国汽车行业第一个轮胎实验室，设计试制了七八个主要试验台。比如，开发设计的“轮胎侧偏特性试验台”已发展成具有9种试验功能的轮胎特性综合试验机，完成“轮胎力学特性试验研究”“轮胎侧偏特性的一般理论模型”“转向制动、驱动联合运动仿真的轮胎力学统一模型”“汽车轮胎力学特性试验研究”等一系列研究工作。

1993年，我和助手们自主研制了平板式多功能轮胎试验台，功能和技术都达到国际先进水平，冰面试验、动态加载测试方面具有创新性。之后，又开发研制了轮胎高速摩擦特性试验台，极大地提高了轮胎试验测试技术水平。

这两个试验台为国内外的科研机构及汽车企业提供了大量轮胎试验测试数据。我们研制开发的轮胎动态模型和轮胎动态试验系统处于世界先进水平，尤其是UniTire轮胎稳态模型和非稳态六分力模型，得到国际汽车学界的认同，是国际汽车工程学界公认的两种优秀轮胎模型。

筹建国家重点实验室

1993年，我调任吉林工业大学，刘蕴博留在汽车研究所，调到产品设计部工作，我原来的研究梯队解体。汽车操纵动力学和轮胎力学的进一步研究工作逐渐转移到吉林工业大学的国家重点实验室。

到吉林工业大学也是机遇，当时学校很多老师离开，专业面临越来越往下走的危机。机械工业部高教司司长和吉林工业大学校长马成林来挖我，我当时已是汽车研究所总工程师，同时兼任吉林工业大学博士生导师。

马校长到汽车研究所办公室跟我谈过两次。第一次谈，我还有些具体问题没解决，比如正好赶上研究所调整工资、分配房子等。马校长说，我过去后，这些具体问题他们会想办法解决。

其实从内心讲，离开汽车研究所到学校，我是愿意的。因为在学校做科研和在企业做产品开发不同，我这套理论在学校会更受重视，但在企业则是远水解不了近渴。学校和企业理念不一样，做法不一样，做研究的方法和做技术工作的方法也不一样。

马校长开玩笑说，你还要不要我三顾茅庐？我说，不用。

到学校后，我的重要任务是筹建国家重点实验室。1990 年，世界银行支持有基础的中国高校和研究所建一批有特色的国家重点实验室。吉林工业大学汽车专业是当时国内唯一的汽车重点学科，为了争取申报国家重点实验室，他们针对要建什么样的实验室来征求我的意见。

我建议建一个以现代开发型驾驶模拟器为核心的汽车仿真与控制实验室。这是汽车操纵动力学和人—车—环境系统研究的最先进设备，当时只有德国奔驰、瑞典国家交通研究所等少数国家的少数企业和研究所才有这种设备，国内还没多少人了解。吉林工业大学没有这方面的学术带头人，每次到相关部门进行答辩，总让我充当主讲人。

申请国家重点实验室也是多灾多难，被“枪毙”过两次。理由之一是太先进，做不成；理由之二是太超前，用不上。那真是叫“跑断腿，磨破嘴”，最终项目起死回生，获得批准。

国家重点实验室依靠世界银行贷款，平均一个实验室贷款 120 万美元，加上所属部门的配套投入（比例约为 1∶1）。要分期分批通过世界银行专家组对合理性、可行性的多次评估，合格后才能继续得到支持。

大部分实验室建设都是购买设备，相对简单，但国家重点实验室只能通过总体自主设计、关键部件采购、所有软件自己开发的方式进行建设。有教授甚至背地里说，要是能建成运行，他把脑袋给我……

国家重点实验室建设难度很大。不但技术难度大，我们运气也不好。立项后不久，就赶上世界银行对中国贷款冻结 3 年，还有“巴统”（巴黎统筹委员会）对先进计算机实行禁运等问题。但在机械工业部和学校的支持下，经过我们努力，投入 2300 万元的世界一流设备终于研制成功，1996 年底通过国家验收。

建成 10 年来，尽管我们做过驾驶员建模、人—车闭环系统评价与优化设计的基础研究，也做过桑塔纳零部件特性与整车性能仿真应用研究项目，并取得较大成绩，但在产业上应用得还是太少。

究其原因，我认为主要在于，这 20 多年来，我们汽车工业只搞引进合资，不搞自主开发，主要轿车企业都只用外国设计进行生产，本国技术资源都用不上。这也是为什么这么多年来，我一直呼吁自主开发、自主发展。

1950
-
2020

冯建权

解放换型发动机主管设计师

如何在“旧长袍改西服，既想美观，又要省钱”的前提下设计 CA6102 换型发动机？

冯建权，一汽汽车研究所原副总工程师，CA6102 发动机主管设计师，中国第一代汽车发动机设计师。

1931 年冯建权出生在北京，1950 年考上天津大学机械系内燃机专业，师从我国内燃机专家潘承孝和史绍熙先生。1953 年毕业后，被分配到正在筹建中的一汽，从此与发动机结下 50 年不解之缘，并从一名大学生成长为中国第一代汽车发动机设计师。

在一汽 42 年间，冯建权亲历了一汽两次创业过程，其间改进老解放车发动机，参与设计红旗轿车发动机、农用万能汽车发动机、60 吨矿山车发动机，设计 CA6102 换型发动机等。

1980 年，一汽开始第二次创业，CA141 整车和发动机换型提上日程，冯建权被任命为换型发动机的主管设计师，带队设计 CA6102。

解放 CA141 批量生产后，冯建权针对新车发动机两大质量问题——不同程度出现活塞烧顶、断环甚至拉缸现象，以及气缸筒早期严重磨损进行攻关，最终找到出现质量问题的原因和解决质量问题的方案。

1995 年，冯建权从一汽退休。2001 年，受奇瑞汽车董事长尹同跃邀请，参与设计奇瑞 QQ 发动机项目。

2012 年 6 月 10 日，冯建权在长春花园酒店接受访谈。2018 年 12 月 27 日，冯建权去世，享年 87 岁。访谈内容未经本人核对。

我 1931 年 1 月出生在北京，从辅仁高中毕业后，考上天津大学机械系，当时还叫北洋大学。张兴业、汪声銮、陆孝宽，还有一汽老厂长黄兆銮都毕业于北洋大学。其中，汪声銮比我高两届，我念大一时，他念大三。

为什么报考北洋大学机械系？其实也谈不上喜欢，那时候也不太懂，就是觉得学机械比较保险。大学毕业前分专业，我被分到内燃机专业。当时机械系就两个专业，一个内燃机，一个机械制造。

1953 年毕业，我被分到正在筹建中的一汽，当时还叫 652 厂。当年从天津大学机械系分到一汽的有十几人，其中有位女生叫陈纫秋，和我同班，到一汽后给孟少农（时任一汽副厂长兼副总工程师）当过一段时间秘书。

到一汽报到已是 8 月。东北有水灾，铁路全被冲坏了，我们从天津坐火车，出山海关后又退回去，耽误了一段时间才赶到一汽，否则就能赶上一汽奠基仪式。

报到时还有个小插曲。人事部门一看我是内燃机专业，就把我分到经济计划处。因为按照苏联提供的组织设计，经济计划处里得有工程师，但那是经济工程师，跟我这个工程师概念不一样。后因专业和工作结合不上，又把我分到一汽设计处。

在设计处先看俄文图纸。我到一汽后才开始学俄文，当时学俄文分两种情况：一种上俄文班，预备出国；另一种不出国。我属于后者，就利用上班间隙学，不脱产。目标不高，能看懂图纸，能翻译图纸就行。我断断续续学了一两个月，基本能看懂图纸。

设计处的负责人是吴敬业，后来是刘炳南、史汝楫。设计处管产品设计，下设发动机科，最多时有四五十个设计员，最少时有三四十个设计员。我的主要任务是理解图纸，并思考如何将图纸与生产结合起来，即先弄明白图纸是怎么回事，再给工艺员解释，最终让设计达到图纸要求。

研发 4E140 发动机

1956 年，一汽建成，解放车投产。解放车的原型车是苏联吉斯 150，发动机代号 120，在中国跑过一两年后出现一些问题。

一个问题是散热。苏联纬度高，天气较冷，发动机工作起来散热不成问题。但中国情况有所不同，从华中往南，天气越来越热，发动机水箱容易开锅。

但 120 发动机刚引进投产，还不能大动，也没能力大动，只能小改小革。设计科的任务就是努力解决散热问题，我们把水箱加大，风扇从四叶改为六叶。原风扇设计的位置较低，水箱较高，我们就把水箱的中心和风扇的中心抬高、对正。

另一个问题是笨重。发动机尺寸大，但马力小。举个例子，这台发动机重 100 公斤，有 100 马力，那台发动机重 200 公斤，也是 100 马力。重达 200 公斤的发动机就会显得笨重，即个头大，能力低，要想办法改进。当时我们看到了这个问题，但不敢马上改，只能先摸索一段时间。

解放车投产后，我们开始做轿车发动机设计。先做东风，东风的发动机设计我参与得少。后来做红旗，我们向吉林工业大学借来一辆克莱斯勒，它的发动机很先进，我们只能照抄。但不是抄完后做不出来，就是好不容易做出来又老出问题。我们只能继续攻关，由时任一汽总工程师李刚带队。

解放车是我们的饭碗，一汽就靠解放车生存。20 世纪 60 年代中期，由于工厂发展需要，上面提出解放发动机改型的要求，即研发 4E140 发动机。

老解放车发动机代号，苏联叫 120，我们按照国家标准改为 6102，其中“6”代表六缸，“102”代表汽缸直径 102 毫米。其实，老解放车发动机缸径并不是 102 毫米，而是 101.6 毫米，因为这款发动机是苏联抄的美国的，缸径按英制计，4 英寸合 101.6 毫米。

那时候做发动机，跟现在完全不同，从水箱到消声器，全都要自己设计。除金属和电器，其他什么都管，其实电器设计我们也管，只是离得较远。现在设计发动机，汽车厂和设计单位往往相对独立，汽车厂有什么需求，给出大小、性能、体积要求就行，根本不用自己设计。

好在我们前期通过向苏联专家学习，提升了发动机设计能力，特别是通过对老解放车发动机的改造和红旗轿车 V8 发动机的研发，我们学到了一些发动机设计本领。于是，大家分头行动，做出几个方案，最后选出一个方案：缸径改成 100 毫米，发动机代号 6100。

经过设计人员及工艺员的努力，我们试制出 50 多台发动机，经台架及道路试验，证明这些发动机的性能完全达到设计任务书的要求。之后，一汽装了十几辆样车，到全国各地试车，发动机基本过关。我参与了这台发动机设计、试验的全过程，积累了较为扎实的设计基本功。

遗憾的是，这时“文化大革命”开始，技术人员靠边站，发动机投产机会断送了。不幸中的万幸，这台发动机和整车都无偿地移交给二汽，二汽在 6100 基础上设计了 EQ6110。

“文化大革命”开始后，刘炳南、史汝楫等受冲击较大，我出身虽不好，所幸没受大批斗。那时成天开会学习，技术工作很少。

这期间，一汽抓紧时间做试验，试验车在云南、黑龙江、湖北等地跑。我在一汽没机会开车，就跑到新疆去试车。结果有一次试车时意外翻车，车里连我共 3 个人，我被刮伤，另外 2 人没受伤。我在新疆把车修好，回来后都不知道找谁汇报。大家都在抓革命，外面情况没人管，也没人问。

“旧长袍改西服”

“文化大革命”结束，一汽准备对老解放车换型改进。这不仅是改变产品“30 年一贯制”的需要，也是市场形势所迫。

1980 年，一汽第二次创业，开始 CA141 整车和发动机换型工作，我被任命为换型发动机的主管设计师。一汽下达发动机设计任务书，任务书规定，为节约资金，换型发动机要最大限度地利用原有设备，在不改动或减少改动的前提下，设计出与 4E140 发动机排量相同，性能却更好的直列六缸发动机。

具体要求是，功率 135 马力（3000 转 / 分），扭矩 38 千克 • 米（1200 转 / 分），外特性最低油耗要小于 205 克 / 马力 • 小时，燃用 80 号汽油和 QD 级润滑油，同时还要考虑四缸、六缸及汽柴油机共线生产的可能性。

当时世界汽车工业的潮流是汽油机小型化，不做缸径 100 毫米以上的大汽油机，大型的基本都是柴油机。但我们没办法，做大汽油机主要原因有两个方面。

其一，国家缺柴油。根据当时技术水平，一吨原油能提炼一定比例的汽油、柴油和润滑油。拖拉机和其他农业机械都用柴油，汽油只能汽车用。

其二，最主要原因是缺资金。我们也想重新设计一个全新的六缸发动机，但一方面国家不拨款，计划经济时期，一汽卖车所得利润要全部上交。另一方面，一汽有几十台发动机设备（专机线），厂里明确表示，这些设备得想办法用上，不能买新的，也没钱买新的。

受生产设备制约，设计发动机的思路基本被框死。

1980 年 10 月，发动机设计工作开始，型号定为 CA6102。当时我们开玩笑说，新发动机的设计思路好比“旧长袍改西服，既想美观，又要省钱”。拿一块新料子做西服，不管怎么样，还能弄出个样子来，但要把原来的长袍改成西服就很难，原有基本尺寸不能动，只能凑合着改。

这些困难时任一汽厂长李刚都知道，设计任务书的原则就是他定的。但他也没办法，总想我们能用上一个性能较好又能省钱的发动机。

除资金外，设计 CA6102 发动机的另一大困难是技术水平。那几年都去抓革命，没有大量的技术储备，而这时国际上发动机技术已有长足进步。20 世纪 80 年代正是改革开放初期，产品开发不能向国外设计公司咨询，更不能去国外考察，甚至连类似车型样机都没有，唯一途径就是从相关杂志上了解一些全球汽车发动机情况。

整个发动机科，除科长张曰骞和一个试验员去过苏联外，其他人都没出过国。总体看，当时一汽的发动机技术仍停留在 4E140 水平。这些无疑给设计员提出了更高要求。厂里非常着急，我们也想把工作做好。这种情况下，大家都非常努力。这也差不多算是我最后一个作品。

为缩短投产时间，产品设计人员和冷热加工工艺员密切配合，采取适度的多边做法。设计人员大部分来自 4E140 发动机团队，有设计经验，因此，除继承 4E140 发动机优点外，这次设计还改进了一些不足之处。

CA6102 设计思路

具体来看，CA6102 换型发动机的设计思路包括以下几个方面。

第一，整机布置及一些结构参数的确定。

设计任务书规定，要最大限度地利用 CA10 发动机的现有生产设备，设计一台工作容积、缸径、行程与 CA10 发动机相同的 CA6102 发动机。因此，新发动机最主要的结构参数缸心距不能变动。

而 CA10 发动机的缸心距设置又极不合理（4E140 发动机未受此限），除三缸与四缸之间距离为 149.2 毫米外，其余各缸的缸心距均为 117.5 毫米，前者距离太大，后者距离又偏小，无形之中增加了发动机的长度和重量，这就是“旧长袍改西服”的不良后果，只能在降低发动机的高度上采取措施，加以弥补。

另外，将侧置气阀改为顶置气阀，必然要有推杆。从司机方向看，原发动机的凸轮轴孔位于发动机右侧，推杆只能布置在右侧，自然进排气道只能布置在左侧，排气总管也在左侧，也就是司机一侧。这种布局对司机的工作条件极为不利，特别是炎热夏季，只能通过在驾驶室内增加隔热措施来解决散热问题。

第二，气缸体设计。

为适应原来的铸造工艺，材料依然采用灰铸铁 HT250。根据以往设计经验，并结合这次设计要求，缸筒耐磨性要保证 30 万公里大修里程。因此，决定采用耐磨性极好的含铌铸铁干式薄缸套，方便修理厂大修。

为解决气缸垫容易烧穿问题，改进了紧固气缸盖螺栓的布置，以保证压紧力分布均匀，采用每缸均摊 6 个 M12 螺栓，保证 2 个螺栓的距离小于 85 毫米，经压印纸压印，证明压力分布均匀，能保证足够的压紧力。

为达到缸体及缸盖各部分冷却均匀的效果，取消 CA10 发动机原先采用的铜质分水管，利用原水套盖板组成缸体侧面进水通道，利用出砂孔堵盖做分水量孔，以控制各处的进水量，经水流试验证明效果不错。

为提高气缸体纵向刚度，适当加高气缸体下端的龙门高度。

第三，气缸盖设计。

采用灰铸铁 HT250，但需解决两个问题。

其一，选用充气性能较好的楔形燃烧室，楔形角为 14 度。这种形式的燃烧室能形成较好的进气涡流，提高燃烧速率，机械辛烷值较高。并且进排气道布置在同一侧，对化油器发动机来说，利于混合气的预热。

其二，采用耐磨的铸铁气阀导管，先用耐热程度不同的进排气阀座，并采用液态氮冷缩阀座圈的装配工艺，增加工作可靠性和良好的导热性。

第四，曲轴设计。

因缸心距已定，故曲轴长度已被确定，但因 CA6102 发动机的热负荷及机械负荷都有所增加，所以曲轴设计须考虑三个问题。

一是，增加平衡块，以减轻主轴承负荷。

二是，为提高曲轴的刚度及强度，应增加曲轴的重叠度，但为不增加离心负荷、不增加连杆轴颈直径，只将主轴颈直径由 ф66 毫米增至 ф75 毫米，这样重叠度由 6.85 毫米增至 11.35 毫米。

三是，由于锻造工艺条件限制，仍采用中碳钢，正火处理。这种材料本应调质处理，以便得到更好的显微组织，但无法实现，只能是优材劣用。这是“旧长袍改西服”的又一弊端。

第五，轴承设计。

由于 CA6102 发动机的热负荷及机械负荷都有所增加，因此轴承的承载能力及耐磨性要相应提高。根据过去的经验及计算结果，原用巴氏合金轴承远不能满足要求，故选用承载能力更高的铜铅合金轴承，在内圆表面镀减磨的铝锡二元合金，以改善耐磨性能。

第六，凸轮轴设计。

这次设计的凸轮型线改为复合摆线，其负加速度段的走向适合气门弹簧的强力曲线。时间断面系统较大，有利于充气。缺点是，加速度曲线不够连续，但对这样转速的发动机影响较小。选材方面，受制于原工艺，凸轮轴只能继续选用 45 号锻钢，挺杆改用铬钼低合金可淬硬铸铁，经试验，效果良好。

第七，气缸垫设计。

这次设计改用全钢结构，即 3 层钢板结构，中间层以普通钢板作为调整厚度层，两面是耐热薄钢板，气缸口及油道孔周围是耐热钢护圈，在成品气缸垫两面喷以耐热漆。经长期强化，试验效果极佳。

第八，活塞设计。

在裙部型线设计上采用筒形变椭圆，其筒形度及椭圆度经多次修改而成。在材质方面采用膨胀系数较小的共晶硅铝合金。在铸造工艺上采用液态模锻，既可增加致密度，又可改善耐磨性。为改善初期磨合性能，增加镀锡要求。

第九，活塞环设计。

采用两道气环、一道油环结构。由于发动机转速提高，尽可能减少活塞环重量，第一道气环采用高度为 2 毫米的薄型环，外环为腰鼓形、表面镀铬的铸铁环。第二道气环采用高度为 2 毫米的梯形铸铁环，油环为双刃口铸铁外环，内加螺旋弹簧衬环。

第十，空气滤清器设计。

当时国际上已普遍采用纸制滤芯空气滤清器，因为纸滤成本低、工艺简单，滤清效率又高，可达 99.5% 以上。因而放弃 CA10 发动机上采用的不需要更换滤芯的油浴式空气滤清器。油浴式空气滤清器的主要缺点是滤清效率偏低，最大优点是不需在使用过程中更换滤芯，只需定期清洗。由于选择错误，导致 CA6102 发动机投产后，发生严重的早期磨损质量事故。

批量生产

根据上述设计思路，CA6102 样机试制出来后，进行台架性能调试，全部达成或超过设计任务书所规定的各项指标。然后进行强化试验，初期曾经发生过两次气缸体开裂漏水现象，改进后得到解决。在第二轮 1000 小时强化试验中，没有发现任何问题。

为确保质量，前后共对 9 台样机进行过 1000 小时强化试验，全部通过，其中一台进行了 1800 小时。经过测量，所有磨损都很小，这个过程时长一年半。除进行整机性能调整、强化试验外，还进行各种零部件及小总成试验，包括曲轴和连杆疲劳试验、活塞拉缸试验、水泵及油泵的寿命及性能试验、化油器调整等多项试验。

除此之外，CA6102 还装车进行整车道路试验，在东北（黑龙江某地）、西北（新疆某地）、华中（襄樊）、西南（宝山）、华南（海口）等地的大运输公司进行使用试验。这些试验都由一汽负责供应备件，按规定要求进行。

1983 年做产品鉴定，各地运输公司共行驶约 50 万公里，没有发现大的质量问题。在鉴定过程中，各方面的专家都表示满意，CA6102 顺利通过国家鉴定。

随后开始大规模生产准备工作。主要是设备订货及工装卡具制造，到 1986 年生产准备完成。原打算用一个季度的时间完成新老产品过渡生产，老发动机产量逐渐由多变少，新发动机产量由少变多，这样既能保证生产稳步过渡，又可使新车在各类用户中进行考验，便于发现质量问题，给解决质量问题预留足够时间。

但由于当时老解放车型已严重滞销，一汽领导决定垂直转产，这实际是风险投产。1986 年第三季度，CA10 发动机停产，CA6102 发动机立即满负荷生产，装配 CA6102 的新解放 CA141 开始批量供应市场。

批量生产就出问题了。

新解放 CA141 大批量投放市场后，在 4 万公里保用期内，CA6102 发动机先后出现两大质量问题。经过仔细分析和验证，我们找到出现质量问题的原因和解决质量问题的方案。

一个质量问题是，新车发动机不同程度地出现活塞烧顶、断环，甚至拉缸现象。经过实地用户调查，我们发现各地使用的汽油达不到设计规定的 80 号（RON）要求，大部分是 70 号（RON）甚至更低，就必然引起发动

第二代解放卡车 CA141 换型转产

机严重爆震，导致活塞烧顶、断环、拉缸问题发生。

解放 CA141 投放之时，正值中国改革开放不久、计划经济向市场经济过渡的阶段，油料供应较为混乱。虽然国家“七五”计划规定，汽油要达到 80 号（RON）标准、润滑油要达到 QD 级以上，实际上只有一些大城市能达到要求，广大中小城市和乡村都无法达到。

像解放 CA141 这样的载货车，大部分都行驶在中小城市和乡村。长期使用不达标汽油及润滑油，就会导致活塞烧顶等事故出现。如果在设计时就采用低压缩比，就不会出现这个问题。待油料品质改善后，再提高压缩比，结果就是另一种局面。

我们的解决办法是，降低压缩比，将压缩比从 7.4∶1 降至 6.9∶1。

最大的教训

另一个质量问题是，不同地区的新车发动机先后出现气缸筒早期严重磨损，导致漏气量加大。经过观察，这种磨损模式属于磨料磨损，经过人工加灰（人工磨料）试验得出的结果与用户反映的磨损模式相同。

为什么在大量定型试验中没有出现这类问题？因为发动机台架试验在室内进行，不存在灰尘进入发动机气缸问题。而道路试验和各地区运输公司的使用试验所用的空气滤清器滤芯，是工厂统一供应的合乎设计要求的滤芯。试车时，我们试制了 10 到 20 个空气滤清器，手工就能做好，能保证滤清效果，不会出现气缸筒早期磨损问题。但当整车大批量投产后，市场对空气滤清器的需求很大，但配件供应短缺，还出现了大量劣质滤芯，使用这种劣质滤芯，就会出现早期磨损。国外很多空气滤芯都要做试验，很多指标我们都没有。所以我们也立即在国内做试验，从几个方面证实气缸筒早期磨损和滤芯品质有关。

其一，早期磨损在南方较轻，在北方较重，为什么？因为南方比较湿润，公路上灰尘比较少，北方灰尘比较大。

其二，东北地区的解放车早期磨损厉害，但在林区试验的气缸筒一个都没磨损过。因为林区被雪覆盖，拉木头时都走雪路，化雪的时候车就不走了，所以林区试验没有出现早期磨损现象。

我们还做过这样的试验，前面一辆车，后面一辆车，在热电站附近跑。热电站炉灰大，前面的车扬起来的灰尘被后面的车吸入，后面的车很快就会磨损。

这些劣质滤芯是谁生产的？一查，是河北省一个家庭作坊做的。那时候国家还没有滤纸生产厂，这些小作坊用的纸也不对。此外，当时所有的运输公司都采用司机承包制，司机为图便宜，不会去买好滤芯，因为气缸筒磨坏了也不用他负责，他只管承包的支出和收入，一万公里拉多少货、挣多少钱。

找到原因后，我们改进空气滤清器的滤芯结构，把单级滤芯改成双级滤芯。同时，加强宣传滤芯的重要性，杜绝使用劣质滤芯。我们对用户讲，使用不合格滤芯，就不赔付。这一质量问题逐步得到解决。

因采用劣质滤芯导致发动机早期磨损，是 CA6102 发动机设计中暴露出来的最大问题。从设计角度，只要设计的产品试车没问题，就可以交卷，交卷后通过验收，再有问题也不用管，后面的问题出在市场上。

现在就不存在这种情况。空气滤清器属于易损件，到时间就换，现在的 4S 店都会更换原厂件，出问题由 4S 店负责。但 20 世纪 80 年代不同，当时没人管。我们把车卖给用户，可能生产出来是好的，而用户一旦到市面上购买滤芯，就可能买到劣质滤芯。当时设计人员还没有市场概念，所以吃了亏。

这件事情闹得满城风雨。别人都说，是你设计出了问题，否则怎么会出现这么多早期磨损？我是发动机总设计师，真是哑巴吃黄连，有苦说不出。我知道一些原因，但不能说服人家。我当时成为众矢之的，压力非常大。

出现问题后开始做试验，没有半年下不来。接下来是改空气滤清器，改进后又做试验，这么前后一折腾，一年就过去了。耿厂长急坏了，当时 CA141 已经投产，如果停下来，全厂职工就没饭吃。如果不停下来，磨损这么快，用户又要退货，市场压力很大。设计员不懂市场，是我这辈子最大的教训。

问题后来得到了解决，但用户都开始买柴油机了，因为汽油贵，柴油便宜，效率还高。按照 CA6102 发动机设计任务书，同一条线上要生产汽油机和柴油机两种机型。柴油机我们设计了，但没有生产。为什么？因为 CA6102 做汽油机时尺寸很大，但做柴油机尺寸又太小。当时汽车研究所做了 6115，这个产品由无锡柴油机厂生产，后面就用这个柴油机替代了。

我从市场上学到的教训在一汽没用上，在奇瑞汽车却用上了。到奇瑞汽车后，我对市场非常敏感。我认为总设计师就相当于电影导演，导演说这么演，就得这么演。我是导演，我愿意这么导，导好了我负责，导坏了我也得负责。

用一句话总结我的职业生涯，就是和发动机结缘 50 年。我 1953 年毕业，在一汽干了 42 年，参与了一汽的两次创业。从改进老解放发动机，到参与设计红旗发动机；从设计 6100 发动机，到大改 CA6102 发动机；从不懂发动机，到知道怎么做发动机；从真正设计发动机，到去奇瑞汽车设计小排量发动机，成为中国第一代汽车发动机设计师。

我比较满意的作品，一是 CA6102 发动机，在“旧长袍改西服”的限制条件下，改得还算成功。设计产品不能脱离当时环境，CA6102 发动机是在当时条件下能满足人们要求的产品。二是奇瑞 QQ 发动机，没费什么劲，到我离开时产量已达到 100 多万台。

1950
-
2020

田其铸

CA141 换型

一场历时 6 年的换型改造。

田其铸，一汽汽车研究所原副总工程师，CA141总设计师。

1953年，田其铸毕业于济南山东工学院汽车专业，与全班35位同学一起被分配到一汽。他先从设计处干起，不久调任总成实验室传动组专业组长。

1958年，总成实验室和底盘设计科合并，田其铸加入设计团队，参与东风和红旗轿车的设计。其间，他与刘经传、冯锦炜组成三人团队，负责红旗轿车的液力自动变速器，并如期完成任务。

1980年，一汽第四任厂长李刚任命他为CA141换型总设计师。CA141换型被喻为一汽的第二次创业，换型改造周期长达6年，其中3年定型，3年生产准备。田其铸上书一汽领导班子“关于CA141设计方案的十大建议”，并被采纳。

1987年CA141正式投产，从此结束解放车30年一贯制的被动局面。

1984年田其铸调任汽车研究所副总工程师。1995年他65周岁，办完退休手续后又继续工作了5年，负责编辑汽车研究所的汽车设计手册，共3本，约200万字。

2012年6月9日，田其铸在长春寓所接受访谈。

1953年我大学毕业，正好一汽建厂需要支援，我们全班35人都被分到一汽。8月到一汽报到，我被分到技术处下面的设计科，住在火车站旁边的招待所里，每天到绿园上班。

1953年11月，我被派往上海实习：先到上海柴油机厂，接着去华东汽车装修厂。主要实习机械加工和装配等工艺，基本是跟着师傅看，了解工艺，记笔记，自己动手很少。

1954年6月，我回到一汽。年初，设计科从技术处分离出来，成立设计试制处，简称设计处。第一任处长是邹就正，他后来到清华大学深造，回来后分配到汽车研究所。第二任处长是吴敬业，原重工业部旗下的汽车实验室主任。

我在设计处待的时间不长。没多久总成实验室成立，主要做底盘和零部件实验，主任是王汝湜，后调任二汽副厂长。总成实验室下分三个小组，我是传动组专业组长，主要负责离合器、变速箱、桥、传动轴等传动部分实验。

总成实验室里有现成设备，绝大部分是自制的非标准设备。解放车1956年投产，不是一下就投产，而是陆续做起来的。比如，总装配车间，从最初由苏联提供一些总成，逐渐过渡到我们生产总成和部件。因此，我们的实验对象，开始是苏联供应的零件，然后是自己制造的部件。

约1958年初，一汽开始做轿车，先是东风，后是红旗，同时还要做卡车，底盘设计科人手不够用，就将总成实验室和底盘设计科合并，我们这些实验人员也加入设计队伍中。

我在底盘设计科一直干到1980年，直到上面让我做换型车CA141的总设计师。解放卡车换型由来已久，1956年引进生产第一代解放牌卡车后，设计处在苏联专家的指导下开始做新车，当时主要是为了练兵，毕竟解放车刚投产，不可能换新车。

老解放车叫CA10，我们就做CA11。CA11有两个方案：11A和11B，最后选了11A。其中，传动部分几乎是全新技术。CA11分散到各个专业科里分头做，底盘科负责传动、悬挂、制动和转向部分。1957年试制CA11A样车，做出3辆。

“大跃进”时，一汽还做过其他车型，其中就有万能汽车，内部代号CA80，仿奔驰乌尼莫克，代替农用拖拉机，后来只出了样车。此外，还做过CA150卡车，代替解放车，主要由从美国福特汽车回国的工程师励承豪负责，他做了可翻转平头驾驶室。样车出来后，因为试制的技术力量不够，便未投产。

然后就做CA140。“文化大革命”前，已进行了四轮设计工作：试验、改进、再试验、再改进。一汽准备投产，花180万元购进自动设备，建发动机缸盖生产线，却因“文化大革命”被迫停止。

停掉CA140还有一个原因，当时国家并未要求一汽换型。因为二汽还没投产，国家最需要的是汽车，而不是新车，一汽只要多产车就行。结果CA140被拿去支援二汽。二汽对CA140做了些改进，改为东风EQ140。

被李刚挽留

1980年5月，一汽召开第六次党代会，提出从1980年到1985年实现“老车换型，产品创名牌，品种上十个，年产过八万，企业管理现代化，实现利润16.2亿元的奋斗目标”，重新拉开换型改造的序幕。

换型很困难，因为一汽利润全部上交国家，自己没钱。为换型，国家批了4亿多元资金。除银行贷款外，我们还要自筹资金。这时一汽厂长是李刚，“文化大革命”时，他也受到冲击，被安排在发动机厂劳动。

我能担任CA141设计总师，也是李刚点的名。有段时间，我的工作情绪不高。因为一汽搞新产品，我们自己设计的变速器试制5年，装上车还是不合格，主要是制造原因。这导致我很灰心，觉得自己在一汽没前途。

1980年，我到北京出差，参与制定国家标准工作，住在农业机械化学院里。我在北京待了近一个月，当时正在筹备“三汽”（重型汽车厂），筹备组也在这里。我跟他们很熟，认为筹建三汽是个机会。于是就问他们，我到你们这里来，行不行?

只要一汽放人，我们就要。他们回答说。

巧合的是，李刚也到北京出差，住在位于苏州胡同的第一机械工业部招待所里。有天晚上我专门跑去找他，我说，厂长，您放我走吧，一汽没有适合（我）的工作。

李刚就一直安慰我，让我看远一点，还说肯定会有适合的任务。

一个月后，我回到长春，没过几天，设计处副处长富侠来找我。他说，一汽要搞 CA141 换型，希望你当设计总师。当时一汽还没有总设计师这样的职务，设计总师相当于总设计师。在设计处，富侠分工负责越野车，刘炳南负责载重车，史汝楫负责轿车。

这样我就离开了底盘科。1980 年 7 月，一汽确定“关于解放牌载货汽车换代产品 CA141 型 5 吨车的研制任务”。设计任务书中提出的原则是：在老产品基础上进一步挖潜改进；总成和零部件在满足性能要求的前提下尽量不改或少改；充分考虑换型过渡的可能性和现生产工艺的继承性；充分利用现有设备和工装；各项性能赶上和超过东风 EQ140。

其实，设计任务书的雏形，我去北京前就已看过。我去找李刚那天晚上，也跟他聊过换型车。我认为根据设计任务书来看，换型车没有竞争力，因为起点太低。

1980 年 8 月，我从每个专业科室抽调几位同事，重新组成设计小团队，按照设计任务书做方案设计。但我内心越来越觉得这样做有问题：原任务书过于强调对老产品的继承，要求新车轮距、轴距及车架长度与 CA10B 相同，势必会给新车总体布置和性能带来先天性缺陷——这样的换型车，能有市场前景吗?

考虑再三，我写了一份《关于 CA141 设计方案的十大建议》，号称“十大建议”。1980 年底，由汽车研究所所长刘经传主持召开技术委员会会议，专门听取我的汇报。

十大建议

我一方面汇报原方案设计情况，另一方面提出新建议。重点在后者，建议主要包括：

第一，选装柴油机问题。

原设计任务书中只要求装汽油机，未提出装柴油机，但从发展趋势看，特别是对于货车来说，柴油机非装不可。CA141 选装柴油机可大大改善汽车的经济性，提高汽车在市场上的竞争能力。

当时，东风朝柴动力有限公司已开始生产 6102BQ6 型柴油机，一汽也已开发 6110 系列柴油机，建议 CA141 在采用 6102 汽油机同时，选装 6110A、6102D 和 6102BQ6 柴油机，多方案设计同时进行，统一规划，分期组织实施。

第二，采用膜片弹簧式单片离合器问题。

CA10 的双片螺旋弹簧式离合器结构陈旧，性能欠佳，寿命不长，稍加改进，暂时用于 CA141，可减少一些生产准备、工作量和投资，但毕竟不是长远之计。具有国际先进水平的膜片弹簧式单片离合器，结构简单先进、性能优越、使用可靠。

20 世纪 50 年代，我们做东风小轿车时，国外轿车包括奔驰 190 在内，还都采用螺旋弹簧式离合器。但到 20 世纪 80 年代初，轿车已全部改用膜片弹簧式单片离合器。建议 CA141 分两步走，第一步，对 CA10 双片螺旋弹簧式离合器进行改进，加厚压盘，增加热容量，增加从动盘毂铆钉数量，暂时用于 CA141 上。第二步，抓紧时间与国外厂家谈判，引进膜片弹簧式单片离合器，使 CA141 达到国际先进水平。

第三，采用同步变速箱问题。

20 世纪 50 年代，国外卡车已开始装用带同步器的变速箱，国内东风卡车变速箱上已有同步器，尽管结构和性能还不十分理想，但受到用户普遍欢迎。如果 20 世纪 80 年代开发生产的 CA141 还采用无同步器的变速箱，肯定缺乏市场竞争能力。

考虑到上同步变速箱投资大，建议 CA141 变速箱也分两步走：第一步，以 CA10 无同步器变速箱为基础，稍加改进，装在初期生产的 CA141 上。第二步，作为“七五”项目，引进国外带同步器变速箱的生产许可证和设计、制造技术，用先进的带同步器变速箱，取代老式的无同步器变速箱。

第四，选装单级后桥问题。

CA10 双级减速后桥使用可靠，比较适应我国不是很好的道路条件，缺点是比较笨重，传动效率较低，零件数量多，成本高。为克服这些缺点，考虑到我国高等级公路发展，参考东风卡车单级减速后桥使用经验，CA141 后桥最好采用单、双级都有的策略。

CA141 可先以双级后桥为主，研制单级桥，以越野车分厂三桥生产阵地为基础，改建一个年产 3 万辆份单级后桥阵地。这样，CA141 既可以装双级后桥，又可以根据用户需要安装单级后桥，可充分满足用户需要，提高 CA141 的市场竞争能力。

第五，循环球转向机问题。

CA10 球面蜗杆滚轮式转向机传动效率较低，转向沉重，国外已淘汰，东风卡车也不采用。建议 CA141 采用传动效率高、操纵轻便的循环球转向机。

转向机厂要生产循环球转向机，目前能力不足，据说还需投资 150 万元，但国内不少厂家有能力生产。最好利用外协办法，让这些厂协助生产一部分关键零件，如螺杆螺母副等，使 CA141 能装上循环球转向机。

第六，采用等宽车架，改变轮距和轴距问题。

CA10 车架前窄后宽，纵梁容易开裂。CA141 即使采用 CA10 纵梁，由

试验中的解放车

于两车总布置不同，纵梁上 150 多个孔大部分位置和大小也要改变。现在离 CA141 投产尚有五六年时间，制造一套新的车架纵梁模具完全可能，建议采用新的前后等宽车架，改变轮距和轴距，以满足整车布置需要。

第七，采用新前轴问题。

由于车架前部加宽，前轮轮距加大，前轴需要加长。再加上轴荷加大，前轴断面也应作些调整，因此，CA141 需要采用新的前轴。

第八，采用铸钢刹车蹄片轴支架问题。

CA10 采用钢板冲压的刹车盘，刚性较差，国外如新吉尔 130 等都采用铸钢刹车蹄片轴支架。CA141 轴荷和总重都比 CA10 大，建议采用铸钢刹车蹄片轴支架。今后一汽不再生产越野车，原来生产绞盘鼓筒和反作用臂的铸钢生产设备，可以用来转产铸钢支架。

第九，采用选装件问题。

可以借鉴国外办法，将基本型设计得简单一些，然后根据用户需要增加选装件，选装件另收费。例如，基本型车架后面无拖曳装置，可以省去 30 多公斤材料，便宜 100 多元钱。基本型无暖风，无风扇离合器，需要时可选装，另加钱。

第十，严控汽车自重问题。

减轻汽车自重对提高汽车各项性能影响很大，设计时应特别注意严格控制各个零部件的重量，保证整车重要指标。

CA141 定型

参加汽车研究所技术委员会会议的大多是老工程师，如发动机专家陆孝宽，他们基本同意我的建议。但有些细节还需再研究，如车架模具周期较长，我们自己做不了毛坯，只能送到富拉尔基重型厂去做，这样时间是否来得及？

另外，设计任务书由规划处起草，以总厂名义下发，而汽车研究所权力有限，无权改动设计任务书，因此，讨论归讨论。事后，汽车研究所向总厂汇报情况。1981 年 1 月，李刚主持召开两次高端会议，主要是厂技术委员会成员和各处室负责人参加，每次约几十人。经过讨论，总厂确定以“十大建议”为基础，重新修订 CA141 设计任务书。

1981 年 5 月，CA141 试制图纸全部发出，10 月初试制出第一辆样车，年底前试制出 6 辆样车。样车出来后，立即开始全面试验工作：包括 420 小时道路模拟强化试验、台架扭转疲劳试验、1 万公里强化道路试验等。

国家有试验标准的，我们就按照国家标准执行。国家还没有统一规范的，我们就按照自己的规范做。很多设备，如从美国 MTS 公司引进的道路模拟实验台、发动机自动化实验台、震动实验台等这些设备首次在 CA141 上使用。

按照规划，CA141 换型改造 3 年定型，3 年生产准备，也就是 6 年要投产。在 1983 年定型前，CA141 共做过三次鉴定：前两次在一汽做，最后一

工程技术人员在绘制图纸

次在国家相关部门做。

1981 年的最后一天，做完上述试验后，一汽召开第一次工厂鉴定会，会议表示，CA141 设计图纸可以作为一汽工厂换型改造扩初（扩大初步）设计的基础。

对试验过程中发现的问题，则马上改进，做第二轮图纸设计。在发出第二轮试制图纸的同时，对于没有出现问题的部件，如底盘总成、驾驶室和发动机部分零部件，先发提前投入生产准备的带“S”字头的采用通知书，以便争取时间，先做一些纸面上的生产准备工作。

第二轮设计工作于 1982 年 4 月初结束。这次设计解决了车头、车架横梁、车厢纵梁和气缸体开裂、机油泵传动齿轮早期磨损等问题。设计结束后，又发出试制图纸。

1982 年上半年，CA141 完成整车性能试验、2 万公里可靠性试验、车架刚性及应力测定、钢板弹簧性能及疲劳寿命试验等 28 项主要试验。

1982 年 6 月 29 日至 30 日，一汽进行第二次工厂鉴定，会议决定，已开始生产准备设计工作的总成和零部件的工装可以投入制造。

这里有个小细节，在第二轮设计中，上级部门为节约能源，发文要求 CA6102 发动机由烧 75 号汽油改为烧 80 号汽油。因此，发动机压缩比由 7∶1 改为 7.4∶1，最低油耗由 319g/kwh 改为 306g/kwh，整车百公里油耗由 28L 改为 26.5L。只是当时谁也想不到，这会引出一场风波。

1982 年下半年，一汽试制出第二轮 CA141 样车 7 辆，其中发动机仍沿用第一轮的。为检验设计改进效果，第二轮样车重新进行整车性能试验、台架扭转疲劳试验、道路模拟强化试验、5 万公里可靠性试验以及部分零部件的台架性能和可靠性等 11 项试验。到 1983 年 8 月，除使用试验在一个试验点进行外，其他鉴定准备工作已按计划完成。

1983 年 9 月 23 日，国家授权中汽公司主持召开国家级鉴定定型技术审查会，会议由中汽公司总工程师陈祖涛主持，这时李刚已调任中汽公司总经理。CA141 通过国家鉴定，同年 10 月 8 日，由中汽公司正式批准定型。

从 1980 年 10 月到 1983 年，我们花 3 年时间完成 CA141 产品定型。其间经历了两轮设计和一次较大的修改设计，完成一批变型车设计。共出图纸（包括 CA6102 发动机）2925 张、明细表 1012 张、技术条件 56 份。共试制样车 16 辆，整车可靠性试验用车 4 辆，行驶 20 万公里以上。为鉴定定型技术审查会提供鉴定文件 17 份，提供设计计算说明和试验报告 39 份。

到日本做评价试验

接下来就是 CA141 的生产准备工作。

首先，我们发出全套正式生产准备用的（没有“S”字头）采用通知书和技术文件，包括图纸、明细表、技术条件和装配调整说明书。发出前，我们对文件进行整理，采用零部件与车型脱钩的新的编号规则。为避免混乱，还编印了新老图号对照表。

对那些仍允许用试制图纸继续批量试制的零件，在修改底图前，我们先复印一份底图供试制用，这就解决了生产准备图纸与试制图纸不一致而无法加工的问题。

其次，编印 CA141 汽车使用说明书和零件目录。

最后，继续试制一批 CA141 样车，先后发到全国 6 个试验点：内蒙古乌兰浩特、湖北襄樊、新疆乌鲁木齐、云南保山、海南海口、甘肃兰州等地的运输公司，做使用试验。

这次试验大家反映较多的是电器和非金属产品质量问题。为此，我们于 1985 年和 1986 年分别在湖北和云南，召开有各试验点和协作厂参加的电器、非金属产品质量工作会议，研究改进措施。

此外，还首次为 CA141 做了评价试验。李刚曾去日本考察，他提出委托日野汽车为 CA141 做评价试验，当时我们绝大部分人都不知道国外如何做新车试验，以及试验项目都有哪些。

1984 年 8 月，一汽派出 8 人技术合作考察团，团长是谢云（时任解放汽车联营公司总经理），副团长是李治国，我也在其中。我们在日本考察了日野汽车、丰田汽车、日产汽车等几家汽车厂，也去看过零部件厂。

我们从 1984 年开始跟日野汽车谈合作，1985 年 2 月双方签约。合作项目包括两部分：其一，为 CA141 做评价试验；其二，引进日野汽车带同步器的变速箱。

发往日野汽车做评价试验的两辆 CA141，共做了 400 多项试验。日本推出一款新车，从整车到零部件，从性能到寿命使用，一共要做 1057 项试验。试验分为三个层次：大项目、中项目和小项目。其中，大项目 10 项，小项目 1000 多项。

评价试验前后做了近 4 个月。有些项目，日野汽车还用自己的车跟我们作对比，他们的车用的是柴油机，我们的车用的是汽油机，噪声这块我们小。他们的车是平头车，我们的车是长头车，CA141 外表更好看。此外，制动等个别项目，CA141 的表现也不错。

日野汽车的人也很喜欢 CA141，他们建议，我们双方合作，用我们的车装他们的柴油机，向菲律宾等第三国出口。

还真匹配了两辆样车，用日野汽车当地网络销售，向菲律宾出口，效果也不错。但因为发动机太贵，成本几乎占整车一半多，项目后来没谈成。

那时我国每年都要进口很多汽车，其中日本车最多，有丰田的轿车，也有日野、五十铃和三菱的卡车。过去就是纯粹进口汽车，后来国家出台技贸结合新政策。所谓技贸结合——技术和贸易结合，即我买你的汽车，但你得给我一部分技术。换句话说，你得给我 5%~10% 的技术回报。

我们跟日野汽车谈判时，仅试验这块对方就要 2 亿日元，讨价还价后降到 1 亿日元，相当于 50 辆解放牌汽车。再加上引进带同步器的变速箱，两个项目谈到 3.4 亿日元，要冲掉这笔钱的话，需要购买日野 5 万辆汽车。

变速箱前期是引进。“七五”期间，一汽投资 1.4 亿元建变速箱厂，管理和设备布置都采用日本模式，日野汽车还派专家来一汽进行生产调整。建成投产后，首批 10 台变速箱送到日野汽车做试验。试验合格后，双方执行合同结束。

1987 年 1 月，CA141 正式投产，从此结束解放车 30 年一贯制的被动局面。3 年生产准备和工厂改造期间，在老产品不停产、不减收的前提下，对生产工艺和生产线做了大规模改造。根据统计，新增和改造建筑面积 20.47 万平方米，新增设备 4900 台，搬迁和安装设备 9834 台，采用新工艺、新技术 74 项，新材料 62 项，引进技术 14 项。

CA141 由于外形不错，动力也好，国内订单供不应求，1987 年生产 6 万多辆。当年在 3 次有国内外汽车厂家投标的国际招标项目中，CA141 是唯一中标的中型车。1988 年，还往朝鲜、美国、玻利维亚和泰国等国出口 CA141。同年，在有 28 个国家参加的第 21 届开罗国际汽车博览会上，

CA141 也备受好评。

经验与教训

从 1987 年到 1991 年，我们针对生产使用中反映出来的问题，大大小小的试验和改进做了 103 项。为什么 CA141 正式生产后，还需要设计改进，我认为原因有六个方面。

第一，过去是小批量试制，加工装配与正式大量流水线上生产有很大差别。例如，试制时只需装出车就行，但大量流水装配线的装配顺序和节拍都有严格要求，差一点也不行。

第二，一些协作产品，虽然样品复验合格，但大量生产时质量不稳定。

第三，试制时材料规格多为名义尺寸，大量生产时尺寸偏差较大，如钢板厚度的偏差就很明显。

第四，样车试验时，燃料、润滑油、载荷、保养等条件较好，问题暴露得不充分。大量生产后，用户使用、保养条件千差万别，加上销售地区面向全国，售后服务工作不能及时跟上。

第五，降低成本需要。例如，用 5 毫米厚钢化玻璃代替 6 毫米厚钢化玻璃，用塑料喷涂代替镀铬，取消塑料镀铬“解放”标牌，改为在车头上冲字等。

第六，提高性能及市场竞争力。如采用同步器变速箱、复合式车门密封条等。

对 CA141 换型改造，可汲取的经验教训有：

其一，产品开发要有高起点。

作为一个大量生产的基本车型，从研制到生产准备，再到正式生产，一般都要经过 5~6 年时间。因此，产品开发一定要有一个高起点，否则，到正式生产投放市场时就已经落后了。

CA141 开始研制时，我国对制动、排污系统等并无专门法规要求，对噪声的要求也不严格，但我们根据国外汽车发展趋势和国外法规，决定采用双回路制动系统，对排污和噪声也进行控制。后来，国家颁布必须采用双回路制动系统和控制排污及噪声的法规，CA141 完全符合要求，这就让我们不被动。

其二，抓住主要矛盾，处理好发展和继承的关系。

为节约资金和争取时间，CA141 换型主要是解决老产品外形陈旧、车速低、油耗高、舒适性差等问题。重点放在车身、发动机和行走机构上，对过去深受用户好评的双级减速后桥等没有作重大变化，对于离合器和变速箱则采取先用老产品过渡的办法。

其三，从实际出发，使产品的开发建立在可靠的物质基础上。

CA141 开始设计时，任务书规定用 75 号汽油，后来根据国家计委指示，推广石油工业部建议，第一机械工业部汽车总局于 1981 年 7 月 27 日，以（81）汽车 197 号文通知要求：“六五”期间，新生产的汽车都用 80 号汽油。

CA141 定型前后进行的大量试验证明，使用 80 号汽油的 CA6102 发动机，其动力性、经济性和可靠性良好。为此，中国石化总公司还为 CA141 车发放了使用 80 号汽油的特许证。但当 CA141 正式生产、大量投放市场后，许多用户提出买不到 80 号汽油，甚至有大客户说，如果一定要使用 80 号汽油，他们就只好买使用 70 号汽油的车。

为此，我们采取安装爆震限制器、降低压缩比等系列措施，使矛盾得到缓解，但对 CA141 声誉已经造成不利影响。我国幅员广大，石油销售网络设置和设备管理水平不一。除少数大城市外，许多地方的加油站油品单一，而且没有 80 号汽油。这种情况也不会因为一份文件就立即发生改变，所以，产品开发必须从实际出发，要做两手准备。

还比如，CA141 车架纵梁在试验过程中一直没有发生故障，但与其相近的 CA151（载重 6 吨车）在试验时，在后悬挂前支架处的纵梁产生裂纹，必须增设加强板。由于我们对用户超载使用情况估计不足，设计 CA141 时没有采用加强板。CA141 大量投放市场后，有用户长期超载使用，引起纵梁腹板开裂，但用户又不承认自己超载。为挽回影响，我们在 1987 年 8 月对 CA141 增设加强板。

贯彻新标准时，一定要采取积极慎重的态度。对于与老产品无继承和互换关系的，要积极贯彻新标准，如公差配合、飞轮壳连接尺寸、噪声和排污等。对于与老产品有继承和互换关系的，贯彻时一定要慎重。在这方面，CA141 有过教训。

一是，我们率先贯彻以国际标准为基础的新的国家标准，采用新的六角头对边尺寸。

但 CA141 上的紧固件并不都是一汽产品，其他厂家没有贯彻新标准，因此，所有外协产品上的紧固件六角头尺寸仍是旧的。结果造成装配工具的混乱，增加了随车工具的品种，并给维修服务部门带来不便。

经多次呼吁，国家技术监督局才在 1990 年下发 426 号文件，要求全国各行业在 1991 年底前强制贯彻完毕。同这一期限相比，我们超前了 5 年，教训很深刻。

二是，在 M12 细牙螺纹螺距问题上的反复。

CA141 为积极贯彻新标准，将制动管路中大量使用的 M12 管接头的螺距，由老产品的 1.25 改为 1.5。后来冷静思考，一方面，人们并不容易分辨和察觉细微变化；另一方面，社会上和维修部门使用的管接头都是 M12 × 1.25，如果 CA141 需要维修保养，极易发生误装，既浪费钱，又耽误事。因此，CA141 正式生产前，我们当机立断，决定停止 M12 × 1. 5 螺纹生产准备，恢复 M12 × 1.25 螺纹。

三是，要考虑工艺，但不能迁就工艺。

产品是使用与制造、功能与成本的矛盾统一体。产品结构、材料、加工精度的选择，应当考虑制造工艺和成本，但决不能为迁就落后工艺而牺牲产品的基本功能。

CA141 机油泵出油管原来设计用钢管，因为压弯成形困难，改用铜管，结果使用中多次发生铜管断裂，造成主轴瓦缺油烧损事故。1987 年 4 月，我们又把铜管改为钢管，事故便没再发生。

CA10B 水泵皮带轮与轴通过锥套连接使用，一直很可靠。为简化工艺和降低成本，CA141 将锥套取消，结果在使用中多次出现滚键事故。1987 年 10 月，我们恢复锥套结构，问题便解决了。

还有刮水器，CA10B 是气动，CA141 原来沿用气动。虽然每套成本比电动便宜 67 元，但质量一直不可靠。1989 年 9 月，我们改用电动刮水器，不仅解决了一大质量问题，还促进了原来协作厂的技术改造。

1950
-
2020

姚贵升

建中国汽车用钢体系

他为解放汽车用钢国产化立下汗马功劳。

姚贵升，一汽集团原副总工程师，一汽集团汽车用钢领域学术带头人，中国汽车用钢体系创建者。

1930年姚贵升出生于北京，1952年从唐山铁道学院材料工程系毕业，被分配到中央财政经济委员会物资分配局。因其更愿意从事技术工作，1953年5月经工作调动，进入位于南池子76号的重工业部汽车实验室材料部，在杨南生和支德瑜的领导下工作。

为建设一汽，1954年，姚贵升所在科室连人带设备一起调到长春。在一汽，姚贵升先后担任技术员、试验室主任、工艺处处长，1986年被任命为副总工程师，多次被评为厂级、市级、省级和全国劳动模范，获得国务院政府特殊津贴。

姚贵升从事汽车用钢研发和材料技术管理50年，成为一汽汽车用钢领域学术带头人，在载重汽车用钢的国产化、建立中国汽车用钢体系以及合资引进轿车生产用钢国产化方面作出突出贡献。

1990年，60岁的姚贵升已到退休年龄，因工作需要延聘5年，后又返聘5年。此期间，他被上海宝山钢铁集团公司聘任为汽车钢板高级顾问。主要业绩有二：一是使宝钢生产的汽车钢板用于国内汽车工业，提高国内汽车用钢板实际供给量。二是提高国外引进轿车及合资生产轿车用钢的国内自给率。

2015年7月11日，姚贵升在长春寓所接受访谈。

被“借”到一汽

我祖籍河北定兴。1930 年我出生在北京，中学就读于北京育英中学（北京 25 中前身）。我家在北京海淀区，当时还是郊区，念书在灯市口，是闹市区，因为相距太远，所以我选择住校。

育英中学是一所私立学校，收费很高，每次开学前，学费、住宿费和伙食费要一次性交齐。我和哥哥都在这里念书，家里压力不小。但因父亲的一个朋友在学校做会计，交学费时间可适当宽限，或者晚些交，或者分批交，但不能少交。

1948 年高考，我同时考取了两所大学，北京铁道学院（北京交通大学前身）和燕京大学。新中国成立后，燕京大学被北京大学合并，但新中国成立前，燕京大学是私立学校，学费很贵，所以我选择了北京铁道学院材料工程系。那时考大学，对专业概念不是很明白，也不知道将来会干什么，更没有想到自己会在汽车厂干一辈子。

大学 4 年，我经历了新中国成立前后的变化。大四那年，赶上全国高校院系调整，我们转到唐山铁道学院就读。

在北京铁道学院念大一时，学校在府右街。当时北平还没全境解放，尚归国民党管，但解放军已经围城，且海淀区已解放。从西直门到海淀要经过魏公村，魏公村有一个庙，是国民党和解放军管辖的分界线。路两边都是庄稼地，谁也不敢乱走，怕埋着地雷什么的。我半年都没回家，直到北平和平解放，解放军进城，我才回家。

1952 年大学毕业，最初我被分配到中央财政经济委员会下属的物资分配局。我们几个学工科的同学不愿意做管理，都想做技术，就多次给单位提想调动工作。最终上面接受了意见，对我们的工作进行调整。

1953 年 5 月，我被分配到位于北京南池子 76 号的汽车实验室，在材料部实习。汽车实验室有二三百人，从这里走出了一大批中国汽车第一代技术骨干，像吴敬业、刘经传、支德瑜等。当时搞汽车材料工作的有杨南生和支德瑜，都是从英国学成回来的“海归”。

1954年底，我们整个科室都搬到长春。当时叫作“借”，材料部连人带设备全借给一汽，后来就一直没还。因此，我只在北京待了半年，就跟着到长春，这一干就是一辈子。那时也没什么条件可讲，国家让干啥就干啥。

刚搬到长春时，一汽正在建设。我们先在师范大楼办公，后来搬到西安大路的黄楼办公，那都是日本人留下来的旧房子。从办公室到宿舍距离很远，沿途全是庄稼地。那时生活也很艰苦，每个月只分配少量细粮，其他都是粗粮。但年轻人建设新中国的劲头很足，干起工作来就不觉得苦和累。

一开始我在技术处，技术处后来又分成冶金处和工艺处。当时工厂组织结构都按照苏联模式设计：冶金处管热加工，如铸造、锻造、热处理等；工艺处管冷加工，如切削加工、冲压加工等。冶金处跟工艺处分分合合，最后合并成工艺处。

我被分到冶金处金属试验室搞钢材，之后就一直从事汽车用钢的研发和材料技术管理工作。幸运的是，从一开始我就在留学归来的杨南生和支德瑜的领导下工作，他们除给我们讲课外，还教授我们做研究工作的方法。

为汽车用钢材国产化，金属试验室的技术员都刻苦钻研，努力学习技术和俄语。每逢周日，我们这些年轻人就到当时的重庆路国营食堂进餐，然后到书店各自买几本外文书回来研读。

建厂时一汽人的创业精神，伴随我走过成长岁月，成为我在汽车用钢领域深入钻研的强大动力。

解放汽车用钢国产化

总结起来，我在建立汽车用钢体系方面做出了一定的成绩。

第一，提高解放汽车用钢国内自给率。

解放汽车投产之初，所用钢材基本都是从国外进口，国内钢材自给率只有19%。这种情况不仅制约了汽车生产，而且还要耗费国家十分紧缺的外汇资源。

为改变这种情况，1957年，冶金处金属试验室成立了结构钢科研小组，与国内钢厂合作，将解放汽车用的主要钢材进行技术研究分析，比如齿轮钢、各种轴类用钢等。让相关钢厂试制，再拿到一汽试验。

经反复多次试验和试制，终于获得成功。之后是更改供应厂家，改国外进口为国内厂家生产供应。汽车车身用的冷轧薄钢板当时还由外国进口，直到金刚冷轧厂建成投产后实现国内自给。由此，汽车用钢国内自给率提高到98%，基本实现汽车用钢的国内自给，摆脱汽车用钢依靠进口的局面。

第二，根据中国资源情况研发新钢种。

一是研发热轧低合金高强度钢板。解放汽车原设计车架纵梁和横梁分别用30Ti、08和20钢板冲压，强度低，不适合中国道路条件，有的车仅行驶2万公里，横梁就开始断裂。我们与钢厂合作，先后用16MnL、10TiL和13 MnTiL分别代替30Ti、08和20钢板，于1958—1974年投入生产。不仅解决了车架寿命低的问题，而且因为新钢种强度高，钢板厚度可以减薄，单车节约钢材35千克。到1998年，累计节约钢材4.5万吨，节约费用1.35亿元。

二是开发低碳轮辋钢。轮辋钢是异型断面型钢，原设计钢号为B3，每车耗用138公斤，20世纪70年代轮辋钢在生产过程中对焊扩张工序开裂率为8%，大量钢材被浪费并严重影响生产。

一汽技术委员会同鞍钢开发低碳轮辋钢，将含碳量由B3的0.14%~0.22%降至0.08%~0.14%，纳标后牌号为12LM，使扩张开裂率显著下降。车轮总成试验时，轮辋钢未发生疲劳损坏，说明含碳量的降低（强度降低）不影响车轮质量和使用寿命。

采用12LM后，每车减少废品损失9.3千克。从1988年投产到1998年，10年间生产汽车100万辆，节约钢材9000万吨，节约费用约2790万元。12LM 新钢种轮辋被全国汽车行业采用。

三是开发含磷冷轧深冲压高强度钢板。汽车车身用冷轧薄板牌号均为 08AL，钢板强度低，消耗量大。1982 年，我提出开展含磷冷轧钢板的开发，以减轻汽车自重、节约钢材。

我们成立由一汽、鞍山钢铁公司、宝山钢铁公司组成的课题组，经过钢厂的冶炼、轧制，汽车厂的冲压、焊接等工艺试验，以及整车台架和道路试验，研制不同强度级别的 06ALP、O8ALP、1ALP 含磷钢板系列，并于 1988 年转产。这项课题获得国家科技进步二等奖。

随后，按照一汽和其他汽车企业的要求，宝钢与武钢分别试制成功 BP340、BP380 和 P370、WP390 等牌号含磷钢板，代替 08AL 钢板。因含磷钢板强度高，钢板厚度可以减薄，钢材消耗可降低 14%。

解放汽车单车使用 67 千克含磷钢板代替 08AL 钢板，每车可节约钢材 11 千克。从 1992 年到 1998 年，7 年共节约钢材 7700 吨，节约费用 2700 万元。

用锰硼钢代替镍铬钢

一汽自投产以来，仅用 6 年时间就实现了解放汽车用钢材的国产化。在结合国家资源建立汽车用钢体系方面，有很多创造性做法，其中之一就是镍铬钢的代用。

20 世纪 50 年代，解放汽车采用的是苏联的用钢模式。在苏联汽车用钢系统中，齿轮与轴类零件用钢是以镍和铬为主要合金元素的钢铁系列。镍和铬在国内属稀缺金属，进口又遇到国外封锁，既威胁到汽车生产，又影响到机械制造业和冶金工业的发展。国家科委多次发文，要求耗用镍和铬钢材的企业开展代用镍铬研发工作，并要求有关科研院所配合。

按照解放汽车的设计，每辆车消耗的钢铁材料折算后为纯镍 3 千克左右、纯铬 5 千克左右。到 1958 年，我们在节约镍方面取得突破，汽车上镍的消耗已节约 99.4%，主要是取消含镍缸套、取消缸体和缸盖铸铁中的镍，并将几个镍钢制造的零件改为铬钢。

但铬的消耗量仍然很大。每生产一辆解放汽车，要消耗含铬钢 370kg，折算后每车要消耗纯铬 3.8kg。除钢材外，还有缸体用的含铬铸铁 324kg，折算成纯铬约 1kg。

从 20 世纪 50 年代末到 60 年代初，不仅是汽车行业，国家要求整个机械行业都要开展镍铬钢代用。大家尝试了很多方案，由于我国锰、硼资源丰富，锰硼钢代替镍铬钢就成为一个主要发展方向。

根据国家科委要求，一汽领导决定，在工艺处组建研发小组，有多名技术人员参加，在钢厂和科研院所的参与下，开展代用镍铬钢材研究工作，针对两种用量最大的钢——18CrMnTi 钢和 40Cr 钢进行试验。

经过试验室试验、小批量生产和制成零件的装车试验，我们从多个试验方案中筛选出一个方案，确定用 40MnB（45MnB）钢代替 40Cr 钢，用 20Mn2TiB 钢代替 18CrMnTi 钢。

方案确定后，就要进行大规模试验，比如生产 500 辆车进行道路试验，这就需要钢厂供应 200 吨钢材。1960 年正是国民经济困难时期，钢厂无力完成，试验钢材很难拿到。

当时第一机械工业部六局主管轴承和汽车。一汽就给六局打报告，表示要试验代用钢，需要国家给 200 吨钢做试验。这个报告由六局上报给国家科委，引起聂荣臻副总理的关注。

1960 年 12 月，聂荣臻同志在给李富春、薄一波、王鹤寿和段君毅等同志的信中写道:“我国镍、铬都不足，需用铬钢之处甚多，不限于汽车一个行业，以锰硼钢来代替铬钢是一件大好事……我看以锰硼钢代替铬钢的试验很重要，是我国建立自己的合金钢体系的一个方面，拟请一机部组织试验，冶金部在材料上予以支持，最好能列入明年的计划中，使试验得到保证，至于制造出多少辆样品车来试验，请一机部决定。”

姚贵升（左二）在生产现场

有了聂荣臻副总理的批示信，到钢厂订货就等于有了保证。一汽多次派我去钢厂联系锰硼钢生产。困难时期，乘车和住宿都不方便，去抚顺钢厂和本溪钢厂需要中途在沈阳转车，我们经常住十几个人一个大炕的“大车店”和小旅馆。到车间了解锰硼钢冶炼情况时，钢厂安排夜班试验，我经常深夜从招待所步行到钢厂。

经过 2 年努力，1962 年底，一汽从钢厂得到试验需要的 200 吨钢材。试验开始时还很难，试验零件改用 20Mn2TiB 钢和 40MnB 钢制造，每种零件只做 200 辆份。这 200 辆份要在大生产线上生产，为防止与现生产零件混淆，锻造工人必须在锻模上做出标记，印刻在试验零件上，便于区分新钢种零件和现生产零件。

如何区分？在零件模子上刻字做标记，凡带字的零件就是试验零件。一辆车的试验零件大概有四五十种，都得这么做。如果锻造厂夜班打这个零件，试验员就得跟着上夜班。

200 辆份零件打完后，到冷加工进行切削加工时，标记会被车掉，加工完后再把标记打上。装车时还得把各种零件拿出来，按要求装到车上，总成和整车也要做标记。然后就是将 200 辆份零件装到 500 辆车上，需要做试验的轴类零件要全部换成新钢零件。

新钢零部件的生产、装配、跟踪都需要试验员跟进，虽然零部件生产过程需要和车间配合，但主要还是我们在跟进，所以做试验的同志很辛苦。装有试验零件的新车发出去后，我们还得记住这些车发到哪些单位，以后再到那个单位去调查。比如发到兰州某部队，就得调查跟踪这辆车，看它跑了多少公里。如果没有问题，就可以下结论。

1963 年初，一汽用锰硼钢代替镍铬钢生产出 500 辆试验车，这些车分别发往青海、云南、四川、广东等地进行使用试验。经过 3 年多行驶试验和使用调查证明，一般里程达到 15 万~20 万公里，有的已超过 20 万公里，试验零部件仍可继续使用，证明锰硼钢完全可以代替镍铬钢。钢厂也基本掌握了锰硼钢的冶炼工艺。

1965 年底，冶金部和第一机械工业部联合召开锰硼钢鉴定转产会，宣布试验成功，正式投产并列入冶金部标准。当时镍铬钢供应紧张局面得到解决，为一汽以及其他机械制造业生产创造了条件。

1966 年，一汽将 20Mn2TiB 钢和 40MnB 钢投入生产，汽车用镍量减少到原设计的 1%，用铬量减少 30%。

以上新钢种研制成功并投入生产，使解放汽车用钢情况发生显著变化，载重汽车用钢建立了适合我国资源情况的汽车用钢体系。后来由于进口和国内生产情况的变化，铬钢仍在继续生产供应。

可供借鉴的经验

我在一汽研究汽车用钢 50 年，从技术员一步步走上一汽副总工程师岗位，多次被评为厂级、市级、省级和全国劳动模范，获得国务院政府特殊津贴。

这些荣誉中，让我自豪的有两个。

一是 1966 年被评为一汽“五好标兵”，实际就是第一代厂级劳模。紧接着就是“文化大革命”，因为是劳模，我一下成为受冲击对象，好在历史没问题，没受什么大冲击。

二是 1978 年参加全国科学大会。一汽有两个人参加，张国良和我，张国良是八级工，管刀具研究。我因为在汽车钢材上干出成绩，获得“全国先进科技工作者”称号。

从 1953 年一汽建厂算起，有许多像我一样的技术员加入一汽，为一汽发展壮大作出贡献。我们之所以能在一汽成长，得益于几个条件。

其一，有适合年轻人成长的土壤。

我刚来一汽时，一汽还处于建厂阶段，工作和生活条件十分艰苦，但学习气氛非常浓厚。几乎每天晚上，办公室都灯火通明。大家抓紧一切时间学习，甚至在用餐排队时，手里还拿着小卡片背诵俄文单词。

其二，搭建业务平台。

研发新钢材时，最初只需用几十千克钢材进行室内性能和少量零件的台架试验。而钢厂一试炼新钢，电炉产量一般是几十吨，转炉产量则是上百吨。在一汽领导的支持下，试验多余的钢材在工厂内通过正常生产加以利用，避免了浪费。如果没有这样的条件，我们的研发工作不可能进行下去。

其三，倡导团队协作精神。

在新钢材研发中，汽车厂和钢厂技术人员组成合作团队，共同拟定试验方案，分析试验结果，组织转产鉴定，制定标准并投入大量生产。

工厂内部试验室与车间技术人员、生产工人同样是一个协作团队，除试验过程中的互相配合外，对试验结果，车间提供零件的加工性能，设计人员给出零件台架试验和整车性能的结论，技术人员和生产工人围绕共同目标紧

姚贵升（右二）在生产现场讨论

密协作。

其四，提供大有作为的机遇。

以钢材技术为例，一汽开始投产时，提高国内钢材自给率是机遇。镍和铬元素供给紧张时，研究代用钢种是机遇。引进轿车后，开发轿车用钢是机遇。现在，一汽自主开发新能源和节能减排产品，也是一个千载难逢的机遇。

这几十年来，一汽用钢研发和应用始终走在行业前列，除历史因素外，我认为还有以下经验可供行业借鉴。

第一，在钢材料研究方面，应该有专业队伍和带头人。

一些规模较大的机械制造企业尽管也有技术中心，但没有专门搞钢材研究的队伍，没有业务带头人。在这方面，一汽和二汽做得比较好。一汽钢材研究带头人最早是支德瑜，他长期从事材料方面的研究，也是这方面的专家。

第二，汽车厂和钢厂必须密切协作。

任何一个钢种，无论研究也好，试验也罢，不能单独靠汽车厂或者钢厂，双方必须结合起来。在钢板方面，一汽跟宝钢联系非常紧密；在齿轮钢和轴钢方面，一汽跟特钢合作密切。

第三，进行钢材试验必须依托大厂支持。

要研发一种新钢，钢厂转炉炼一炉就是几百吨，但试验时只能用几十公斤钢材做样品。除试验用钢外，余下的大量钢材要有能力消化，不能当废料浪费，有的做计划外钢材处理，有的汽车厂以代用方式投入生产，都会给双方生产管理带来很多麻烦。这就需要双方配合形成共同的工作平台，使研发和试生产顺利进行。

1950
-
2020

朱德照

32 年和 4 个阶段

从拿来主义到形成现代化研发能力，解放走过了怎样的研发历程？

朱德照，一汽集团原副总工程师，中国汽车技术研究中心创始人。

1930年，朱德照出生在杭州。1952年，从浙江大学机械系内燃机专业毕业，作为全国第一届统一分配的大学生，被分到哈尔滨国营拖拉机修配厂。半年后，因修配厂转做改良农具工厂，经东北人事部重新分配，来到筹建中的一汽。

朱德照在一汽一干就是32年。从一名普通技术员成长为工程师、高级工程师、副总工程师。按照其亲身经历，他将32年一汽生涯分为生产准备阶段、试制改进阶段、自主创新阶段和形成现代化研发能力阶段。

1984年，54岁的朱德照被中汽公司委以重任，创建中国汽车技术研究中心，从一个单纯的工程技术人员转型为一个企业管理者。1993年，他退居二线，2年后退休。退而难休的朱德照，花3年多时间编写《汉英汽车综合词典》和《英汉汽车综合词典》，搜集22万个词条，共400余万字。

2010年9月16日，在上海嘉定大酒店，朱德照首次接受访谈。2020年5月4日上午，在天津康宁津园，90岁的朱德照再次接受访谈。本文部分内容曾刊发于《汽车商业评论》杂志（2010年第12期，作者葛帮宁）。

我从小就喜欢汽车。1948 年考大学时，还没有专门的汽车系，我就报考了浙江大学机械系。机械系下设火车机车、机械制造和内燃机等专业，我选了内燃机专业。

1952 年大学毕业，作为全国第一届统一分配的大学生，上面发了一张表，让我们填志愿。第二年，第一个五年计划将实施，大部分同学要求去重工业基地东北。位于沈阳的东北人事部对我们的工作进行分配，有的人被分到机械局，有的人被分到农业部，我和其他 5 名同学被分到国营拖拉机修配厂。

当年 9 月，我们到修配厂报到，先当见习技术员，3 个月实习期满后转为技术员。6 个月后，中组部调查大学生分配工作专业是否对口，寄给我们每人一张表格，让我们如实填写。正好此时修配厂性质发生变化，转做改良农具工厂。我们认为，这跟我们所学专业不太符合。

调查表交上去一周后，上面下文，要我们 6 人回东北人事部等待重新分配，厂里偷偷把文件压下来。紧接着中央又下文，这次厂里不敢再压，我们 6 人到沈阳等待重新分配。东北人事部说，有个 652 厂正在筹备，你们愿不愿意去？

一打听，652 厂就是俗称的“毛泽东汽车厂”，我们都愿意去。对方说，你们要想好，如果有别的要求，现在可以提出来解决。我们 6 人中，其中一个同学已结婚，妻子是上海人，他便要求回上海，剩下 5 人都坚持要去汽车厂。第二天，人事部就开好介绍信，让我们到 652 厂报到。

1953 年 3 月，我们来到一汽。当时厂区还是块空地，什么都没有。我们住在租来的民房中，没有床，就用草垫子搭地铺。全国都支援一汽建设，那时每天都有火车运送成百上千人到一汽。

生产准备

我把在一汽经历的解放研发工作分为四个阶段。第一个阶段是生产准备阶段，从 1953 年建厂到 1956 年出车。

第一代解放 CA10 原型车是吉斯 150，由苏联设计，建一汽时，国内已经进口了一些，在全国各地使用。1950 年中国汽车工业筹备组成立后，旗下汽车实验室曾做过一些使用调查，后续工作就都转到一汽技术处。

一汽筹备分为两条战线：一条战线搞基建、建厂房；另一条战线做生产准备。我们被分到技术处，为生产汽车做准备。技术处有 40 来个人，大都是 1950—1952 年的毕业生，分别来自清华大学、上海交通大学和浙江大学，还有几位 20 世纪 40 年代毕业的老工程师。这些人中，有的出过国，有的在修理厂干过，但都没有汽车制造经验，也没见过大规模的汽车厂。

技术处分为 4 个科：一是设计科，科长张世英，航空发动机专业毕业，曾在英国布里斯托尔航空发动机厂访学。设计科有十来个人，包括王汝湜、沈同文、杜时可、蔡传平、杨宗耀、蒋禄椿和我。二是工艺科，比设计科人数稍多，科长史汝楫。三是机动科，科长孙顺理，后来当过一汽副总工程师。史汝楫和孙顺理都是 20 世纪 30 年代的大学毕业生。四是生产科，科长支德瑜，1945 年大学毕业，和我一个宿舍。他很爱学习，那时候条件差，宿舍就一张床，没有桌子，没有椅子。晚上回宿舍，他就拿出一个饼干桶，坐在上面，趴在床上看书做笔记。

1953—1954 年，每年有 500 多位大学生分到一汽，这些大学生可不得了，因为全国都没有多少大学毕业生。一些大学生被派出去实习，到 1954 年夏天才回来。

到 1954 年，技术处扩充为 7 个处室。其中，设计科成为设计试制处；工艺科成为工艺处和冶金处，前者负责冷加工，后者负责热加工；生产科成为生产调度处，有部分人被分到协作生产处；机动科成为动力处和机械处。

我们设计科的几个人都到了设计试制处。生产准备工作很紧张，我们要在很短时间内，全面吃透苏联发过来的技术设计和组织设计，掌握汽车大量生产的全部过程。苏联提供给我们全套技术设计和组织设计资料，设计主要分为三步：初步设计、技术设计和组织设计。

1953 年 4 月，大批资料（主要是初步设计和技术设计）到达。初步设计只是一个大轮廓，比如工厂有几个车间等。技术设计再进行细化，如底盘车间、发动机车间、车厢车间的具体面积，分为几个工部，以及有什么设备等。组织设计就非常具体，相当于现在的施工设计图，具体分几道建设工序，第一道工序和第二道工序分别包括哪些步骤等。

要快速吸收苏联设计资料有困难。虽然在学校学过汽车方面的知识，但用的都是老式英美教材，面广但不深入。1952 年大学教改后，才改用苏联教材，内容比较具体，但我们都没赶上。所以，当时我们面临的最大困难是没学过俄文，看不懂资料，开展工作只能从学俄文开始。

由于时间紧迫，上面只给我们两周时间脱产速成。上午一个俄语翻译给我们讲文法，下午我们再回去复习、背单词。为学俄文，我们写了很多小纸条，每天背 300 个单词，两周要掌握 3500 个左右的词汇。

翻译图纸

接着开始初步设计和技术设计翻译。接触技术图纸时，我们看不懂图纸。当时全球制图分为两大系统，一为英美系统，二为德日及苏联系统。前者用第三象限，看图要反过来，很不习惯，后者用第一象限。而且英美系统的制图比例为 1/2 英寸、1/4 英寸、1/8 英寸，跟苏联不一样。

翻译技术条件资料也有困难。俄文资料讲得不太细，一般会在图纸上注明引用苏联什么标准。苏联既有 TOCT 国家标准，又有各个部的 OCT 标准。比如，写明 TOCT 标准多少号钢，但这种钢的成分、性能一概不知。也不知道到底是碳钢还是合金钢，因此必须找到 TOCT 标准的原文材料。如果材料属于冶金部，就要到冶金部去找此标准；如果材料属木材类，就要到林业部去找此标准；如果材料属于皮革和石油类等，又要到其他部去找有关标准。

我们就得想办法搜集这些标准，否则将来无法提出材料的技术要求。现在搜集标准很简单，可以购买，也可以上网查，但那时要分门别类到各个部委去查找。为搜集标准，我跑了七八个国家部委。

那时候标准都保密，不能随便借阅，好在当时任何地方都能给一汽开绿灯。但相关部门只有一份标准，可以看，不能带回去。没有复印机，也没有数码相机，只能在档案室里借阅和用手抄写。

从头到尾就只有我一个人收集资料，抄写要用的资料，工作量非常大。再者，这些标准都是俄文版本，还没有翻译过来，而我刚学会俄文。查资料最实用的辞典是陈祖涛的父亲陈昌浩编写的《俄华辞典》（由国立外文与民族文辞典出版局 1951 年出版，陈昌浩主编），但上面政治词汇较多，没有技术词汇。

后来，我好不容易弄到一本《俄英技术辞典》影印版，简直如获至宝。但里面也有很多词汇没被收录，资料收集工作面临的困难可想而知。我在北京待了 3 个月，效率还比较高。这样学来的知识印象非常深刻，一辈子受用不尽。

除技术图纸外，汽车有 2 万多个零件，不可能全都自己做，有的部件要协作外包。外包就需要提出具体零部件的技术要求，协作厂根据要求来做，我们根据要求验收，这就是技术条件。技术条件资料共有 37 本，也都是我翻译的。

翻译过程中，我印象比较深的是一份委托生产汽车油封的技术条件资料。汽车油封不完全是橡胶的，还有牛皮做的，但当时我们都搞不清楚这个材料应该用什么成分。多年后我才发现，汽车油封一定要使用牛背上某个部位的皮。

类似这种疑问还有很多，也没地方可问。即使是一些老工程师也无法解答，因为他们接触不到这么细的工作，而且他们的俄文水平可能还不及我们。

我们不仅要翻译图纸，还要为了吃透这个产品，做很多验算。比如尺寸怎么确定，设计中最难的安全系数怎么取？取得太高会浪费材料，取得太保守又经不起考验，我们就通过反算来求取安全系数。工作量很大，没有一点空闲时间，没有时间去看个电影、出去吃顿饭，但我们觉得日子过得很充实，每天都有收获，每天都有进展，每天都可以看到成绩。

厂房建起来后，还要安装机床，调试设备，研究怎么加工合格零件。我们尽量争取参与这个过程，以熟悉制造工艺。设计出一个好零件只是第一步，接下来要研究怎样方便地制造出好零件，并且让它们具备良好的工艺性。这点非常重要，否则设计得再好，做不出来也没用。最好的设计应该是不但能做出来，而且要能方便地、用最省钱的方式生产出来。

到一汽出车时，我们参与了整个工艺调试工作。调试一个零件需要很长时间，我们认为这是非常宝贵的经验，都主动要求参加。

试制改进

第二个阶段是初步试制改进阶段，从 1956 年到 1958 年。

解放 CA10 投产后，在我国的道路条件下使用，很快就发现了一些问题。其实，解放 CA10 下线前，我们就购买过原型车在国内做使用试验，当时就知道有些问题。解放 CA10 投产后，我们马上改进，消除使用中的缺陷。

解放 CA10 主要有三大缺陷，实际是四个问题。一是驾驶室闷热，二是水箱易开锅（俄罗斯冷，中国相对较热），三是转向沉重（俄罗斯人力气大，中国人力气相对较小）。这些是在使用过程中能直接感受到的问题，其实还存在一个令人讨厌的问题：前钢板弹簧容易断裂，不到 1 万公里就断，一断就趴窝。

弹簧一断裂就得停下来换钢板，有时还拿不到备件，非常影响出车率。苏联专家也相当重视这个问题。那时候有一条铁的纪律——一切听从苏联

解放 CA10

专家的，苏联专家没有发话，什么都不能动。最典型的情况就是，我们看到图纸上中心线画错了，很明显需要改正，但专家不点头我们就不能改。

虽然行动上被框住，但我们思想上没有被框住。1958 年的“大跃进”对我们来说，最重要的是解放思想。当时我们从几个具体问题出发，向苏联专家反映必须要改的情况，专家后来也点头同意。

其实要解决驾驶室闷热问题也很简单，把风窗打开就行。只是苏联天气冷，没有这方面需求。风窗要密封，只需做几个零部件，开启时固定住就行，改起来不是很难。苏联专家是做总布置设计的，对每个总成、每个专业不一定了解得那么深。

设计试制处分得很细，包括发动机科、底盘科、车身科和非金属材料科等。我在底盘科负责悬架，弹簧断裂，我就要解决问题。首先找出断裂原因，断裂发生在弹簧卷耳根部。弹簧卷耳通过小轴连接到支架上，既要承受上下垂直跳动力，又要承受制动驱动力，受力多但弹簧片没有加强，跟普通片一样只有 6.5 毫米，所以卷耳部分特别容易断。

要加强卷耳部分，就得加厚第一片弹簧片。不要以为加厚很简单，耳朵强度增加了，但在受垂直载荷时，应力幅度加大，耳朵这个地方不断，当中这个地方就可能断。我们也是动了番脑筋：改变屈力，降低平均应力，总体补偿一部分，这样振幅增加一点没太大问题。

解决的方法有了，但设计计算及绘图用了 2 个月。当时的计算要靠计算尺，而计算尺只有 3 位数准确度，很多时候我们都用手算，至少要算到四五位，所以效率很低。现在做设计，有现成软件 CAD 和 CAE，做起来很简单。

那时候，我们画一个车轮跳动图可费劲了。汽车都有翼子板，目的是下雨时不让水溅出来。所谓车轮跳动图，就是要确定翼子板的形状与尺寸，保证车轮跳起来时不和翼子板相碰。因此，要画出车轮跳动的极限位置，同时还要考虑车轮转向的极限位置。当时画一个跳动图要 2 周时间，现在几个参数一输入，10 分钟就出来，效率大大提高。

解决问题的过程也让我体会到英美教育跟苏联教育的不同。英美教育教基础，教看待问题的方法，但是不专；苏联教育很细很专，学完后可以照着做，但面很窄，所以二者各有利弊。

最让我受益的是苏联国家汽车发动机研究院（HAMI）的报告。HAMI 成立于 1918 年，是苏联最高汽车工程研究机构，出过很多研究报告，相当于现在的论文。它的报告跟英美论文不同，英美论文偏重理论，解决实际问题较少，而 HAMI 的研究报告能解决实际问题。

在第二阶段，一方面解决这些问题，另一方面还做过很多探讨。比如，提出要实行大型现代化，即解放汽车的现代化，其实就是设计 CA140 的前身，内部代号为解放 CA10B，在解放 CA10 的基础上做较大改进。

1958 年，一汽提出班产 250 辆份，产量翻一番。我们就研究，如何在现有设备下进行产品变动，以使得工艺上更容易加工，从而提高产量。工作做了很多，后来我们也发现，这个产量的确有些冒进。1960 年 1 月，政府提出“调整、巩固、充实、提高”八字方针，要求一切从实际出发。

如果没有解放思想，这些根本不敢想象。思想解放到什么程度？以悬架的螺旋弹簧和橡胶弹簧的可行性研究为例，我记得橡胶弹簧副簧都做过试验，后来还做过空气弹簧，用气囊作为弹性元件来替代钢板弹簧。尽管这些都没有在解放汽车上用过，但开阔了思路，解放了思想。

当时提出要“设计革命化”，要我们下楼、出院、到车间去，设计人员跟工艺人员紧密配合，技术人员跟工人师傅结合。他们加工零件，提出问题，我们现场解决，根据工艺需要，研究如何让生产简单方便。

设计悬架时，我就想办法节省成本。原来钢板弹簧是在前面固定，后面有个吊环。做吊环需要好几个零件，吊环本身要锻造，还要加工固定孔，断面还要铣，零件做起来比较麻烦。我就把钢板弹簧设计成滑板式结构，钢板后边不要卷耳，也不要衬套，就让钢板在铸铁圆弧滑板上滑动，这样既能节省一些零件，又能节省材料，而且加工方式变得更简单。

我进一步认识到，汽车生产跟一般机械产品生产的不同之处就是，汽车生产是大批量生产。大批量生产的零件，如果每个减轻 1 克，年产 10 万辆就能节省很多材料。所以，轻量化、节省材料的学问很多。汽车生产的另一个特点是，使用条件变化较大，不同道路有不同路况，要考虑很多情况。所以，做好汽车设计不容易。

最早的越野车

第三个阶段是自主创新阶段，从 1958 年到“文化大革命”结束。

这期间，最重要的是开发解放 CA30 越野车。这是中国最早、最正规的越野车，做出来后正好赶上越南战争，有一批解放 CA30 被送到越南使用。

解放 CA30 原型车是苏联吉斯 157，跟苏联关系破裂前，我们拿到了这批图纸。图纸不完整，工装和工艺设计也不全，我们就在这个基础上进行完善和改进。

解放 CA30 也有发动机散热问题，我们就用水箱护罩来解决。针对越野车，我们专门研发球笼式等速万向节，它不只跟着车轮转，还能向各个方向

CA30 越野车是中国最早、最正规的越野车

转动。

越野车在设计上较大的突破是实现了中央充气。这可以提高汽车的越野性能，使其适用于各种道路。打个比方，汽车行驶在沙漠上，车轮会下陷，这时就要给轮胎放气，轮胎瘪后接触面加大，单位面积压力减小，行驶起来更加方便。中央充气就是可坐在驾驶室里给轮胎放气，经过沙漠后再把气充起来，不用从驾驶室下来再打气。

中央充气技术没有正式运用，难处在于气封问题。车轮既要跳动，又要转动，还要密封，对技术的要求比较高。另外，当时没有减震器，跳动会对弹簧寿命产生影响，对乘坐舒适性也有影响，我们就自己设计了一个减震器。

那时正好赶上古巴导弹危机事件。以前古巴用的都是美国汽车，被美国封锁后，很多备件无法供应，减震器尤其坏得厉害。在这种背景下，中国准备援建古巴一个汽车备件工厂，该工厂生产的汽车备件就包括减震器。

减震器产品开发由我负责，项目工艺由沈尧中负责，锻造由俞云焕负责，沈尧中和俞云焕是同班同学，都是 1947 年从上海交通大学毕业的。除减震器外，这个备件工厂还准备做活塞环等零件。后来，因中巴关系破裂，项目停止。

与古巴减震器项目同步进行的，还有罗马尼亚气门芯项目。在项目研发中，我有很多体会，比如减震器是易损件，设计减震器时，为提高活塞杆光洁度，要重新做油封，让油不再漏出来，但总是达不到目标。我们在振动试验台上做试验，试验开始十几个小时后就开始漏油。

一本美国杂志给了我启发。其中有篇文章讲液压系统漏油问题，文章中提到，再提高活塞杆光洁度都没用，因为表面仍然会有细微的窟窿。先在里面涂一些润滑脂，活塞杆就不会再去磨橡胶油封的刃口。我们使用了这种方法，涂上润滑脂后，活塞杆跟油封配合得很好。

这次经历给我启发很大，一个好设计师要注意多方细节，还要准确把握，这对产品研发非常重要。

鲜为人知的自主

1958 年，一汽研发第一辆红旗车，要求一个月生产出来。我们只能把克莱斯勒高端车型 Imperial Series C69 拆散，再由各个车间的人认领零件，并照着制作。最后再将各车间做出来的零件组装到一起。

克莱斯勒 C69 后悬架是独立悬架、Trailing Arm 结构，这个拖臂能承受很大的力，但不能做得太重，太重了会增加非悬架质量，从而影响行驶平顺性，因此不能采用铸造和锻造的方式。克莱斯勒 C69 的原始拖臂是用 6 毫米厚的钢板冲压而成，这个冲压件形状复杂，一个月根本做不出来。我决定不用这种结构，而是用非对称半椭圆钢做弹簧结构。

我在杂志上看到过一种非对称椭圆形钢板弹簧的设想，这种钢板弹簧前半段的刚度和后半段不一样，当弹簧变形时前面硬，后面软，前面变形小。两个轮子跳至一样高时，轴只要相应转动一些就行。要是这边轮子跳得高，那边轮子跳得低，这边就多转一点，那边就少转一点。

但车桥刚度非常大，不可能扭转。这就会导致这边的轮子要跳起来时，那边的轮子就拽住它不让跳的结果。这样的最大好处是，车子在跳动或转弯过程中，车身要发生倾斜时，车桥可以扳住车身不让它倾斜，也就增强了车辆的侧倾刚度。原来的样车专门装有一个横向稳定杆，我设计时用车桥做横向稳定杆，可节省零件。而钢板弹簧有活动模子，可用螺钉调整其曲率，很容易试制。

我认为这种设计非常好，既省了做不出来的冲压件，还省了横向稳定杆、连接杆、销子、衬套等零件。当时项目总负责人是孟厂长（孟少农，时任一汽副厂长、总工程师），他不同意这种设计，让我按照原车结构做。

孟厂长的担心不无道理，因为不知道做出来的结构行不行。按照原车结构做，做出来的结构即使不行，我也没有责任。要是使用我设计的后悬架，到时候出现问题，影响红旗整车的组装，我难免会受到影响。但当时我也是初生牛犊不怕虎，对自己的设计很有把握，坚持自己的想法。

你说说，这种结构哪款车上用过？孟厂长问。

我说不出来，只能说，从原理上来讲是行得通的。

他说，没有实践，不能让你干这个事。

我俩争得很厉害。到最后，孟厂长说，好，你非要这样，出了问题你负责。

我说，我当然负责。

结果做出来的效果非常好，后来红旗一直用这种结构。人们总说，第一辆红旗车都是测绘人家的零件，但很少有人知道，后悬架就是我们自主设计的。

实行大型现代化后，我参与了 CA140 的前期研发，但还没完全做完，就赶上“文化大革命”，我们只能靠边站。其实，我们靠边站后也没有完全停止工作，1970 年我们开始研发 60 吨矿用自卸车，即解放 CA390。

这时中苏关系已经破裂，资本主义国家又对我们实行封锁。当时国内根本没有 60 吨车的概念，我们见过最大的车是 25 吨玛斯 525，后来又有个 27 吨别拉斯 540，比 60 吨差一倍多。我们谁都不知道这么大的车怎么做。

任务是国务院下的，原因是钢铁不够用，要采铁矿石，露天矿需要大吨位车运输。国外已有 100 吨矿用自卸车，我们看过相关报道，但也只是一张图片，根本看不出来具体的设置和布置。

那时候设计要革命化。我们 14 人组成设计小分队，到现场跟工人师傅结合。接到任务时，还有 8 天就到春节，但我们二话没说，卷起铺盖就奔向本溪南芬露天采矿基地。基地条件非常艰苦，只能给我们 14 人提供一个大房间，房间里有一个大炕铺着粗席子用来睡觉。图板和图桌都放在房间里，我们只能坐在炕上设计。

每天早上 8 点，我们和工人师傅一起到现场，记录他们怎么用车，对车有什么具体要求等。晚上回到住处，我们再加班做设计。参考车型就是玛斯 525 和别拉斯 540，因为参考车还有生产任务，我们不能全部拆开看，只能从外面看，想象里面的结构，通过参考车型尺寸，研究设计比例。

14 个设计师整整设计了 40 天，画了 2400 多张图纸。设计中，我们采用了很多新结构和先进技术，比如液力悬架、动力转向和液力传动等。有些技术只在国外杂志上看过，其中的原理、结构全靠自己摸索。

设计完成之后的 10 个月，我们基本没有一天睡过 6 小时以上的觉，全身心投入样车试制上。自卸车所有零部件都要重新开发，如轮胎直径 2.1 米，我们先做模子，再到橡胶厂量身定做。1970 年 12 月 31 日，解放 CA390 一次试制成功，我们非常有成就感。

形成现代化研发能力

第四个阶段是从改革开放到我离开一汽。这一阶段，一汽真正形成现代化设计研发能力，从人到设备，都有质的提高。

改革开放后，我们跟外面的业务交流增多，真正看到西方汽车工业的科研成果和生产技术的进步。

我第一次出国是1979年。要是没有改革开放，我根本不可能出国。1954年，一汽派人到苏联实习，第一批名单中本来有我，但因为我有海外关系，政审没通过。1979年下半年，为筹备三汽（重型汽车厂），需要引进产品，由饶（斌）部长领导，兵分几路出国考察。

三汽筹备组由方劼、李岚清负责，调集了一批人，但专业人员不全面，就从其他单位借调少数急需的专业人员，我也在其中。快过年时，我们集中在清华东路的北京八一农机学院筒子楼里，做出国前的准备，在里面一待就是两个多月。那时出国机会很少，上面有严格的纪律要求，要做很多技术准备。

我们去了不少国家。国外一些重型汽车厂听说中国要建三汽，都觉得是个好机会，都来跟我们谈合作。最早我们跟奔驰汽车谈，接着跟通用汽车谈，通用汽车邀请我们参观英国工厂。福特汽车知道消息后，也邀请我们参观位于伦敦附近的邓滕技术中心（Dunton Technical Centre），当时福特汽车正在做全顺车。

这次出国，真正开阔了眼界，我们参观了很多工厂、试验室和试车场，看到了各种各样的设备。因为现场不能做记录，每天参观回来后，我就把脑子里的记忆整理出来。就这样每天看，每天记录，总是忙到晚上两三点钟才睡觉。这段经历，对我后来筹建中国汽车技术研究中心起到很大作用。

我是做设计工作的，对新的试制、试验、设备特别关心。就解放研发来说，改革开放带来的最大益处就是引进计算机、软件和很多测试设备，使研发能力大大加强。

1980 年，长春汽车研究所和一汽设计处合并，成立一汽汽车研究所，有研发人员近 2000 人。当时一汽汽车研究所设计能力强，试验能力也很强，研发力量更是没人可比。

我到情报室干了一段时间，1982 年底，调任一汽副总工程师。1984 年，中国汽车工业公司调我到天津，创建中国汽车技术研究中心。1985 年办调动手续，那年我 54 岁，离开为之奋斗 33 年的一汽。

1950
|
2020

王秉刚

可靠性评价标准第一人

为一汽效力 30 年，他的贡献主要在两个方面：一是研发汽车试验场技术，二是建设汽车道路试验方法体系。

王秉刚，国家新能源汽车创新工程项目专家组组长，中国汽车技术研究中心原主任。

1938 年，王秉刚出生在福州。1955 年，考取清华大学动力机械系汽车拖拉机专业，靠每月 16.5 元乙等助学金（12.5 元为一日三餐食堂餐券，4 元为零花钱）完成学业。

1960 年底，王秉刚被分配到湖南长沙筹建二汽，后因二汽项目暂缓，被重新分配到一汽。在设计处道路试验室，他从一名试验员做起，历任长春汽车研究所副所长、国家汽车质量监督检验中心主任、海南试验场场长。

为一汽效力 30 年，他的贡献主要在两方面：一是研发汽车试验场技术，包括试验装备的研发、中国路面谱的研究、道路试验场的设计；二是建设汽车道路试验方法体系，建立平顺性和可靠性两个领域的标准。

1991 年，王秉刚调任中国汽车技术研究中心副主任，一年后接替年届退休的朱德照担任主任。其间 8 年，他从充实硬件和市场化两方面着手，助推中国汽车技术研究中心改革、发展与建设。

1999 年，王秉刚退休，后又积极投身我国汽车清洁能源和新能源汽车事业 20 年。其中，前 10 年主要研发清洁能源汽车，后 10 年主要研发电动汽车。

2020 年 1 月 17 日，82 岁的王秉刚在北京寓所接受访谈。

1960年底，我大学毕业，分配方案上写的是到湖南长沙筹建二汽。后来二汽项目暂缓，我被重新分配到一汽。

1961年初，我带着简单的行李——一个装着几件衣服和书本的旧皮箱，匆匆登上北去的列车。不承想，我竟会在这里工作生活30年。

我被分到一汽设计处。新来的大学生第一年是实习期，我被派到道路试验室实习。道路试验室是对一汽改进和新设计产品进行道路行驶试验的部门，有50多人，一半是技术员和工程师，集中在三楼办公；一半是试车工人，在一楼试验车间里工作。

道路试验室主任是庄群，副主任是林水俊。上班时，楼上、楼下组成小组，或围着试验车做准备，或开车出去做试验。我被安排跟着负责养车维护的马师傅干活，我俩不参加试验项目，主要修理和保养试验样车。

我干活很努力，闲下来时或打扫卫生，或整理零件。以前零件混杂在一起，我将螺钉、螺母、垫圈按不同规格分类整理好，坏的送到废品堆去，为大家找零件节省了不少时间，很受工人师傅们称赞。几十年后，当我学习丰田质量管理5S（清理、清洁、整齐、秩序、纪律，这五个词日语中的罗马拼音首字母都以“S”开头，简称“5S”）时，就会不由自主地想起这段劳动实践体会。

实习期结束后，我被留在道路试验室工作。庄群此时已调任设计处处长，林水俊担任道路试验室主任。林水俊大我10岁，是清华大学汽车系1953届毕业生，为人厚道正直。他一直是我的领导，也是最可敬的兄长。我是单身小伙，每天主要就是工作，白天在试验室上班，晚上就在办公大楼里看资料，直到大楼关门才离开。

1964年，我开始独立承担试验项目。第一个试验任务是齿轮新材料整车试验，完成材料考核任务的同时，我用其中2辆车做了一个完整的汽车性能与可靠性试验。报告因为具有良好的完整性、系统性，且尽可能考虑到数据误差分析，受到设计工程师们的称赞。

这项工作为我今后开展汽车试验研究打下了很好的基础。

新疆试车

到20世纪60年代中期，老解放车已生产多年，尽管中间有过改进，但与世界先进水平的差距越来越大。从第一机械工业部到一汽，上下都有一股劲，要自己设计新车，改变产品长期落后的状况。

新解放卡车设计任务书由第一机械工业部下达。任务批下来后，全厂积极行动起来，设计处忙得就像开了锅似的。经过几轮试制与初步试验，样车诞生。因为没有汽车试验场，也没有整车的室内试验设备，只能到全国各地去做实际道路试验考核。

1966年春，我被派往西北，到新疆试车。当时一汽在全国共有4个试车队，东北、西北、西南和中南各一队，每队3~5辆车。其中，地处西北的新疆的试车条件最艰难，所需时间最长。

5辆样车被拉到孟家屯火车站，占两个半车皮，从长春被运往乌鲁木齐。为保护汽车不受破坏，我和另外两位年轻同事随列车押送。我们仔细检查样车是否捆绑牢靠，然后各占一个驾驶室跟车出发。

一路上我们三人轮流值班、轮流休息，一把手电筒和一根撬杠就是护车武器。当时连对讲机都没有，对于列车何时停车、何时编组，我们一概不知，所以都不敢随意离开。好不容易到一个大编组站，我们才能下车打水、买干粮、上厕所。

5天后，列车经过郑州、西安，到达最后一个编组站兰州。出兰州后，列车沿着丝绸之路驶入河西走廊。

到“口外”（西部百姓把嘉峪关以西称为“口外”）后，我们被告知，晚上经常有盗贼上车偷汽车零件，有的把轮胎扒光，把电器、附件一扫而去，还有押车人被害的情况发生。我们听得毛骨悚然，谁也不敢睡觉，一手握撬杠，一手拿手电筒，前后呼应着。庆幸的是盗贼没来光顾。

1966 年，西北地区试车小分队

列车进入新疆境内，戈壁变得开阔起来。我们在荒野里行驶了三天三夜才到达乌鲁木齐火车站。从长春出发算起，总行程 5000 多公里，走了 10 多天。

试验基地设在乌鲁木齐石油运输公司保修厂。当地非常重视，乌鲁木齐市交通局从石油运输车队中选出一批优秀司机，再加上一汽设计处派来的 6 位技术员，组成一个试车队，派劳动模范贾怀珍师傅当试车队队长，并配一位专职政治指导员。

新疆地域辽阔，气候和地形复杂，交通运输主要靠公路，是考核汽车性能的典型环境。为节省成本，也为更了解汽车的使用性能，除特殊项目外，试车结合运货进行。其间我们跟车走遍了新疆的东西南北，生活既艰苦又有趣。

在平原上试验 2 个月后，试车队要进入西藏，试验新车的高原性能。我

试验中的解放车

们取道新藏公路，这条线路跨越昆仑山、喀喇昆仑山、冈底斯山和喜马拉雅山脉，是世界上海拔最高、路况最艰险的公路，几乎所有路段都是高寒缺氧的无人区，平均海拔 4500 米以上。全线海拔在 4000 米以上的路段有 915 公里，海拔 5000 米以上的路段有 130 公里。

第一天路程约 200 公里，海拔高度不超过 3000 米，感觉基本正常。

第二天路程就不那么好玩了。车队第一次穿越喀喇昆仑山，登上 4000 米海拔。随着海拔高度增加，汽车动力明显降低，看似可以挂 5 挡的地方，至少要挂 3 挡才跑得动。新藏公路要跨越好几个山口，当地人称为“大坂”。每过一个大坂，海拔高度就上升一些。我们预先选择了一些海拔高度，停车测量发动机的性能数据。

晚上我们就在一个兵站过夜。厨房切了很多卤制牦牛肉，加上咸菜和白面馒头，要在平时肯定被一扫而光，但这时谁都没了胃口。贾师傅动员大家把吃饭当成任务，我勉强吃了几口，出门便全吐了。我头疼得厉害，晚上根本睡不着。熬到第二天早上，得知一位老司机因高原反应严重，一早就让过路车带下山去了。

第三天，平时叽叽喳喳的试车队队员变得少言寡语，连说话的力气都没了。抵达界山大坂时，山头有块石碑，刻着“界山大坂，海拔 5470 米”几个字，这是新疆与西藏的交界处。

第四天，我们已逐渐适应高原反应，在与印度接壤的班公湖边进行最后一次测试。

车队走了 4 天，行程 1111 公里，最终到达阿里地区的狮泉河，这里一马平川，但人烟稀少。我们在狮泉河边卸下货物，只待了一天就从原路返回。5000 米高原 7 天往返，新解放十轮卡车经受住了高原考验，比起老解放汽车性能有明显改善。

1966 年夏，车队到吐鲁番做热适应性考核，当地夏季气温高达 50 多摄氏度。从乌鲁木齐到南疆，要爬越天山，经过一段叫作干沟的几十公里长的连续坡道，汽车司机最怕夏季走这条路。

在正常情况下，汽车需要迎面风来冷却散热器，而这里却是从山下升上来的“追屁股风”（自然上升气流）。几乎所有汽车在爬坡时都要“开锅”（冷却水沸腾），一路上每隔几步就有停下来降温的汽车。我们观测着发动机温度，仔细记录环境的温度与风速，测量水温上升数据。新解放车的冷却系统顺利通过这场严酷考试。

完成吐鲁番“热考核”后，我们又趁热打铁，向塔里木盆地出发，完成新解放车的沙漠路段考核。考虑到主要目的是考核汽车性能，而不是去冒险，我们选择了一条相对可靠的靠近塔里木盆地东侧的路线。

我们从库尔勒出发，这是南下塔里木盆地的起点，盆地东侧有一条断断续续的沙漠公路，部分路段根本没有路面。为防止汽车轮胎陷到沙漠里，修路工用细树杆编织了一条刚好够一辆卡车轮距宽度的路面，绵延数十里。

这种路面很快就被流动的沙漠一点点地吞噬掉，我们有一半路程都是在沙地里行进。一天下来，车轮不知道陷进沙里多少次。我们只能下车挖，往两个轮子间塞木棍，弄得疲惫不堪。看样子，非全轮驱动车辆无法适应沙漠地带。

烈日当头，车队行进缓慢。我们第一天只走了几十公里，晚上在一处无人居住的破房子里过夜。第二天，车队继续前行，傍晚时分到达若羌。那是一个维吾尔族小镇，镇上的人难得看到一个车队，都围着看热闹。第三天，旅程相对轻松，我们到达新疆东南角的且末镇，借住在农村合作社的院子里。

试车日子过得很快。试车队队员先后调换了几茬，但我一直坚守下来。或许因为我来自道路试验室，试车是本职，或许因为我是单身，不需要特别照顾。

遭遇险情

随着行驶里程增加，试验车的毛病逐渐多起来。那时候新车研制水平较低，有些零部件没经过充分验证就装车做实地试验。汽车出现故障，要是夏天还好，哪怕是在戈壁滩上露宿等待救援也没问题。要是在冬天，就完全是两码事，一旦遇到寒流和暴风雪，试车队队员会被活活冻死在野外。

我就曾遭遇险情。汽车行驶在天山冰大坂上，由于气温骤降，发动机机油温度下降，导致机油黏度和机油压力升高。过高的机油压力将发动机凸轮轴后堵盖顶出，引起机油泄漏，瞬时机油压力表突然降到零。

幸好司机眼快，发现及时，我们立即关闭发动机，让汽车滑行到路边。我们打开机器盖，仔细检查后发现，机油顺着发动机后部流到各处，就好像人的血管破裂一样。这应该是因设计而造成的故障，结果轻则像我们那样，把车子停到路边等待救援，重则损毁发动机。

冰大坂离乌鲁木齐200多公里，又是冰雪山路，拖回去非常危险，只能就地修复再开回去。那时没手机，附近也没电话，只能靠同行的队员开其他车辆下山打电话求援。我和司机留下来，先把冷却水放掉，否则水套与水箱会被冻坏。

接着拆卸变速箱，把发动机后端抬起来，露出堵盖的位置。因为我对新解放十轮卡车熟悉，干活时我是主力，司机是助手。我仰卧在车底拧螺丝，只几分钟，双手就冻得无法干活，只得收回来放进怀里暖和一下，再伸出去继续干。反反复复，直到活儿干完为止。

风雪不断钻进脖子里，导致我视力模糊，浑身麻木。这些事情做好后，我们只能坐在冰冷的驾驶室里等基地派人来。七八个小时后，一个运输公司把修理工与零件捎了上来。我又跟着他一起修理了好一会儿，才把车修好。

驾驶室原本坐满了3个人，现在多出一位修理工怎么办？我二话没说，爬到车厢上，用苫布把自己盖起来，叫司机赶快开车。尽管道路颠簸，我竟然还迷迷糊糊睡了一大觉。汽车到达基地院子时，我冻得手脚僵硬，大家把我抬下了车。试车工作十分艰苦，既然选择了这个职业，就得承受。

1967年元旦后、春节前，设计处派孟祥符两位同事来替换我。恰好在这时，运输公司经理把我叫到办公室说，他们刚接到一项任务，要给新疆北部阿勒泰地区军民送过冬粮食。由于任务紧迫，要穿过一段戈壁，车队希望一汽用来试验的新解放十轮卡车做领头车。

我有些担心，因为这辆6×4的十轮卡车样车刚来不久，是否可靠还没把握，一旦出故障，反而变成车队的累赘。在运输公司经理的一再坚持下，我只能答应出车。为此，我推迟休假，与孟祥符一起跟车执行最后一次任务。

目的地是阿勒泰富蕴县，最近的路线是由奇台县穿过将军戈壁，天气好的话最多3天就能到。出发第一天，天气晴朗，我们轻松到达奇台县。

次日出发不久，车队进入将军戈壁。这里没有真正意义上的公路，都是车辆压出来的车辙。经常会分开几个车辙，然后又在某处聚合，有些路段似乎还有养路工的修整痕迹。这些所谓的“路”，上面布满了大大小小的坑，汽车驶过时会剧烈震动。

有一次，新解放十轮卡车经过一个大坑时高高跃起，又像狗熊一样狠狠摔到地面，分动箱 4 根固定螺栓断了 3 根。我们折腾了 3 个多小时，才把分动箱用钢丝绳捆绑在车架上继续前行。

车队原计划当天赶到一个兵站住宿，考虑到夜间在戈壁行车容易迷失方向，指导员决定在一个无人居住的道班房里过夜。戈壁夜间气温降到零下 30 多摄氏度，汽车不能熄火，大家要轮流值班。轮到我休息时，已是深夜，道班房没有门窗，四处通风，与室外没多大区别。我在地上铺个薄褥子，裹上被子和衣而睡。早晨起来一看，我的眉毛、胡子，还有帽檐和被头上，已结上白霜，像个圣诞老人。

更大的问题出现在第三天。当时天气预报也不准，我们刚出发不久，就遇上了可怕的暴风雪。气温骤降，大风夹着雪花铺天盖地向车队扑来，车窗玻璃立刻结了厚厚的霜，一下子什么都看不清了，车队只好停止前进。

车队有十几辆车，除试验的新解放十轮卡车外，全是清一色老解放汽车。车外气温继续下降，最重要的是不能让发动机熄火。除保持发动机运转外，还得时不时前后移动汽车，否则齿轮箱的润滑油会冻成冰块一样，车辆也不能运行。

指导员是一位身材魁梧的转业军人，他和我，还有一位司机坐在试验车上，走在车队最前面，指导员不停地上上下下指挥车队。大约 3 小时后，暴风雪减弱，车队继续前进，以便尽快离开险境。

为避免汽车掉进雪坑，指导员和我下车，踏着厚雪，努力挪动双脚，用木棍探路。每探测一段，就让新解放十轮卡车冲一段，每次只能冲出几米，一点一点地冲出一条车辙来。后面车辆压着车辙前进。好不容易前进了几公里，头车汽油烧完，指导员指挥后面的车辆轮流从各自油箱里抽油供应头车。

气温已是零下40摄氏度，手一接触金属，马上就会粘下一块皮。司机们用橡胶软管把汽油从油箱抽到提桶里，再送到新解放十轮卡车跟前。我负责往油箱里加注汽油，每加注一次，我都得把手放进棉袄里焐一下。即使这样，我的左臂仍然不慎受到轻微冻伤，留下了一个疤痕。

不知走了多远，天黑了下来，车队打着大灯，一辆辆尾随前进。这时忽然发现前面有车辙，指导员感觉不对，这种情况下哪来的车辙？下车仔细察看，车队好像是在自己轧出的圆圈里打转。在天黑迷路的情况下，如果没有标志物指引，汽车很难保持行进方向，往往会绕回到自己走过的路。

为节省汽油，唯一正确的办法是停下等天亮。指导员命令大家，谁都不能睡觉，原地前后活动汽车，保持发动机温度，决不能熄火。等到天亮，依稀能辨出周围景物后，指导员和我一起登上附近高岗，发现不远处竟然是个兵站，其实昨晚我们已经很接近兵站了。兵站的人也发现了我们，当天我们在兵站休整，补充了一些汽油。

第五天，天气转晴，车队轧着积雪继续向北前进。傍晚时分，我们听见远处有隆隆机器声响，爬到驾驶室顶上瞭望，有一辆履带拖拉机向我们驶来，拖拉机上有人挥舞着小旗，原来是富蕴县派拖拉机来迎接我们。

车队抵达目的地后，卸下一袋袋白面和大米，我们终于完成任务。新解放十轮卡车故障虽给车队带来麻烦，但也为车队走出暴风雪困境尽了力量。

在新疆一年，我深切理解了汽车与国家建设、汽车与军民生活、汽车与环境、汽车与道路、汽车与劳动者的关系。我对汽车各种性能特征，尤其是对可靠性的重要性有了新的认知。

可靠性试验路面研究

回到长春时，因受“文革”影响，新解放车研发停止。1968年末，一汽进入“斗批改”阶段，其中一项内容是下放科室人员。设计处各科室有技术员 500 多人，留下近 200 人，其他人下放到各分厂当工人。

林水俊去了总装配分厂，我和几位同事去了一汽总厂运输车间。几经周转，我被安排到汽车修理厂当修理工。工作很辛苦，车间没有举车器，修理底盘时要躺到车底，当时汽车质量差，几乎没有不漏机油的车，机油和污泥经常落得我一身一脸。

由于我有在道路试验室劳动一年的经历，加之在新疆时经常修车，对解放汽车非常熟悉，修理工作很快就上了手。半年不到，他们就让我在小修班带徒弟与实习工人。

1971 年秋，我接到回设计处报到的通知。厂里那时刚恢复生产，除读报学习外，就是劳动。一汽总厂调度室每天下任务，要求设计处派人去顶工位。此后一年多，我几乎到过一汽所有车间，穿上工作服，我就是一个熟练的老师傅。

由于汽车产品开发工作停滞，汽车试验工作不多，林水俊就带领我们开发试验设备。这时我已是道路试验室的一个组长，我们开发的第一个设备是负荷拖车，用来测量汽车牵引力特性和实车散热试验的负荷。我们小组接着又自行设计转鼓试验台，也就是底盘测功机，项目负责人是周颖。

此外，我们还做了一项打基础的工作——整理和编制整车试验规范。过去我们使用的是苏联专家留下的初级试验规程，随着试验逐渐深入，这些规程已不能满足需要。我们编制的汽车道路试验规范系列，后来成为国家整车试验标准的基础。

一汽建厂时，在厂区西边建了一条由孟少农设计的简单试车跑道，这应该是中国第一条汽车试验跑道。这条跑道不但短，还有纵向坡度，但最大问题是离生产、生活区太近，没有围墙，很快就成为交通道路。每次试车，没出差的试验室员工都要出动来维持交通秩序。

林水俊一直想找地方建一个标准的汽车试验跑道。他一边向一汽申请找地方，一边进行技术准备。我们小组承担了汽车试验道路的设计准备工作，这一干就是好几年。找地方困难很大，你看好了人家不给，要征地又没费用。我们陪着林水俊耐心找地，后来就有了句顺口溜："跑道，跑道，总跑不到。"

争取征地的同时，我们积极做设计准备，提交设计院前，必须把技术参数准备好。典型试验场需具备的最主要、最基本道路是高速路、直线路与可靠性路，其中可靠性路由多种典型路面构成。

可靠性路中最重要的是体现随机震动负载的石块路。修建石块路在国际上主要有两种方法：一种方法以英国 MIRA 研究所为代表，用取模型的办法将实际典型坏路复制到试车场。他们看中并复制的是比利时一种凹凸不平的石块路面，后来就把这种路叫作"比利时路"。这种方法虽然比较接近真实，但由于司机有选择性地躲坑，造成在横向的不同车辙位置上，路面对车辆振动的输入强度差异很大。

另一种方法是利用随机仿真技术设计路面，我们在日本汽车杂志上读过五十铃公司这方面的文章。这种路面设计技术能做到，在道路纵向上具有与实际道路一样的频谱特征，在横向上能保持相近的输入特征。这种方法需要大量路面实测数据，需要计算机来处理解析数据、做仿真设计。

我们认为后一种方法比较理想，但对于能不能实现没有把握。为此我们做了两手准备。工作很有挑战性，我们先后组织完成海南、新疆、长春等地典型路面测量。测量路面很辛苦，在选好的路段上用尺子画好方格，然后用普通水准仪与标尺一点一点地测量高度变化数据。

吉林大学数学系几位老师帮助开发了路谱解析与仿真程序。回到长春，我们将这些数据逐个输入计算机穿孔纸带上。当时用的是长春汽车研究所的国产 TQ-16 型计算机，容量仅为 16MB，运算速度 11 万次 / 秒，在国内只有少数研究机构有。各种二极管、继电器和开关装满一个大房间，计算机运行起来，满屋子都在噼噼啪啪地响。

经过多次反复运算，我们得到多个路面不平度的频谱特性，这就是路面谱。所谓路面谱，就是经过数学解析将路面随机不平的图形分解成不同空间频率与相应强度的频谱图。

我们可以把汽车看成由许多不同质量与弹性的阻尼组合而成的复杂系统，当汽车以某种速度通过不平道路时，对不同输入频率的响应不同，就好像人对声音的不同频率接受程度不同一样。

汽车零件上响应的应力频谱称为载荷谱。不同汽车对同一路面频谱的响应不同，选择适合的有代表性的路谱对汽车设计非常重要。而且这种路面最好是稳定的，便于评价产品设计的改进。

为减少司机躲坑而增加的试验差异，我们在计算机仿真设计中可以做到不同车辙上的“自谱”相同，反映横向关联的“互谱”也相同，这用拷贝实际道路的设计方法是做不到的。使用计算机仿真设计出具有预期路面谱的路面，现在已不是难事，但在1979年，计算机技术还处于非普及阶段，我们能完成这个过程，实在令人兴奋。

建海南试车跑道

算出来的数据参数是否可行？需要实际验证。修一条真实的石块路进行实车验证，一没场地，二没经费，看起来就要止步。我算有点小聪明，想到一个简单省钱的办法：请老天爷帮忙。

那是1979年冬天，白天气温已在零摄氏度以下，我们在工程大楼前面的路面上，用泥浆和砖头按照计算机数据砌出高低不平的路。到晚上，气温降到零下十几摄氏度，泥浆和砖块冻结在一起。第二天清晨再来看，一条临时的坚硬的试验路便修成了。大家轮流开着规定负荷的卡车在试验路上驶过，记下每个人的感觉和评价，一致认为与真实的石块路没有太大差异，可行。

后来真正使用的数据，是在海南试验站经过铺设一段真实的石块路做验证与反复修改计算而得到的。这些计算是在机械工业部广州电器科学研究所的 TQ-16 计算机上完成的。最终分别针对乘用车、客车与卡车设计了三种不同强度的路面，交给负责工程设计的上海市政工程设计院去做施工图。

这个根据中国实际道路统计特性、由我们设计完成的石块路非常成功，获得德国大众汽车集团和日本汽车研究所等不少专家好评。很多国内外汽车企业到海南试验站采集可靠性试验路上的载荷谱，作为设计与试验的一种典型输入。几年后，这个石块路设计结果又应用到长春汽车试验场和交通部试验场等工程上。

在长春准备的事，竟然先在海南实现了。这得从我的一个福建老乡说起，他叫魏荣旺，清华大学汽车专业校友，比我低一级，毕业后分到长春汽车研究所工作。他不喜欢东北天气，正好长春汽车研究所管辖的海南加积汽车试验站需要人，他便自愿去那里工作。

海南试验站是 1958 年作为中苏合作项目建立起来的。试验站有三座小洋楼，据说是传教士留下来的财产，被分成两部分，一部分是汽车试验站，另一部分是电器试验站，分别归第一机械工业部下属的长春汽车研究所和广州电器科学研究所管辖。“文革”时期，群众造反，汽车试验站和电器试验站合并，归广州电器研究所管。

魏荣旺担任试验站站长后，雄心勃勃要建一个汽车试验跑道。老魏瘦得皮包骨头，好像大风一吹就要倒，但跑起项目来精神头儿没人可比。他的努力得到第一机械工业部领导的支持，给批了一个不到百万元额度的小项目。

有了项目，还需要干活的人。老魏跑到长春，邀请我到海南帮忙，说我要能长期留在海南更好。我自然求之不得：一方面，为一汽做的技术准备可以在海南实现；另一方面，我父母年纪大了，我很想回南方。

那时想去哪儿可以自己决定，但必须经过组织批准。我特别感谢设计处和道路试验室领导同意我带薪借调到海南站。我 1974 年底到海南站，1976 年回长春，在海南干了一年多，后来还陆续去过多次，一去就是一两个月，累积起来在海南待了两年多时间。

又经过几年时间，第一机械工业部陆续增补了一些资金，跑道终于建成，其中包括一条电话听筒状的高速跑道、一条综合的可靠性道路和一些辅助设施。其间，有很多部里领导来指导工作。

这是我国自主设计施工的第一个汽车试验跑道，具有国际水平。1990年，在中国汽车工业总公司总工程师李阴寰的推动下，海南汽车试验场跑道工程申报并获得国家科技进步奖。至今让我感到遗憾和抱歉的是，因受规定名额限制，很多对项目作出重要贡献的同事，没能列入奖励名单。

参加建设海南试车跑道，是我这辈子最开心的事情之一。2019 年，林水俊和我还因此项目获得“庆祝中华人民共和国成立 70 周年”纪念章。

平顺性与可靠性

1980 年春，第一机械工业部搞科研院所体制改革试点，将长春汽车研究所并入一汽，与我所在的设计处合并，对外称长春汽车研究所，对内就是一汽技术中心。大家简称原研究所为“北院”，原设计处为“南院”。

不久，我调任老汽车研究所整车研究室，从南院到了北院，担任平顺性课题组组长。1982 年，林水俊担任研究所副所长，在他的动员下，44 岁的我勉为其难地当了整车研究室副主任，配合主任工作。

科室工作所占时间不多，我的主要精力放在汽车平顺性课题研究上。当时老解放卡车平顺性很差，坐几小时会让人腰酸背痛，不少开这种车的司机得了胃下垂的职业病。平顺性急需改进，得从基础评价分析入手。

早先的平顺性评价主要看机械振动强度，没有研究人体对振动的反应特性。我们研究了国际上评价人体暴露于振动环境下的忍受能力成果，国际主流观点是人对振动的忍受能力不仅与强度有关，还与振动频率密切相关。

为什么有人乘坐某些高级轿车容易晕车？因为人对低频振动敏感度高。人体器官是以不同结构方式悬挂在躯体里，各种器官都有敏感的振动频率。如果只研究汽车振动强度，不考虑人体对不同振动频率的反应特性，显然不可能设计出让人感到舒适的汽车来。

因此，要正确分析评价汽车的平顺性，必须从振动输入的频谱分析入手，这恰好可以用到我在路谱研究工作中积累的知识与数据处理方法。

我们开发并配置了必要的测试手段，选择典型道路，完成振动测试与数据处理，提出新的评价方法，制定出“随机输入—汽车平顺性评价试验方法”国家标准。在此课题中，我的同事魏学颜作了重要贡献，后来他还在改进汽车平顺性领域取得成果。

1983 年，汽车平顺性课题成果获第一机械工业部奖励，我被推选为汽车工程学会平顺性专业分委员会主任。

1984 年，我调任汽车研究所副总工程师，协助林水俊分管科研和试验工作。这期间，我受命承担中国汽车工业总公司下达的改进汽车质量与研究可靠性评价方法及标准的任务。

中国汽车产品质量低一直困扰着行业。现在说起来难以想象，用户去工厂接车时，往往要带上懂得小修的司机，还要带上工具箱，接到手的汽车不一定能开动，回家路上有可能要一边开，一边修。

1985 年前后，中国汽车工业总公司在全行业抓改进质量工作。汽车研究所承担了评价方法的课题，同时协助开展全国汽车质量检查试验工作。我受命参加组织此项工作。

任务包括两方面：一是研究可靠性评价方法与标准，因为最突出的质量问题是可靠性差；二是参与组织质量抽查试验，并把评价方法应用到工作中去，促进产品改进。

过去讲汽车可靠性差，只是用文字做定性描述，缺少定量评价方法。在产品设计任务书中，也没有明确的可靠性目标与规划，制造过程缺乏科学、严格的质量控制。基本故障率数据都没有，更谈不上研究随着行驶里程的增加故障分布的规律。

要谈可靠性，得先从基础概念和科学评价入手，首先要将故障按危害等级进行详细的整理与分级。在中汽总公司质量部的组织下，通过几家有经验的主机厂工程师的共同努力，搜集整理出厚厚一本故障及分级清单，统一了术语（过去有不少是司机、修理工用的口头语），确定了危害度系数。

用哪些定量化指标来评价可靠性？我报名参加了一个航天航空系统的可靠性培训班，他们也在抓质量工作。由于航天航空系统产品的特殊性，对可靠性要求非常严格，基础工作走在汽车业前面，有很多内容值得借鉴。汽车产品要求长寿命、大批量生产的一致性、低成本，则与航天航空系统有区别。

我们必须结合汽车行业特点，梳理出一套可行的科学评价汽车可靠性的方法，其基础还是数学统计与故障物理的结合应用。以往的汽车试验经历、工厂劳动体验以及随机统计方法的知识积累，帮助我在此项工作中发挥了技术带头人的作用。

工作组制定出一套行业标准与手册，对推动行业技术进步发挥了重要作用，为汽车行业可靠性工作打下了重要基础。后来由我主编、课题组成员及我所带的研究生共同完成的《汽车可靠性工程方法》一书，由机械工业出版社出版，这本书获得机械工业部科技进步奖。我被选为中国汽车工业质量管理协会可靠性委员会主任。

之后几年，我还在行业里做了一些普及可靠性知识的工作，宣传质量管理的重要性。我认为，中国汽车工业要进步，必须在质量上打翻身仗，可靠性是产品质量的基础。产品质量必须达到国际一流水平，中国汽车业才有希望。我认为看一家企业领导是否称职，其中重要的一条就是看他对产品质量的理解有多深。

我在一汽 30 年，工作得很有意义，也取得一些成果。虽然其间耽误了几年，也受过一些冲击，度过了一些艰难的日子，但总体还是幸运的。

1950
-
2020

董春波

根深才能叶茂

在解放根深叶茂的同时，也将带动一汽集团整体水平的提升，解放必将获得新的腾飞，也势必将中国卡车制造业水平助推到一个全新高度。

董春波，中国兵器装备集团公司党组成员、副总经理，一汽集团原副总经理。

1988年6月，董春波从吉林工业大学内燃机专业研究生毕业，被分配到长春汽车研究所发动机设计二室。他从一名普通技术员做起，历任长春汽车研究所发动机设计二室副主任、主任，轻型车部副部长、所一级主查，综合计划管理部部长，副所长、所长。后担任一汽技术中心主任兼长春汽车研究所所长，一汽集团总经理助理兼一汽技术中心主任、长春汽车研究所所长，一汽集团副总经理等职。2018年1月，调任中国兵器装备集团公司党组成员、副总经理。

董春波是解放J6项目集团级负责人。作为解放J6研发和生产总负责人，他负责产品开发与工艺制造的总体统筹、规划和管理，尤其侧重于决策整车和发动机制造工艺技术方案及认证审批，在重型柴油机工艺材料制造关键技术等方面作出重大贡献。获两项专利，在动力机械及工程杂志上发表《内燃机气缸盖冷却水腔的优化分析研究》等论文。

他带领解放J6项目“出产品、出技术、出流程、出人才”，总结形成一汽商用车自主创新“五大研发体系”和“五大研发能力”。后来，“高品质解放J6重型车及重型柴油机自主研发与技术创新”获国家科学技术进步奖一等奖，董春波是第二完成人。

此外，他还参与组织管理“高品质重型商用车集成开发先进技术”“轿车直喷汽油机（GDI）研究”“一汽混合动力汽车动力系统技术平台研发”等国家863项目。

1988 年 6 月，我从吉林工业大学内燃机专业研究生毕业，来到一汽集团。

2000 年前后，我担任一汽技术中心主任兼长春汽车研究所所长，我们和埃森哲开展了交流合作。他们派驻了一个十余人的专业团队到一汽技术中心，与（一汽技术中心）各高级经理、科长及相关技术人员进行深度访谈，帮助我们识别问题、解决问题。我们也派了专人对接，对接人可直接向我汇报。

访谈持续开展了七八个月，总结出了 820 多个活动，并把每一个活动进行具体定义，即在不同的开发流程中如何使用这些活动。所有活动定义的边界特别清晰，有些活动是多人或者多部门参与，就把各自的职责、任务等明确下来。

通过和埃森哲开展交流合作，梳理出了一个比较清晰的产品诞生流程，对后续提升研发能力和进行战略规划布局有较大价值。

2002 年，为适应不断变化的市场，全方位、多层次地满足用户需求，我们与销售部门联合对国内各主要汽车市场进行深入、细致的调研，针对载货车用户日益增长的“求大、求强、求实”需求，全面推出具有国内领先水平的解放“四大”加强型系列产品。

“四大”加强型系列产品主要针对当时用户广泛选用的工程王、牵引王、巨能王、西北王和西北王牵引车。在发动机、离合器、变速器、后桥等关键部位做出重大改进和加强，使其更加适合道路和施工状况。

“四大”加强型系列产品的顺利投产，标志着解放载货车由中型向准重型的全面过渡。这些产品投放市场后，迅速成为国内市场的热销车型，几个月内就占领了市场竞争最为激烈的中原市场，并在全国各地迅速普及。在“四大”加强型系列产品给一汽带来巨大经济效益的同时，一汽又迎来解放载货车销售的黄金时期。

随后，商用车重型化成为发展的必然趋势之一，一汽集团传统的中型车产品已经不能满足市场需求，尽快开发重型柴油机关系到解放的命运和一汽集团的发展。因此一汽集团在第十个五年规划提出，对商用车平台进行全面换代和全面提升，打造国际知名的解放卡车及发动机、变速器、车桥。

发动机是整个换代过程中最关键的内容之一。通过对国外众多发动机研发机构进行考察论证，我们选择了拥有国际顶尖水平专家和最先进技术资源的奥地利 AVL 公司作为合作伙伴，确立了具有一汽特色的联合开发模式，制造出拥有自主知识产权的产品。

一汽技术中心选派了优秀设计师飞往奥地利，与 AVL 公司的设计师一起工作。2004 年 9 月，6DL 发动机装在解放 J5P 上，凭借“奥威重卡”的全新形象和优良性能打入市场，深得用户的赞誉。

曾有媒体用“跨越时空 20 年”来赞誉奥威发动机，我们也从这时候起，真正实现了“生产一代，开发一代，储备一代”。

以奥威投放为标志，通过掌握发动机的核心技术，一汽集团历经多年积累的自主研发能力取得重大突破，其中节油、排放、高速、轻量化等先进技术在产品上广泛应用，可靠性和市场适应性大幅度提高。

自奥威上市以来，获得 2004 年中国年度商用汽车奖、2005 年度最受物流企业欢迎卡车奖、2006 年度最省油车型奖等多项殊荣，引领了国内中、高端重型卡车的发展趋势。

一汽集团在“十五”期间驶入全面发展的快车道，这也是自主品牌发展最快的时期。2005 年末，随着驾驶室、发动机、底盘等关键总成的升级完善，解放奥威、悍威等重卡产品实力得到更大提升。

2006 年，解放全面推行“521”产品战略，成功完成产品结构调整。“521”就是要打造 26 个精品，其中 5 个五星级车型，21 个四星级车型。新品研发的出发点是让用户赚钱，这是解放优化品种、再细分市场的结果。

为用户量身打造的解放“521”工程，丰富了产品线——“四威”（奥威、悍威、大威、骏威）、“三金”（金牛、金驼、金驹）和“三赛”（赛龙、赛虎、赛麒麟）在2006年全部亮相，性价比优势突出，受到用户热烈追捧。

重卡用户与轿车用户不同，相比购买环节，他们将使用环节看得更重，即实际运营成本高低是用户需求的最核心因素。解放之所以被人们称为“赚钱机器”，就是因为用户看重的是解放全方位的价值。

其实，早在2000年，一汽集团为保持企业长远竞争力，在制定“十五”产品规划时，就提出全系列同步开发中、重型车第六代产品的构想。接到一汽集团下达的研发指令后，一汽汽车研究所利用近一年时间，于2000年12月完成产品策划，向一汽集团提交《解放牌新型（下一代）中、重型载货车设计开发草案》，并得到批准。

按照我们制定的草案，解放J6产品主要定位于国内高端市场，向当代欧洲的先进商用车技术水平看齐，抵抗进口车的冲击，逐步实现出口欧洲市场的战略构想。

2007年7月15日，解放J6下线，投放市场。2009年，解放J6荣获“中国汽车工业科学技术奖”特等奖。这是中国汽车工业科学技术奖自设立以来的第一个特等奖项目。2011年，解放J6荣获2010年度国家科学技术进步奖一等奖。

自主开发高品质重型车不仅是满足国家经济建设的需要，更是中国实现汽车强国目标的关键，被视为国家科技创新和汽车行业自主发展的重要标志。解放J6的获奖，使我国高品质重型车首次登上国家最高科技领奖台，不仅彰显一汽集团在自主研发领域的顶尖实力，而且在我国重型车领域树起一面由追赶国际向比肩国际跨越的旗帜，开创我国重型车发展新的里程碑。

解放J6作为一汽集团第六代商用车，在解放产品发展史上也是一个重要里程碑，它继承了以往解放各代载货车的优点，并且在技术和品质上都实现了进一步提升。

解放J6的研发起点可以追溯到2000年，其实在2000年立项前，还酝酿了一两年时间。2007年解放J6投放，2009年上量。解放J6最初售价太

2012 年 4 月 23 日，董春波参加解放 J6L 全国投放仪式（左二为董春波）

高，2007 年只卖了 300 辆。后来想办法降成本，最后售价下降了 25000 元。在成本控制方面，产品设计师与目标成本人员共同对零件进行逐个分析，在确保产品性能的前提下，降低材料、工艺成本及采购价格，使整车成本控制在合理范围内。

从立项到上量，解放 J6 差不多用了 10 年时间，它给中国商用车市场带来的冲击，投放一段时间后才真正显现。要判断一个营销体系的优与劣、强与弱，不仅要关注它的销售数量，更要注重其营销质量和体系能力。因此，解放就必须要形成一个以用户需求为导向，产品研发、生产、销售、服务各方面都较为完善的体系，要在保证产品质量的前提下，实现对市场变化的快速反应。

解放是一汽集团的根，根深才能叶茂。作为一汽集团中、重型商用车的换代产品，解放 J6 要实现达到国际水平的系列转变，就要求标准、车型、总成各方面都要实现中国卡车制造技术的全面升级，这不仅是整车的转变，更是核心总成的转变。所涉及的各个档次的整车、总成、系统和零部件几乎都要全新开发，并且驾驶室、发动机、变速器、车桥等大总成又与整车同步开发，可以说是国内汽车开发史上前所未有的“大规模开发”。

高可靠性、高经济性、高动力性、高安全性、高舒适性的“五高”特征，成为第六代解放车的亮点。发动机、变速器、车桥三大总成均达到国际水平，为中国商用车业树立了一个新标准。解放J6不仅着眼于一汽集团内部需要，而且将目光瞄准中国汽车产业自主的高度。经过精心锤炼，凝集了一汽解放几乎全部的研发人才与资金，从而使此平台达到世界先进水平。世界上没有任何一家商用车公司，在一个产品平台上的研发投入能超过第六代解放车。

我非常支持自主品牌发展。对汽车行业来讲，核心技术主要体现在产品

2016年11月11日，董春波在建设中的一汽解放卡车厂J7焊装车间调研（左一为董春波）

开发技术和技术开发技术，类似多能源、智能化交通等创新性的前沿技术。

一汽集团在产品开发上，以客户为导向开展技术创新，确定重点课题和重点技术开发领域。技术开发也是一汽集团重点关注的方面，一汽集团投入大笔资金和专业人才，在技术开发领域开展大量工作。这些打基础的技术开发工作包括制定技术标准、开发规范，也包括探索新方法和新技能等。

一汽集团的发展战略已从初期的“开放合作，自主发展”模式向“自主发展，开放合作”转变。表面看来这仅是字面顺序的调换，实际上却表明了一汽集团发展战略侧重点的调整。

没有自主发展，开放合作也就失去了意义。实现这个战略调整后，一方面是继续保持解放品牌国内市场第一的领先地位；另一方面是必须走出去，实现与国际市场的对接，这对于解放来说，也是实现经营国际化的必然要求和做强民族汽车工业义不容辞的责任。

一汽集团有理由相信，通过自主发展能力的不断提升，在解放根深叶茂的同时，也将带动一汽集团公司整体水平的提升，解放必将获得新的腾飞，也势必将中国卡车制造业的水平助推到一个全新的高度。

2020 年是解放研发 70 年，解放品牌的精神是一代一代传承下来的，技术底蕴是一点一点积累下来的。如果没有一代一代的传承和积累，解放品牌不可能坚持到今天。正是这种传承和积累，才确立了解放品牌在商用车创新领域的标杆地位。

（本文内容由董春波提供）

1950

2020

许宪志

开发解放 J6

产品为王，当时我们提出，要做换代卡车，换代的核心是驾驶室。

许宪志，一汽解放原总经理、党委书记。

1956 年 7 月，许宪志出生在山东聊城。1975 年 5 月，成为阳谷县运输公司一名汽车修理工。1977 年底，许宪志作为恢复高考后的第一批考生，考入清华大学汽车机械系汽车专业。

大学毕业后，许宪志被分配到青岛汽车厂设计科担任技术员，1996 年被提拔为一汽解放青岛汽车厂副厂长，主管产品开发。在青岛汽车厂 14 年，他对解放柴油载货车平头驾驶室进行换型改造，助推青岛汽车厂发展成为年产几万辆的中、重型卡车制造商。

2000 年，许宪志调任长春汽车研究所，一年后升任一汽技术中心副主任。这期间，最重要的项目是主持开发解放 J6 项目。2003 年，他担任一汽解放青岛汽车厂厂长。从 2008 年起，他先后担任一汽解放党委书记、常务副总经理，一汽贸易公司总经理，一汽解放总经理。负责营销期间，他带领建立 4P2S 卡车销售理论，对不同类别车型进行品系管理和销售。

2018 年 5 月 25 日上午，许宪志在长春接受访谈。

1975年5月，我到阳谷县运输公司汽车队做汽车修理工。修理班有十多个人，汽车队有6辆车，全是解放牌的。后来，运输公司购买了2辆美国道奇卡车。这是志愿军在朝鲜战场上缴获的战利品，在部队里服役多年，大约1976年退役。

一年多后，我开始学开车，当驾驶员。我开车修车的基本技能都是那时候学的，对车辆的认识也从那时开始。

1977年10月，全国高等学校招生工作会议召开，决定对高等学校招生制度进行改革，国家公布恢复高考的信息。我向汽车队请好假，到阳谷一中高考复习班，随班学习两个多月，当年年底参加高考。

高考前填志愿，我填了三所大学：清华大学、西安交通大学和上海交通大学，最后被清华大学机械系汽车专业录取。入学后才发现，应届高中毕业生非常少，知青、工人和军人较多。

清华大学学制五年，我们只上了四年半。清华大学有两样特别出名，一是体育，要求所有同学体育必须好。二是实践，动手能力要特别强。当然学习也抓得很紧，大家的学习欲望非常强，对知识充满渴求。

六平柴驾驶室改造

1982年7月毕业，我被分到山东青岛汽车厂，这个厂隶属青岛市机械局。青岛汽车厂位于李沧区，工厂规模小，接近2000人，年产汽车几千辆，主要生产琴岛牌汽车。

1980年，青岛汽车厂开始生产QD145农用柴油规范化汽车，是全国第一个生产中卡柴油车的汽车厂。1981年11月，青岛汽车厂与一汽签订《关于联合组装解放牌柴油载重汽车协议书》，与一汽开始第一次合作。

1982年12月，青岛汽车厂加入解放汽车工业企业联营公司（以下称为“解放联营公司”），与一汽松散联营，我成为这个联营公司的第一批职工。

我被分到设计科当技术员。设计科有十几个人，我负责将汽油发动机改为柴油发动机，即从一汽购买匹配好发动机的整车，运到青岛后把发动机拆下来，换上柴油机。我到设计科时，这项业务已开始。琴岛牌是前辈们设计的，但只有设计简图，我过去后将其逐渐完善，这也是我到青岛汽车厂后接手的第一个任务。柴油车造出来后，卖得非常好，年销量在 1 万辆左右。

大概是 1986 年前后，青岛汽车厂开始生产解放 CA141 驾驶室。可以说，后期所有的解放 CA141 驾驶室，包括所有试验车的驾驶室，甚至去日本试验的车的驾驶室，都是由青岛汽车厂生产的。青岛汽车厂是解放 CA141 的先导厂。

借这个机会，青岛汽车厂开始生产 CA141 柴油机 QD141K（K 代表柴油机）。后来长春这边也开始生产柴油机，如 CA15K。为争抢市场，我们开始激烈竞争。

1989 年 1 月，青岛市和解放联营公司签订合资经营合同，双方合资经营青岛汽车厂，各占股 50%。其中，解放联营公司的 50% 提供平头车技术，也就是六平柴 CA151P，由青岛汽车厂做生产准备。青岛市则以青岛汽车厂固定资产入股。1990 年 11 月，青岛市与解放联营公司签订《实行紧密联合协议书》，双方开始紧密联营。

为做生产准备，我跟着青岛汽车厂厂长徐衍男到解放联营公司去接生产 6 吨平头柴油车（六平柴）的任务，这时我已被提为设计科科长。

一汽可能预感到平头车是未来发展方向，而青岛市政府也可能感到这种联营不好管。时任青岛市委书记的俞正声认为，光靠青岛市政府管理，这个企业要独立成长很艰难。当时青岛汽车厂有两种选择：一是划拨给一汽集团，二是跟国外汽车制造商合资。我们跟沃尔沃谈过合作，但没有谈拢。同时，一汽集团也在进行大扩张，在沈阳、哈尔滨、吉林等城市到处布局。

在 1993 年 8 月，青岛市政府与一汽集团签订协议，将青岛汽车厂和青岛拖拉机总厂并入一汽集团，实行资产经营一体化管理。青岛汽车厂由此成为一汽集团全资子公司。一汽集团重组青岛汽车厂和拖拉机总厂，两厂合并后，青岛汽车厂有员工 3000 人左右，实现平稳过渡。

我带着一个团队开始筹备六平柴。现在来看，这车并不算先进。但在当时，全国生产平头车的企业也不过三家：中国重汽（中国重型汽车集团有限公司）、二汽（东风汽车公司）和我们。我们引进的是日本三菱驾驶室。

国家法规对车的总长有限制，要做长头车，车厢就会相应变小，拉货就会少。因此，大家感觉平头车是发展方向，到现在还是这样。

当时国内购买了 1 万辆三菱卡车。但政府要求，不能只给卡车，必须要开放技术，因此三菱汽车提供了全套驾驶室图纸，成本增加了 100 多万美元。引进图纸后，我们自己消化，一汽开始研究六平柴产品，匹配三菱驾驶室。

1990 年，我随队到日本学习驾驶室技术，三菱汽车方面提供了很多支持。1994 年 9 月，六平柴在青岛汽车厂下线，我带着车到长春报喜。当年 10 月，首批六平柴下线，1995 年投产。

你无我有，你有我优

六平柴奠定了青岛汽车厂的发展基础。在生产六平柴期间，我领着大家做了很多工作。比如从日本引进的 FK 窄体驾驶室，研发时，大家都说 FK 驾驶室窄，我们就加宽 200 毫米，改为 FM 驾驶室。除两个侧脸不变外，其他都变了。最后产品的反馈结果非常好。

为迎合用户需求，我在青岛汽车厂主管产品技术期间，对产品做出多种变化。当时经常有经销商到工厂来，我们有时也到市场做调研，这样就会发现很多问题。围绕六平柴，我们开发了系列产品。

关于卡车的很多创新都来自青岛汽车厂，比如原来的卡车都用圆灯，我们开发了方灯。原来保险杆都比较窄，我们开发出大宽保险杆。原来市场上基本都是 4.7 米车厢，后来我们开发出 5.7 米、6.7 米、7.7 米、9.6 米车厢，这是依据国家法规做出来的最长产品。

1996年，我被提为青岛汽车厂副厂长，到大连学习班参加培训。学习班上，一个教授讲营销学，他用16个字概括什么是最好的营销——你无我有，你有我优，你优我廉，你廉我转。

我认为青岛汽车厂就应该按照这条路走。回来后我们就开始研究，先从产品入手，研究哪些产品是别人没生产过的，哪些产品要做新变化？因此，在相当长时间里，青岛汽车厂都是中国载货车的领跑者，大家都跟着我们学。

1996年，青岛汽车厂年销量首次突破一万辆，同时实现出口，工厂开始向现代化大批量生产方式转变。之后，产量不断往上走，每年要卖两三万辆，当时全国中、重卡市场总量是二三十万辆。

能取得这样的成绩，离不开以下几点。

一是，一汽集团提供的技术支持。青岛汽车厂要想在平台技术上有所突破比较困难，我们就借助一汽技术中心的力量。没有一汽集团的技术支持，青岛汽车厂不可能做到现在这种程度。比如我们研制CA141驾驶室，做六平柴，都离不开一汽技术中心、各个专业厂和职能部门的支持。我们与一汽各个部门，包括生产部、质保部等关系都非常好。技术方面一直是我在跟，包括跟一汽技术中心、生产部门、质量部门对接联系，所以关系非常紧密。

二是，借助社会上的力量。例如开发方灯时，我们跟配套厂密切合作。先对外招标，谁画得好，谁做得好，就用谁的。而以前的做法是，我们自己画图，画完图再让别人去干。20世纪90年代中期还没明确招投标概念，但在建筑行业这种模式已开始萌芽。我们采用的这些创新办法，从效果来看还不错。

三是，青岛汽车厂自身的努力。在徐厂长带领下，青岛汽车厂领导班子非常务实、谦虚。哪里出现问题，立刻请一汽技术中心现场指导。

1996年，长春本部开始生产平头车，青岛汽车厂就把这些产品，包括零部件，都无偿提供给一汽。从市场角度看，我们两边本来应该是竞争关系，却有很好的合作伙伴。青岛汽车厂遇到问题，会到一汽请教；一汽遇到问题，会到青岛汽车厂沟通，大家相互帮助。

联合开发解放 J6

2000 年 2 月，我到长春汽车研究所当所长助理，当时康展全是汽车研究所副所长，分管中、重型卡车。2001 年 3 月，我被提为一汽技术中心副主任。

我在一汽技术中心干了 4 年，也做了几个产品。回想起来，这期间最重要的事情就是开发解放 J6。

我是解放 J6 较早的发起人之一。当时大家都在做平头车，竞争非常激烈，我和其他几个同事就一起构思未来解放卡车的样子。研究来研究去，我们就提出一个概念：要做换代卡车，而且这款产品的核心就是驾驶室。

我们和车身部部长郭茂林（首席专家）一起去给董春波主任（一汽技术中心主任）作汇报，董主任听后大力支持，鼓励我们一定要干成功。

解放 J6 新项目的一大创新之处就是联合开发。以前一汽解放都是自主开发，而联合开发打破了限制，一定要开放、要走出去，就不能什么都自己干、什么都自己弄。

最初我们想自己做造型设计，经过多次协调，认为还是跟国外联合更合适。为此，我们专门到意大利考察，因为全世界的汽车造型设计，尤其是卡车造型设计都发源于意大利。

通过业绩对比、社会知名度和实地考察，我们选中了宾尼法利纳（Pinifarina）、IDG（Italdesign）和迪斯泰克（Destaco）三家设计公司。回来后，向分管技术中心的一汽集团领导汇报，最终选定 IDG 设计公司。

意大利人对造型创意很有心得，这是我几次去意大利考察后的感触。我们确定了基本原则，即造型靠 IDG 设计公司，工程靠我们自己。我们必须研究工程、研究产品。后来在项目执行过程中，负责研发和项目的同事，包

2007 年 7 月 15 日，解放 J6 重卡问世

括负责驾驶室、整车、零部件的同事和供应商等，都多次到意大利，学习别人怎么进行项目管理。可以说，在车身研发和项目管理上，一汽技术中心受益匪浅。

新项目立项金额 600 多万美元，包括生产准备。我们对解放 J6 的定义是，一定要匹配新款驾驶室，一定要有自主研发的大马力发动机。现在来看，这个定义非常正确，解放 J6 出来后非常成功。当然，产品成功跟后期不断改进提升有很大关系，但追根究底还是底子打得好。

这个车到现在多少年了，我们才改过一次。改动的地方，不是内行人根本看不出来，它的确是一款经典产品。

2010 年，“解放 J6 重型车及重型柴油机自主研发与技术创新”项目获得年度国家科学技术进步奖一等奖。尤其是解放 J6 采用的 CA6DL 发动机四气门技术，在国内属首次应用。

解放 J6 出来后，后续我们又在车型全覆盖上下功夫，研发了牵引车、载货车和改装车。我们始终沿着“你无我有”的目标前进。

产品最核心

我们一直坚持一个原则——企业最核心的应该是产品。解放J6的研发过程也秉承这个原则。

最近几年，解放J6又有很多创新，我们根据客户需求，开发了领航版、南方版、北方版、高原版等一系列“你无我有”的产品。

解放J6北方版有两个很重要的功能。

第一，零下20多摄氏度时可以烧0号油，其他卡车没法烧。怎么做到？用发动机余温加热。这个技术并不是一汽独有，业内都在改，只是一汽解放把它应用到大批量生产上。汽车生产出来就已经具备这个能力，消费者不需要再去做改装，避免了改装后出现的很多毛病。0号油和负35号油价格相差很大，算下来，解放车车主仅油费每年就可节省三四万元。

第二，解放车增加了驻车暖风。停车时用暖风，发动机可以不工作，但还可以供暖，这也是一汽解放首创。这不是新技术，只是我们把社会技术首先用到卡车上，并且批量生产使用。用发动机取暖跟独立暖风取暖相比，后者1小时可节省2升油。所以，想用户之所想，利用社会技术来丰富产品是我们要做的。

不仅如此，我们同时还研发创新产品。比如解放南方版是独立冷风，北方版是独立暖风，这完全是一汽解放的创新，我们增加了一个电动压缩机，并且申报了专利。夏天在南方，只要发动机不工作，就可以启用这个装置。再比如，解放领航版的发动机、变速箱和桥可以做到10万公里换油，国外一般是5万英里换油。解放领航版此项技术已达到世界最高水平。

现在，其他企业也开始推南方版、北方版、领航版概念，但一汽解放已经卖了三四年。

其他商用车企业为什么卖不过一汽解放？一方面，因为他们是跟随者，我们是领先者。大家都知道这是解放的创新，他们要追赶，还要摸索好几年。作为先行者，我们可以提高价格，提升盈利能力，不打价格战。

另一方面，因为一汽解放注重质量提升。我们为此打过几个战役，一是可靠性工程战，二是精细化工程战。一汽解放从2012年开始搞可靠性工程，第一期工程用了3年时间，索赔率大幅度降低，第一年降幅就达到30%。精细化工程就是研究小毛病、取消小毛病。解放卡车口碑能做到全国最好，这两大战役功不可没。

解放J6刚面世时有个低潮期，我个人认为主要有两个原因：一是配置高、价格偏高。因为配置高，导致成本高，最终就反映在价格上。二是刚投放时，质量上还有些小问题。

那时候的消费者不一定需要那么高的配置，推出产品要适应消费者的购买力。于是，2008年八九月份，做完市场调研，我立即召集大家开会，着手做降成本、降配置这两件事。最后我们确定解放J6的价格比解放J5增加15000元，但要比解放J5赢利能力更强。2009年3月，解放J6销量逐步恢复，当年9月就卖了3000辆。

建立销售理论

2003年，一汽解放成立，青岛汽车厂划归一汽解放后，更名为一汽解放青岛汽车厂（以下称为“青汽”）。

当年我调任青汽厂长，主要任务就是解决成本问题。截至2008年调回一汽，我在青汽干了4年，主要做了以下几件事。

第一，研制新产品。一是“三赛”——赛龙、赛虎、赛麒麟，分别是从3吨到8吨的中卡。二是大威产品，为重卡。这两个产品都非常成功，青汽靠这两个产品盈利近4年，直到现在还是青汽的主打产品。

第二，对人才进行梯度管理。把专业技术人才分成七个梯度进行管理，这事也做得很成功。到我离开青汽时，管理模式已基本形成。

第三，投入产出管理。成本大幅降低，并且整个管理流程非常通畅，还

2003 年一汽解放汽车有限公司成立大会

拉动了全面信息化。以前工厂各部门间存在信息孤岛，研发是研发，财务是财务，销售是销售，生产制造是生产制造。我们把这些信息进行系统管理，从产品研发到销售都是这套系统在管理，结果就是成本大幅降低，效率、质量大幅度提升。

第四，抓营销管理。在一汽集团旗下，青汽是第一个采用订单制生产的企业。这方面走在前列的是中国重汽。中国重汽虽然做得比我们早，但我们比它更先进。因为进入晚，青汽肯定要在它的基础上做提升。

如何做好订单制管理？

其一，整个生产计划有前期保证，下个月到底能卖多少车，生产安排多少？同时也意味着质量的提升，因为可以预先储备。

其二，它不会产生不良库存。生产不能盲目，否则很容易给外界一种错觉——这么多车没卖出去，怎么回事？

其三，促进代理商和营销部门要先研究市场。订单制促进我们和用户之间的沟通、和代理商之间的沟通，企业和代理商之间联系紧密。原来就只是订计划，一旦双方完不成，就容易乱套。

这几件事情做下来后，青汽发展得特别快。2008 年，我再次调往长春，担任一汽解放党委书记、常务副总经理和一汽贸易公司总经理。离开青汽，我其实很舍不得，但是没办法，要服从组织安排。

一汽贸易公司的主要业务是销售，我改行做销售就是从那时候开始。负责营销时，我全年大概有 180 多天在外边跑。必须要了解需求，了解代理商怎么想、用户怎么想，同时企业的想法也应该让他们知道，这是一种沟通。不能只说他们想怎么怎么着，我们想怎么怎么着，相互沟通很重要。

我把青汽的订单制经验移植过来，带领大家建立了一套卡车销售理论，即 4P2S 销售理论。这是我负责销售时一汽解放独有的理论。4P 是指产品（Product）、价格（Price）、网络（Place）和促销（Promotion）；2S 就是服务（Service）和备品（Spare）。后来我们意识到，这套理论还不全面，还要研究 5P 或者 6P。

我是搞技术出身，知道理论对实践的指导作用有多大。这套理论虽然不全面，但肯定具有指导意义。我们还按照这套理论来作分析，衍生出一套市场分析柱状图，这也为一汽解放独有。通过分析，就可以在营销上做到有的放矢。

后来我们还对牵引车、载货车和自卸车实行分品系销售，设立分品系科室，并在相应销售层面匹配品系经理，要求他们研究市场、研究产品，拉动他们下面的管理线。品系经理也是一汽解放独创，毕竟用户不一样，各有其特点，我们就设专人做专事。按照这条管理线来进行，做到术业有专攻。

我们做过研究，在分品系这块，很多企业都在向一汽解放学习。当然我们也不保守，跟东风商用车、陕汽、中国重汽经常沟通。

基因与创新

我们也在研究卡车发展方向。

很长一段时间，东风商用车都是中、重卡市场销量冠军，最近两年被一汽解放超越，但合资企业发展前景不可小觑。中国的重卡企业，该合资的都合资了，大的自主品牌就剩一汽解放和陕汽。我的看法是，一汽解放还得找企业合作，不一定找整车企业，可以在主要总成零部件上进行合作。

而国家对卡车的治理，有利于未来国外技术和产品的进入。特别是2016年新规GB1589出来后，企业在这种规范下操作，国外产品进来机会很大，唯一的难点是成本。国外卡车成本非常高，而且很难降下来。国家一旦放开政策，他们把技术拿到中国进行本土生产制造，可以大幅度降低成本。因此，我看好合资企业和独资企业的未来，这也激发一汽解放要抓紧时间干，不能再等。

总结起来，一汽解放能走到现在，非常重要的因素，一是它有非常优秀的基因，二是历史沉淀和不断创新的结果。尤其是创新，不管是顺境还是逆境，都没有间断过。凡是保守期，都是低谷期；凡是创新期，特别是创新成功时，都是辉煌期。

我在青汽干了十几年，有了柴油版解放，辉煌了一段时间；有了六平柴，辉煌了一段时间；有了“三赛”和“大威”，又辉煌了一段时间；后来有了解放J6，又能辉煌一段时间；未来解放J7出来，肯定还要辉煌一段时间。

一个企业没有创新，就不可能发展。每一次产品创新，每一次工艺创新，都会给企业带来好处，所以我认为企业还是产品为王。跑市场为了什么？研究好产品。搞开发为了什么？开发新产品。搞质量是为产品，做销售也是为产品。

既然产品是一条主线，我们就要把产品创新放在第一位。一个订单制，就减少了几亿元的废品损失。一个创新，可以为企业带来很大利益。

虽然我已退休，但仍然希望为卡车工业的进步、为中国卡车用户的利益作出自己的贡献。

1950
-
2020

李　骏

为中国汽车装上“动力澎湃的中国心”

中国什么时候能解决汽车业的“中国创造”问题，什么时候才是一个汽车强国。

李骏，中国工程院院士，汽车发动机专家。现任中国汽车工程学会理事长，清华大学车辆与运载学院教授，原一汽技术中心主任。

1958年3月，李骏出生在吉林省。1978年，考入吉林工业大学汽车系发动机专业，1982年，被保送本校内燃机专业硕、博连读，1989年获博士学位，同年毕业，就职于一汽长春汽车研究所。

至2018年3月入职清华大学前，李骏在一汽从事技术研发近30年。历任一汽集团技术中心总工程师、主任，一汽集团总工程师等职务。长期主持一汽技术中心产品自主研发与科技创新工作，建成国内领先的自主研发体系和能力，完成多项重大产品换代研发，以及国家863、973和重大装备型号研制项目。

他主持研发出一汽解放品牌重型商用车系列柴油机和自主高压共轨电控系统产品，发明双轨电控可变喷油规律高压喷油系统和气驱动尿素喷射NOX排放后处理系统，并实现产业化；主持研发出一汽红旗品牌直喷增压汽油机直4、V6、V6和V12系列产品和国内首款基于DCT双离合器自动变速器的P2插电式混合动力总成产品；主持研发出我国第三代高机动战术MV3车辆平台。

李骏获得国家科学技术进步奖一等奖1项、二等奖1项，国家技术发明奖二等奖1项，中国汽车工业科技进步特等奖3项、一等奖2项，国家机械工业科技进步奖一等奖2项、二等奖1项。

2009年，李骏当选国际汽车工程师学会联合会（FISITA）主席。2013年，当选中国工程院院士。

1978 年，我考入吉林工业大学汽车系发动机专业。我的导师陆孝宽是新中国成立第二年就归国的学者，经常和我谈起中国汽车工业的未来，他说发动机是汽车的“心脏”，更是制约中国赶超世界的瓶颈，没有一批专业人才带头奋起直追，我国与世界汽车工业的差距将越来越大。

这些话我到现在还记着。后来在一汽的实习过程中，每当看到白玉基石上毛主席亲笔题词的“第一汽车制造厂奠基纪念”那 11 个浑厚、精深的大字，我都感到震撼。一汽是中国汽车工业的重要希望，祖国培养了我，能够用我的所学为祖国作更多的贡献，我的人生才更有意义。

1982 年 7 月，我被保送本校内燃机专业硕、博连读。1989 年，我博士毕业，当时好几所国外大学向我抛来橄榄枝，但我还是选择来到一汽长春汽车研究所，选择发动机基础研究工作，扎进了最苦、最累的实验室。因为我知道，基础研究是振兴中国民族汽车工业的关键，是激发自己的潜质和创新思维、科技报国的最好实践。

有一次，我到法国里昂开会，国外同行冲着我说，中国人学一学就算了，哪有资格参与世界汽车行业标准的制定？国外汽车巨头的霸道深深地刺痛了我，当时我暗暗憋了一股劲儿——再苦再累也要制造出中国人自己的发动机，就算以缩短生命为代价，也要赶上世界先进水平。

在攻克柴油机四气门技术时，为了能用最低价格拿到设备，我连续 5 天 5 夜和 4 家国外公司进行了 20 多轮谈判。合同签订后，累得瘫坐在椅子上很久没站起来。5 天里我只睡了 10 个小时，体重降了 8 斤。

2003 年 12 月，奥威 6DL 成功下线，这是一台拥有全部知识产权、国际先进水平的柴油发动机。这一成果震惊了世界汽车行业，因为它不仅将我国重型柴油机与世界先进水平的 20 年差距变为零，也摆脱了过去一味模仿国外产品的尴尬，为中国汽车装上了“动力澎湃的中国心”。

中国汽车要做大、做强，就必须靠自主创新，核心技术是买不来的。解放 J6 是无引进的自主创新产品。开始筹划做解放 J6 这个车时，我们非常痴

博士毕业后，李骏（中）选择了最苦最累的实验室

狂，因为几乎是在一张白纸上画画。

正好当时我们也在跟奔驰谈合作，奔驰方面就认为，我们不可能在一张白纸上画出一辆车来，而且还包括了整车、底盘、发动机、变速箱、桥等一整套方案。在奔驰看来，我们简直发疯了，但是最后我们做出来了。现在抛开产品，单看这个思路，就是一种创新。创新起源于一种信心、一种信念和一种拼搏，解放J6正是代表了这种信心、信念和拼搏，我们把国外这样成熟的制造商认为不可能的事情做出来了。

选择了创新，就意味着选择了一条孤独、艰难的路。但是，谁占领技术的制高点，谁就拥有更广阔的市场，这是一个不变的法则。要想把中国一汽做大、做强，自主之路是必然选择。

现在中国一汽新品牌战略观的核心是“品质、技术、创新”，只有明确了这一核心战略后，技术研发才有方向。品质的内涵非常丰富，不是简单的质量，它包括客户的品牌价值观，只有他们认可了，才算是有品质的。实现高品质的途径，只有技术，不能通过低价来实现品质，所以说品质来源于技术，通过技术来解决“中国创造”，这是非常重要的。中国什么时候能解决汽车业的“中国创造”问题，什么时候才是一个汽车强国。

2009年10月29日，我当选为FISITA 2012—2014年主席，赢得了选举，也迎来了更大的责任和挑战。我面对的不仅是一汽、中国，而是世界汽车工业的责任，需要思考全球汽车工业面临的共同挑战和问题，探索全球汽车工业的可持续发展之路。而中国，则需要尽快培育出具有强大的自主创新能力、在全球具有竞争实力的汽车企业，快速完成汽车大国向汽车强国的转变，争做引领世界汽车科技发展潮流的超级大国。

中国商用车未来的发展，除建立在自主发展信念的基础上，更要建立在对核心技术的掌握和应用上。“自主”二字的深层次含义，已完全超越技术层面，这种“自主”是民族汽车品牌和企业发展命运的“自主”。追赶国际先进水平，无论是设计、制造还是服务，都需要转型，产品背后的技术、管

2009年10月，解放J6及柴油机自主开发项目在“中国汽车工业科学技术奖”评选中荣获特等奖

理、服务模式创新，才最终构成产品在客户心中的品牌形象。只有自主，才能真正掌握核心技术。

在上一轮的节能减排为主流的竞争中，自主商用车把握住机会，实现良好发展，占据国内市场主导地位。我国商用车自主技术追赶国际先进水平的步伐在提速，但产品水平、技术先进度仍需不断向世界最先进水平迈进，特别是在整车轻量化、发动机热效率、产品品质、大马力发动机以及使用寿命方面。

在新技术的驱动下，Man、奔驰、Volvo 等国际商用车巨头已经布局新能源重卡，以电动化作为节能减排的重要发展方向。鉴于国内外市场、环境与技术趋势变化，自主商用车也要实现转型，聚焦燃料电池，发挥中国特色优势。

下一轮全球化商用车竞争是电动、信息、智能的集成竞争，特别是信息与智能，已经逐步成为商用车市场竞争与运营的竞争热点。从全球商用车发展趋势来看，欧美行业巨头在大功率柴油机、新能源、无人驾驶等热点技术方面已经取得突破，并已经采取行动加速在中国市场投放，如 Man 的数字化平台、Volvo 的 Dynafleet 运输信息系统等，这对于中国商用车行业来说，既是压力，又是动力。

中国自主商用车的应对策略就是“三化两高”——低碳化、信息化、智能化和高品质、高效益，打造绿色的节能数字化物流平台、全生命周期用户服务平台、无安全事故的智能产品。如果过去说商用车是挣钱机器，那么未来商用车将成为节能、互联、智能的安全环保挣钱机器。

（本文内容由李骏提供）

1950
-
2020

朱启昕

引领解放从产品到商品的成功跨越

他始终执着于产品用户体验和需求的本质、干事成事的原则，引领解放实现了从技术创新到市场创新、从技术领先到市场领先的巅峰跨越。

朱启昕，一汽解放公司总经理、党委副书记，国家有突出贡献的中青年专家。

1964年，朱启昕出生在河北乐亭。1981年，考取吉林工业大学。1985年，考取一汽与吉林工业大学联合办学的研究生。

1988年6月朱启昕毕业，进入一汽汽车研究所强度振动研究室（以下称为“强振室”），他从汽车研究所一名普通技术员做起，历任强振室主任工程师、代理主任、一级主查，试验部副部长、部长等职。

2001年，一汽技术中心成立后，他历任开发策划调度部部长、主任助理、副主任。自2015年起，兼任一汽解放副总经理、产品管理部部长。2017年，担任一汽解放副总经理兼商用车开发院院长、党委书记。2018年6月，担任一汽解放总经理、党委副书记。

朱启昕起步于汽车产品的基础性试验开发，之后负责研发体系管理，深度参与并主导解放J6、解放J7项目开发；致力于商用车与乘用车突破战役、整车与总成竞争力提升等研发体系、能力建设，并由研发领域管理者走上一汽解放这个全价值链企业总经理岗位。他始终敏锐感知用户和市场需求，深刻洞察技术创新前瞻趋势，以体系化、流程化的思路，协调联动研、产、供、销内外资源，把控重要产品、经营决策方向，引领解放产品成功迭代、迈向巅峰。

2018年6月27日下午，朱启昕在一汽解放办公室接受访谈。2020年6月，对部分内容进行整理和补充。

结缘汽车研究所

1964年，我出生在河北乐亭。我父亲毕业于东北师范大学（原名东北大学），曾在哈尔滨四中教书，我两三岁时，他才回到老家。母亲也在离家很远的地方教书，我跟着姥姥长大。

从小学到高中，我都在乐亭上学。中考时，赶上全国教育体制改革，我考上乐亭一中，这是县城最好的学校。1981年高考，我报考了天津大学和吉林工业大学，最终被吉林工业大学录取。我报的高考志愿原本是热门的计算机专业，后被调剂到农业机械专业。1985年大学毕业后，我考取了一汽与吉林工业大学联合办学的研究生。

读研究生期间，带我的导师有两位，一位是吴士铎，另一位是王学义。王学义老师毕业于吉林大学数学系，擅长数学和物理，当时是一汽汽车研究所的一位科长。读研3年，前一年半在吉林工业大学学习基础课程，后一年半到一汽汽车研究所做毕业设计、写毕业论文。我的毕业论文课题与汽车疲劳相关，即通过建立一套数学模型来预测汽车传动系统关键部件的疲劳寿命。模型涉及数学、振动和力学等方面理论，对计算机知识要求较高。

1988年6月我研究生毕业。当时的分配原则是，导师在哪里，学生就留在哪里，因此我就留在汽车研究所强度振动研究室。20世纪80年代，由国家投资，一汽分别从法国和美国引进汽车振动测试试验台和汽车道路模拟试验台，分别用来做零部件总成振动频率和道路振动模拟试验，全国只有一汽和二汽有这两套设备。

强振室分为五大专业：一是振动室，主要做驾驶室、车架、关键零部件的振动试验。二是道路模拟实验室，两个试验室分别设两个专业组。三是应力组，测关键零部件应力应变。四是噪声组，现在称NVH（Noise噪声、Vibration振动、Harshness声振粗糙度）。五是疲劳组，就是我做毕业设计所在的组。

我们这代人与1953年参加一汽建设的老同志们整整相差一代，近20年。这期间还有一些工农兵大学生加入一汽建设工作。当时研究生很少，我们就直接跟第一代建设者们对接，当时汽车研究所和一汽设计处已经合并，学术气氛浓厚，老师们都很认真，看论文、看报告非常仔细。

1988年后，计算机开始火起来，虽然我有些基础，但毕竟不是计算机专业出身，于是就看书自学。我记得科里购买了两台286计算机，对这两台计算机，老师看得很严，一般不让用，只有高级工程师编程才能用。那时候大多还用图纸画图，要想进行数据积累和分析，只能用尺子量，一点点输到计算机里，相当烦琐，而且效率很低。因此，只要有时间，我就去学习、熟悉计算机。

“9015”项目

1990年，我申请到一个科研课题，叫MTS零部件试验台微机控制系统研制。因为计算机控制系统老化问题严重，我们又不能去另一个专业组做研究，便引进了一套零部件试验台。但这套试验台没有计算机控制系统，只有控制柜，能做一些固定模型试验。因此我想，能不能把道路模拟原理用到零部件试验台上，从而随机模拟这套系统？

课题确立后，论证了一年多，这期间做过很多调研。当时汽车研究所有五六百人，科研经费和研发经费紧张，每年费用预算800万到1000万元。立项时，我申报了15万元。

我去找部长，或许部长认为，要这么多钱，风险太大，让我找所领导汇报。我便直接去找当时的汽车研究所所长周颖。汽车研究所领导对年轻人很重视，支持项目开展。由总工程师组织论证后，项目获得批准。

但也有些老师傅觉得项目很难，不可能达成。我说，这个技术10多年了，美国人能做出来，按道理我们也应该能做。项目得到王学义老师的大力支持，他帮我总结了这套模拟算法，甚至还做出了数学模型。

项目课题叫“9015”，即1990年立项，第15号课题。我组织了一个项目团队，主要成员有龚学军、程传河、高建军、王学义等，还找了几个1990年毕业的年轻人。我自己去考了那时候难度很大的程序员资格证。

3年里，我吃了不少苦，自己编程累得手落下了毛病。有时遇到难题，在试验室里忙得连饭都忘了吃。作为专业组长，我同时还承担着“奥迪国产化”的一些工作。那时年轻，白天忙完，晚上值班还能接着干一宿。有时工作到凌晨5点多回家。大冬天要送孩子上幼儿园，送完后去单位，才发现穿的鞋怎么一高一低？仔细一看，原来是穿错了。那时满脑子里想的全是工作，比较纯粹。

项目开展中遇到很多困难，难题之一是，汉字系统占用内存太大，程序无法运行。我们就想办法做出一套汉字输入法，做汉字菜单，少占内存。难题之二是，做算法时因为数据太长，中间两块和两块之间再变回来时不连接。这个问题困扰我们3个月都无法解决，到课题快验收时，我们天天泡在试验室里研究。

3年后，MTS零部件试验台微机控制系统研制项目完成，突破了随机模拟控制技术在零部件及整车试验中的应用难题，填补了国内空白，达到国际先进水平。同时具有非常高的商业价值，为公司节约500多万元。

1995年，这个项目获国家科学技术进步奖三等奖、汽车行业科技进步二等奖。我个人也被评为国家有突出贡献的中青年专家、长春市首批有突出贡献的专家，荣获中国GM科技成就奖，获得国务院政府特殊津贴，当年被破格提拔为高级工程师。

带团队、建体系

1996年，我被提为汽车研究所强振室主任工程师。1997年，由于科长被调去负责红旗轿车促销工作，我被任命为代理主任，1998年，成为汽车研究所一级主查。这期间，我的主要精力一方面放在标准评价、标准条件和标准单元划分等工作上；另一方面做些部门基础建设工作，学习怎么管理团队。

1999 年，我兼任试验研究部副部长。一年后，被提为试验研究部部长，主要负责整车、发动机、底盘的试验研究工作，这对我了解研发体系试验方法起到很大作用。

2001 年，一汽集团改革，汽车研究所、工艺处及技术处部分业务合并，组成一汽技术中心。试验研究部解散，又成立了一些新部门。对我来说，这是一个转折，我想去新组建的基础研究部，但由于各种原因，我被调到开发策划调度部当部长。这个部门有 100 多人，包括管理、财务、知识产权、流程、文件、投资和科研等职能，对我来说挑战很大。

这期间，我抓紧时间熟悉产品和流程，以规划发展为切入点，开展产品策划工作，建立目标成本管理体系，同时抓好科研工作。2003 年，我被任命为一汽技术中心主任助理，同期接替一汽技术中心副总工程师沈言行（已到退休年龄），担任第六代商用车项目负责人，协助一汽技术中心副主任许宪志管理商用车开发。2004 年，许宪志调任一汽青岛汽车厂厂长、党委书记，一汽技术中心副主任贾平接任。

概括起来，从 2000 年到 2004 年，我见证并组织配合时任一汽集团总经理助理、一汽技术中心主任董春波和分管领导，打基础、建团队、建体系。

主要工作体现在以下方面：

一是开展埃森哲流程咨询，全面建立产品开发流程体系，大总成开发流程体系和技术开发流程体系至今仍是商用车开发的主要流程。该项目由时任一汽技术中心副主任李维斗负责。

二是全面启动全系列产品规划，首次启动 6DL 咨询项目和日产柴桥引进项目。促进与道依茨、伊顿的合资，启动第六代全系列商用车开发。当时整车负责人是许宪志，动力总成负责人是一汽技术中心总工程师李骏。

这期间，完全按欧洲三代开发流程，成功完成 6DL 开发；启动全新全系列第六代商用车 7 吨~32 吨全系列车型的开发工作；初步完成第六代商用车样车试制验证工作。培育了 6DL 发动机、10 挡变速箱、457 桥、300 轮减桥等明星产品，并启动检阅车设计。

一汽解放和一汽技术中心同期开发的“四大产品”，2003 年实现销量近 30 万辆，占市场份额 50% 以上，同时解放产品质量大幅提升。

解放 J6 项目

担任解放 J6 项目经理对我来说是一个重大转折。当时的情况是，解放产品研发和生产销售职能分别属于一汽技术中心和一汽解放公司，受体制、机制以及思想观念、角度站位等方面的制约和影响，项目组和一汽解放公司沟通时经常出现争执。一汽解放公司提出的问题，项目组不能解决，因此对项目组抱怨很多。

面对这种情况，我首先带头不反驳，把问题拿回来研究。因为研发设计是产品源头，研发设计人员理应对产品理解更深，出了问题也必须首先担起责任。现在想起来，这种观念和态度可能是推动解放 J6 项目，乃至更多系列产品开发市场成功的一个重要转变。

其实，即使是一汽技术中心内部，设计部门与试验部门之间也经常争吵激烈。试验部门提出问题，设计部门就说，这不是问题。试验部的老师傅大多是 20 世纪 60 年代的大学生，毕业多年，又会开车，认为自己对业务很懂。急起来时就对年轻设计师说，我开车时还没你呢，你跟我犟啥？你会开车吗？你懂吗？

后来就立下规矩。我说，咱别争这些，试验部提出问题，不管对错，拿回去分析。不清楚的，再去现场深入了解情况。刚开始，有些设计师们不愿意做信息分析，嫌慢。我说，必须做，做做就会了，总不做就总不会。

我在试验部干过，管过试验协议。我就把所有试验资源组织起来，给解放 J6 项目服务。因为当年做过奥迪国产化，对试验流程也很熟悉。我就说，要把这些流程用在产品研发上，要控制关键节点。按照复验办法，我要求解放J6项目组把所有零部件试验从头做一遍。

我重点抓试验、流程、计划三个方面。把当年需要的试制车全部列出来，列出每个月要做的试验内容，然后把所有试验车的关键总成以及周期长的总成列出来，尤其是需要从国外调件的总成，先提出来做计划。对经常造成拖期的大总成，如车桥和变速箱等，要提前下计划。

2000年之前，基本是推着大家干。所谓计划，就是一个大的设计试验，后来基本排到周计划。执行一段时间后，解放J6项目组的吴碧磊（时任解放J6主设计师）认为，这样做有道理，后来所有装车都按计划进行。

现在看来，当年对计划的管理，包括解放J6项目中涉及的开发体系整合、试验、协议，以及工艺材料单独应用等，对拉动一汽技术中心内部协同配合、干事成事非常有好处。

与此同时，一汽技术中心与一汽解放公司从质保到制造体系都融合得更加紧密。我要求一汽技术中心的设计师要多去现场，多听工人们的反馈，陆续解决了生产节拍慢等问题。

项目完成后，仍被返聘的解放J6原项目经理沈言行说，这个项目核心团队可以调动其他任何专业了。通过解放J6这个项目，不但团队带起来了，而且跟一汽解放公司的关系也处理得更好。

但解放J6项目，在从产品成为商品的过程中，遇到的阻力也很大。最初，解放J6成本高，售价也很高，2007年只卖了300辆。一汽集团领导见着我都说，咋整的？后来我见到领导就躲着走，因为没法回答，一两句话也解释不清。

其实，当时要推动解放J6这个全新产品成为有市场竞争力的商品，整个制造、采购、营销等各个体系都没准备好。我和吴碧磊都积极想办法解决问题，努力降成本。后来按照零部件系列化、通用化原则，在不影响质量、功能的前提下，将许多设计的新件替换成解放J5现成件。最后成本降了 25000 元。项目做完后，我们对解放 J6 还真更有感觉了，除降成本外，还储备了许多技术。

这时恰逢许宪志从一汽解放青岛分公司调回一汽解放公司，担任常务副总经理兼销售公司总经理。我带着吴碧磊、沈言行去找他，见面我就开玩笑说，解放 J6 这个产品，当年你负责开发，你也得负责把它卖出去啊。听完我们的想法后，许宪志说，行，我们一起想想办法。

还有销售公司的肖劲松、李玉峰、聂强等，他们都比较年轻，专门负责解放 J6 销售。他们先打开沈阳和安徽各地市场，然后很快覆盖全国。2008 年解放 J6 销量达 1500 辆，2009 年达 1.5 万辆，2010 年更是达到 6 万多辆。牵引车单一品牌达到如此销量，在行业内引起较大震动。

解放 J6 项目很成功，2009 年获汽车行业科技进步奖特等奖，2010 年获国家科学技术进步奖一等奖。

如何实现研发、制造与营销体系的融合

解放 J6 项目告一段落后，从 2010 年 5 月起，一汽技术中心分派我负责轿车产品、项目管理、投资发展、财务以及日常管理工作。

2010—2014 年，在时任一汽技术中心主任李骏的带领下，一汽技术中心着力于五大体系（产品开发体系、技术开发体系、能力建设体系、流程质保体系、项目管理体系）、五大能力（产品策划能力、性能设计能力、工程开发能力、试制能力、试验能力）、五大战役（商用车领先战役、红旗复兴战役、轻型车振兴战役、提升整车商品竞争力战役、提升总成的技术竞争力战役）建设。

此期间，商用车整车、乘用车发动机全面完成布局并升级。汽车电子动力总成得到大力发展。同时启动解放 JH6、解放 J7 开发以及 DCT 开发。2010 年，徐世利从一汽—大众调任规划部，担任红旗项目负责人，完成红旗 HS7 开发。

我在此期间分管乘用车，建立完善乘用车研发流程体系、壮大研发队伍，使乘用车研发人员规模由原来的500人达到2000人左右，完全建立流程标准、组织机构管理体系和专业体系。同时，启动乘用车研究所的建设工作，项目整体进展比较顺利，投资管理体系从立项到建立IT系统，实现了精准实时管理，2018年竣工。

除建立乘用车研究所外，我还把轿车团队体系建起来了。起初轿车分为5个科，为了专业发展，重新划分为10个科室，为现在的轿车体系发展打下基础。应该说那个时期，轿车体系实现了在一汽技术中心内部的整合，但在一汽集团范围内整合得还不是特别好。

我的这些个人经历，也给了我深入思考和对比商用车、轿车体系的机会和视角。反思总结，原一汽技术中心商用车研发体系为什么和一汽解放公司融合得很好？我认为原因如下：

一是，两者都是干卡车起家，有天然历史文化积淀，有成就事业的共同目标，原一汽技术中心与一汽解放公司人员交换较多，相互交流也较多，相对来讲氛围融洽。

二是，团队里有核心。核心团队方向明确，关键决策清晰，大方向没有争议。

三是，有薪火相传的产品和技术积累。一汽技术中心商用车设计团队经验丰富，对生产制造的理解以及对市场的理解都相对成熟。

四是，一汽解放公司领导团队务实肯干、接地气，用户意识、市场意识强，同时还有一批制造、营销领域专家，人才多，执行力、凝聚力强。

从个人角度来看，我从产品基础性试验开发起步，再到从事研发体系性管理，参与主导解放J6项目等过程，始终都能从试验者、制造者和终端用户体验需求的角度，从干事成事的原则出发，理顺计划和流程，融合调动各种资源，致力于研发体系内部，乃至生产、采购、营销外部各个环节的打通和联动，为解放产品赢得持续领航的市场地位扎扎实实地做了一些事情。

研、产、供、销全价值链的深度融合

2015—2017年，一汽技术中心进一步改革，成立“四院”（商用车开发院、乘用车开发院、动力总成开发院、技术开发院）、“七部”。与此同时，一汽解放公司也进一步强化产品管理和市场策划职能，成立产品管理部，并设置品系经理。

我被任命为一汽技术中心副主任兼商用车开发院院长，同时兼任一汽解放公司副总经理、产品管理部部长，开始负责商用车第七代产品（即解放J7）。吴碧磊被任命为一汽技术中心商用车开发院副院长，兼任一汽解放公司产品管理部副部长。

这一时期，我带着设计团队持续围绕用户体验和需求做了几件事：一是

2018年10月27日，朱启昕在一汽解放品牌战略发布暨J7上市会上

让设计团队突破对客户的恐惧心理，与卡车用户成为朋友。二是带设计团队深入生产制造体系、供销体系了解情况。三是让设计团队亲身体验，由此知道车的好坏。

2017 年 9 月 18 日，一汽技术中心改革，技术中心商用车开发团队并入一汽解放公司，实现团队全面融合。我被任命为一汽解放公司副总经理兼商用车开发院院长、党委书记。当年年底，我提出“感知用户、精益研发”的研发指导思想和打造以市场客户为导向的创新研发体系目标。我认为，只要把产品设计师在体验、满足用户需求上的能力发挥出来，潜力就非常大。

此期间，无论是在一汽技术中心时期，还是改革合并后，商用车业务与解放体系深度融合，与制造、采购、营销体系全面融合，开创了历史上的新局面，整个体系充满活力、充满斗志。商用车的大部分研发技术骨干都能深度与用户接触，和用户成为朋友，在用户群里经常帮助用户解决问题，了解用户需求。

为增加对车的体验，专业人员与用户同行 2 万公里，充分体验了用户的需求，增加了对客户的感知。这其中，我也是身体力行。为听到对产品最真

2017 年 12 月，朱启昕参与解放 J7 长测项目

实的体验，我结交了许多一线卡车司机和卡车媒体朋友。2017 年 12 月，我驾车参与解放 J7 长测项目。

2017 年，阔别多年的中、重卡销量、市场份额第一名又回到一汽解放手里，并且一直持续到今天。

抢占“智”高点，迈向新征途

2017 年 3 月 14 日，解放首次在国内发布无人驾驶车。同年 10 月，完成国内首个高速公路 L3 级测试。

2018 年 4 月 18 日，解放 J7 卡车下线暨 L4 系列智能车在青岛港发布。

2018 年 10 月 27 日，一汽解放品牌战略发布暨 J7 上市。

2019 年 1 月 19 日，解放哥伦布计划全面启动，一汽解放开展全系列智能车开发。

2019 年 8 月 8 日，由一汽解放发起并组建的苏州挚途科技有限公司成立。

2020 年 5 月 22 日，一汽解放开启多元化发展之路，成立鱼快创领车智能科技有限公司。

……

这些基于新技术、新业态、新机制的频频动作，令外界对一汽解放这个传统企业刮目相看。其实，我们在 2015 年就启动了智能驾驶技术研究，这一系列成果也是商用车研发领域多年潜心研究、厚积薄发的体现。

也许因为有过类似“码农”的经历，所以我对智能化、数字化的理解力和洞察力相对更加敏锐、深刻一些。再加上曾置身于对年轻人创新给予支持和宽容的氛围，我也希望能在创造一个更加适合创新的体制机制上有所探索和尝试。

而身处这样一个时刻会发生颠覆性变革的时代，我也深刻体会到，“奔跑还会停留在原地”的紧迫感和危机感。

为保持解放基业长青，一汽解放公司董事长、党委书记胡汉杰2016年就开始与华为对标，确定了以流程化组织建设为管理的变革方向，启动了“征途”项目。我将以此为指引，以数字化、网络化、智能化融合为契机，传承好传统，拓展新领域，带领解放全员、全体系向着“中国第一、世界一流”智慧交通运输解决方案提供者的战略目标不断迈进！

1950
-
2020

吴碧磊

三次跨越

从解放 J3，到解放 J6，再到解放 J7，解放研发经历了怎样的传承和积累？

吴碧磊，一汽解放副总经理兼商用车开发院院长、党委书记，获国务院政府特殊津贴。

1992年，吴碧磊从吉林工业大学毕业，分配到长春汽车研究所。此后28年，他一直从事解放中、重型商用车的研制与开发，是解放J3、解放J4、解放J6和解放J7产品开发的主要完成人。他组织梳理解放J6、解放JH6、解放J7三大平台定位关系，承担商用车技术管理和研发体系建设工作。

2000年，一汽解放开始研发全新一代换代产品解放J6。其间十年，吴碧磊先后担任整车负责人和项目经理，负责提升整车、底盘、零部件的技术先进性和结构先进性，承担产品策划、平台搭建、概念构思、目标设定和技术决策等任务。攻克整车、发动机、汽车电子、驾驶室和生产制造五大技术难题，构建中型、重型和超级重型三大整车平台和四大整车系列。

2009年，一汽解放开始筹划解放J7，2012年立项，2018年投产，历时近10年。吴碧磊主要把控重点和方向，尤其是影响未来核心竞争力的关键技术，在设计开发、试验验证和生产制造环节与欧洲车型全面对标，将中国商用车推向新高度。

最近3年，一汽解放与华为公司合作，启动流程化组织建设，即“征途”项目。在“征途”一期5个子项目中，吴碧磊负责其中3个。在“征途”二期9个子项目中，他是总负责人，力求以“解放创领”技术领先优势支撑解放“中国第一、世界一流”目标的完成。

2020年4月11日上午，在一汽解放商用车开发院会议室，吴碧磊接受访谈。

1992 年，我从吉林工业大学毕业，被分配到当时的长春汽车研究所。按照规定，刚毕业的大学生要先实习半年，我到位于一汽 3 号门的改装车厂总装配线顶岗锻炼，了解和体验工厂生产现场的实际状况。实习结束后，我回到汽车研究所总布置设计一室，当时科室不到 30 人，我就跟着钟山师傅学习整车设计。

和前面几代汽车研究人相比，我很幸运，赶上了一个好时代。之前一汽的产品和设计任务不多，第一代解放 CA10 卖了近 30 年才换型。20 世纪 90 年代，汽车运输行业向市场化转型，老产品已不适应市场需要。对汽车厂来说，这是一个千载难逢的时机。

我进汽车研究所时，正赶上一汽开发解放 J3 系列产品。前两代解放都是长头汽油车，解放 J3 采用平头驾驶室和柴油机动力。对一汽来说，这是一个划时代的转变，这种改变也是适应公路运输市场化的必然结果。

解放 J3 平头驾驶室技术从日本三菱引进。三菱驾驶室分为 FK、FM 和 FP 系列，我们引进的是 FK 系列。在消化吸收 FK 系列技术的基础上，一汽后来又自主开发了 FM 和 FP 系列，驾驶室宽度从窄体延伸到中体和宽体。

在柴油机开发方面，我们也从三菱产品上获得较大启发，以三菱 6D14 型柴油机为样机，研制 CA6110A 型柴油机，后又研制更大马力的 CA6110 型柴油机。CA6110 型系列柴油机成为 5 吨和 6 吨平头解放车的最佳动力总成，满足商用车柴油化的动力需求。

一起下市场

从 1992 年到 1995 年，我跟着师傅做平头柴油车项目。这在当时算新业务，科里了解平头产品的人不多。刚接触平头车时，我感觉很新颖，学过一段时间后，发现技术并不太难，只是不熟悉而已。长头驾驶室结构件少、更简单，而平头车要比长头车结构复杂，所以在看图、读图时，对平头车结构会感到陌生。一年多以后，我对平头驾驶室的结构件就比较熟悉了。

1995 年 5 月，第一款解放平头柴油车 CA1120PK2L2 在长春投产，结束一汽只生产长头汽油车的历史。从 1982 年一汽下达平头车设计任务书算起，解放平头车开发历时 13 年。因上报产品目录时定的载质量是 6 吨，被称为“六平柴”。后来增加 5 吨型 CA1110PK2L2，简称“五平柴”。五平柴晚两年投放，动力性比六平柴更好。

到 2000 年底，解放 J3 共开发出四平柴、六平柴、九平柴多个系列产品共 231 种车型。因市场需求和产品规划等原因，投放市场以五平柴系列为主。这代车型卖了六七年，给一汽带来了巨大的经济效益。

20 世纪 90 年代中后期，全国高速公路建设迅猛，大宗货物运输越来越多地转向公路运输，再加上国家大量投资基础设施建设，市场对中、重型载货车需求量很大。形势变化迫使像一汽这样的传统中型载货车厂转向生产中、重型载货车。

1995 年 5 月，解放第三代 5 吨平头柴油车投产

1998 年前后，我跟着中型车部副部长沈言行做解放 J4，即在解放 J3 基础上开发加强型准重型车。对外称 7 吨加强型、12 吨加强型，其实都是解放 J3 的加强型系列，一汽内部叫四大加强型——在解放 J3 基础上，对发动机、离合器、变速器和后桥四大关键部位进行改进和加强，满足载货车用户追求重载、追求可靠的需求。

解放 J4 采用增压中冷发动机，最大功率由 180~210 马力提高到 240~260 马力；离合器采用美国伊顿技术，陶瓷摩擦片直径由 350 毫米加大到 430 毫米；变速器扭矩由 75kg•m 增大到 110kg•m；后桥为一汽独创的 457 桥，承载能力达 15 吨。

四大加强型系列产品，是解放由中型向准重型全面过渡的一代产品。尽管不是全新开发的产品，但我们下了很大功夫，对机、箱、桥全面升级，达到国内领先水平，满足了当时的市场需求。解放 J4 的销售持续到 2005 年前后。

按照现在的标准，20 多年前推出的解放 J3 和解放 J4 离高品质有很大差距，但从解放研发体系成长过程来看，这两代解放产品具有重要意义。正是通过解放 J3 和解放 J4 的实操历练，解放研发体系才向市场化迈进一大步。

实事求是地讲，开发解放 J3 时，我们并没有做更多市场调研。20 世纪 90 年代初，大家市场意识还比较薄弱，公路货物运输刚兴起，做运输的用户还不多。那时候进行市场调研，无非就是对路况和使用工况做些了解。

但到开发解放 J4 时，情况就不可同日而语。当年之所以推出四大加强型系列产品，其实是迫于市场竞争环境的压力。我记得当时的销售体系反映，解放市场份额有所下降，我对此非常敏感。其实份额下降得很少，且当时的竞争车型也不多。

一汽解放销售公司领导提出，让技术人员和销售人员一起下市场，做市场调研。调研分成两个组，我和王志才（现任一汽解放销售公司总经理）被分到华北组，我俩走了十几天，走遍了河北、天津、河南和山西等地。

我们提前做好计划，准备好调查问卷，分别走访服务站、运输车队和个人用户。因为很多车都不让进城，我们就守在高速路口，向过路车主了解需求。以前我也走访过市场，但这样认真做调查还是头一次。这也是我第一次全面系统接触汽车运输市场，这次走访经历对我后来做产品设计帮助很大。

事实上，从 20 世纪 90 年代开发解放 J3 和解放 J4，到后来开发解放 J5、解放 J6 以及解放 J7，解放产品之所以能引领商用车潮流，正是研发体系和销售体系密切合作、深入市场、捕捉用户需求的结果。

两条腿走路

跟前几代解放产品相比，解放 J6 可谓脱胎换骨。一汽集团为什么要下定决心打造全新一代商用车？ 1997 年前后，负责一汽集团进出口业务的竺延风想把解放平头车销往欧洲，找来英国 IM 公司（IM.TRUCK LIMITED）做诊断，看一汽在研发、生产制造和营销等领域存在哪些不足。当时的想法是，如果补齐这些不足，再看一汽产品能不能达到欧洲出口标准。

英国 IM 公司对一汽集团的诊断持续一年多时间，诊断结果暴露出很多问题，严重程度远远超出我们的预料。据说那时中国商用车制造水平和欧美相差 20 年，但我个人感觉，其实 20 年都不止。在这种背景下，一汽集团领导意识到必须开发新一代总成和整车。

起初，领导并没有明确提出要全新换代，只是认为某些总成要升级。时任汽车研究所副总工程师沈言行向一汽集团副总经理林敢为汇报升级方案，林敢为认为，这应该是一个换代方案。从那时起，我们开始研究如何定义解放换代车。策划定义用了近一年时间，2000 年底我们拿出初步定义，要开发全新第六代解放商用车项目，即解放 J6。

我们打算两条腿走路。一方面，成立一个项目组，立足于自主开发；另一方面，与奔驰等国外先进商用车企业广泛交流学习，开阔视野，吸收和借鉴国外先进技术。

2000 年前后，一汽正与奔驰谈合资生产商用车，但谈判进行得并不顺利。一汽集团总经理竺延风和一汽技术中心主任李骏院士最终下决心，要走自主之路。

现在来看，这条路走对了。迄今为止，一汽解放仍是国内重型车领域唯一没有外资背景的商用车企业。自主研发的成果也有目共睹：解放重卡销量排名国内第一，解放轻卡连续多年增长率第一。我们的人才队伍得到锻炼，研发流程体系得到完善。

当然，自主研发过程中也出现过问题。出问题本身并不可怕，能把问题解决掉，就是能力增长的过程。依靠开放合作可以解决一部分问题，但核心研发能力培养还得靠自己。

和奔驰全面谈判，我们也学到不少东西。我参加了技术部分谈判，合资项目能不能谈成不是我最关注的。但倘若从技术角度，我真心希望跟奔驰合作，学习人家技术。必须承认，双方技术差距太大。当时奔驰对我们有限开放的一些技术就已经够我们消化一阵子了。令我印象深刻的是，奔驰也知道一汽正在开发解放 J6 和奥威发动机，他们说，奔驰要开发一个全新发动机，至少得六七年，而且还不一定成功。

当年合资谈判，技术体系最大的收获之一是，我们拿到了奔驰样车。因为奔驰要调研中国市场，得让用户评价。奔驰有一整套评价体系，评价做完后，车就留了下来，正好作为解放换代车的参考。

前所未有的开发

2000 年初，一汽集团在制定十五产品规划时提出，要开发全系列中、重型车第六代产品。汽车研究所用近一年时间做完产品策划，提交《解放牌新型（下一代）中、重型载货车设计开发草案》。

按照草案精神，解放 J6 定位国内高端市场，接近当代欧洲先进商用车技术水平，同时兼顾国内中低端市场需求，2010 年后逐步取代现生产车型，成为新一代解放主导产品。

2001 年，沈言行带着十来个人，成立解放 J6 项目组。沈言行担任项目经理，我是整车负责人。

项目组成立后，立即启动造型设计，最终确定由意大利 IDG（Ital design Giugiaro）设计公司承担造型设计工作。当时许宪志是一汽技术中心副主任，主管卡车，他拍板派出一批技术员到意大利参与联合设计。意大利方面做造型，中意双方一起做工程。

联合设计方式使我们研发能力得到明显提升。同时，通过联合开发，提高了国内设计师的眼界和水准。2000 年前后，国内几乎见不到进口车，少数能见到的就是日本三菱 T850，而且还只出现在中国南方，中国北方几乎没有，这就导致设计师视野狭窄。

根据产品策划，解放 J6 几大总成几乎全要重新设计，所以启动造型设计的同时，其他总成设计也同步开始。比如奥威发动机的开发设计，向奥地利 AVL 公司咨询等都同时起步。

我在解放 J6 项目组前后干了十几年。沈（言行）总在解放 J6 项目组成立两年后退休，被返聘做项目顾问。他退休后，朱启昕成为项目经理，我后来又接朱启昕的班担任项目经理。

担任整车负责人时，我每天想的是和整车总体设计相关的事情，从技术方案把关到各子系统总成协调及性能控制。担任项目经理时，我围绕整车、底盘和零部件各个专业，统筹协调产品策划、平台搭建、概念构思、目标设定和技术决策等工作。

和前几代解放产品相比，解放 J6 覆盖范围更宽、更广，不仅包含一汽原有中、重型载货车品种换型，而且向重型化和超重型化方向进行更大规模拓展。所以，解放 J6 项目不仅是一汽解放史上，也是国内商用车开发史上一次前所未有的大规模开发。通过参与这个大项目，解放研发团队得到全方位的锻炼。

在解放J6项目的开发过程中，我们也不可避免地遇到各种技术难题，其中一大难题是，技术先进性和市场接受度如何取舍。解放J6瞄准欧洲水平，所以我们购买了一些欧洲产品来做对标测试，研究如何才能达到欧洲水平。欧洲产品有些技术非常先进，我们也意识到它是先进技术，但这些技术是否适合中国市场还需要判断。

采用欧洲先进技术时，我们会遇到两种导向：一种是技术导向，另一种是市场需求导向。究竟如何取舍，争议很多。技术导向的人倾向于用（欧洲先进技术），市场思维的人倾向于缓。这就需要统一思想，根据实际情况作出决策。

例如，有些技术很先进，而且成本也能为中国市场接受，那么如何掌握这些技术，并突破技术难点，就要靠大家全身心投入，进行攻关。只能靠时间打磨，甚至是试错，把问题暴露出来后再改，改完再试。经过这个反反复复的过程，最终技术攻关成功。

对研发人员来说，最终目标是开发出一种适合中国市场的好技术，但市场本身存在着不确定性。解放J6开发持续了7年，这期间市场需求一直在变化，我们只能随着市场变化不断调整。前一年确定的事情在当时看很合理，等到第二年或第三年市场发生变化时，可能就变得不合理，需要重新调整。

研发和生产经营结合

在试错过程中，通过和国外公司交流，我们的视野变得更开阔，开发能力也随之提高。对于如何将先进技术推向中国市场，我们也逐渐琢磨出一些行之有效的方法。

比如，国外某项技术可能由众多技术点组合而成，假如一个产品由五项先进技术组合而成，这种情况在欧洲市场或许合理，但在中国市场就不一定。若一开始就把五项新技术全用上，市场可能接受不了，因为成本太高。

但一项新技术都不采用也不行，市场需求满足不了。

这种情况下就需要研发人员洞察市场，作出重要判断。通过识别市场对技术需求的紧迫度和接受度，把这五项新技术拆开、排序，单独推出子技术就不会太贵。如果其中某个技术符合今年市场所需，那就今年上车，其他技术可能两年后再上。五年后用户购买力上来，我们再研究把五个技术组合到一起。

这个办法并不是一开始就能想到的，这是整个团队长时间磨合的结果，也是一个不断提高认识的过程。最后大家才明白，应该在最合适的时间，把最合适的技术推广给最合适的用户。总结这句话很简单，但弄明白这个道理，我们却用了几年时间。

如果把应用场景具体化，无论是技术导向，还是市场需求导向，都能发现合理的一面。因此，对研发人员来说，还需要对具体情况进行具体分析，不能一概而论，非此即彼，很多时候都要学会妥协和平衡。仅仅通过理论学习，很难获得对技术和市场两者关系的更深认识，要在实践中勇于试错。

解放J6研发团队正是伴随各种问题的不断出现和不断解决而成长的。比如解放J6上市后开始两年销售并不太好，因为在最初策划产品时，解放J6要求具有高技术含量、高寿命、高动力性、高承载力、高安全性、高操纵性和低油耗特性。性能高端，成本必然居高不下，这在解放J6上市早期体现得尤其明显。

我们就研究如何从设计到采购全面降低成本。设计方面最容易降的成本是材料。解放J6的车架、底盘和前横梁结构参照欧洲车型，结构复杂、重量重、成本高。两年后我们认为自己也有设计能力，没有必要参照欧洲车型的设计方案，于是重新自行设计，借升级机会替换原有设计方案，结果新车型重量更轻，成本也更低。在解放J6研发过程中，我们多次遇到类似问题。

对一汽解放来说，解放J6是迈向国际化征途的一个里程碑式作品，解放品牌从此开始向世界级品牌迈进。对商用车领域来说，解放J6起到引领商用车潮流的作用。解放J6推出后，中国其他商用车企业也陆续推出换代产品，并且都选择向欧洲化方向发展，而非日系化，这正是解放J6起到的带头作用。

解放J6研发起点要追溯到2000年，其实在2000年解放J6研发项目立项前，一汽解放还酝酿了一两年时间。2007年解放J6投放，2009年放量。从立项到放量，差不多用了10年时间。解放J6给中国商用车市场带来的冲击，在它投放10年后才真正显现。

解放J6的成功再一次证明，一汽解放不仅具备一流研发能力，更重要的是，我们学会将研发和生产经营有效结合。研发出先进产品是一方面，让产品的先进性为市场所接受，这是更重要的一方面，我们已经掌握将两者结合的方法。虽然国内重型车制造起步较晚，但只要坚持不懈地做下去，就一定能做出与进口车相抗衡的产品。

解放J6的成功让我们重拾对自主研发的信心，同时也看到对外合作的重要性。如果没有和意大利IDG公司联合开发、没有和奥地利AVL公司咨询合作，如果不向其他欧洲厂商学习先进技术，我们就不可能开发出具有国内最高水平的商用车。开放的目的是用好外部资源，最终还是要回归自主。

解放J6的成功更是体现了坚守的重要性。自第一代解放投产以来，我们已推出七代解放车。尽管大家都希望缩短开发周期，但正常产品开发流程很难压缩。开发产品要耐得住寂寞，需要时间积累和技术沉淀。

解放品牌的精神就这么一代一代传承下来，技术底蕴就这么一点一点积累下来。如果没有一代一代的传承和积累，解放品牌不可能坚持到今天。正是这种传承和积累，才确立了解放品牌在商用车创新领域的标杆地位。

模块化之困

解放J6项目启动时，我们这些技术人员非常羡慕欧洲商用车的先进技术，都希望能向欧洲水平看齐，做出一流产品。比如模块化思维概念，2000

年解放J6产品策划确定时，沈（言行）总就提出来过。

沈总在2000年跟奔驰谈判时，第一次提出模块化概念。他是一汽技术谈判代表，对方技术代表也很有经验。双方进行技术交流时，提到了模块化概念，当时奔驰还没有实施模块化设计。

策划解放J6时，我们就有了模块化设计雏形，当年的很多文件都还保存在我电脑里。虽然模块化概念并不特别清晰，但基本思路已提出来了。后来做驾驶室设计，尤其是设计白车身时，就已经兼顾到全系列各种规格的驾驶室需要，通盘考虑了各种变型驾驶室，然后做模块化。

最初考虑模块化，是从技术导向出发。大家都认为，模块化可以降成本。但投产前计算成本，却发现模块化增加了成本。因为就一个单体而言，如果采用模块化设计，材料成本和制造成本可能更高。比如做一个品种的驾驶室，我们可以把地板做成一个整体，也可以把它分成几块来做，方便以后不同规格的驾驶室拼，这就是模块化做法。要是比成本，单个品种的模块化成本更贵。模块化成本优势只有在做全系列车型时才能体现。

当年单个品种采用模块化设计的争议很大，甚至我们自己也没完全想明白。我虽然认为模块化设计方向正确，但没有定量分析，要说服别人也没有证据。模块化究竟能带给我们什么好处？这是长时间以来困扰我的一个难题。直到解放J6进入市场十年后，我们才终于发现模块化做法所创造的价值。解放J6有中型、重型和超级重型全系列产品，每个系列又有各种各样的变型，这些都可以用模块化拼出来。产品上量后就会发现，模块化做法总成本最低。

值得注意的是，模块化思路并不是绝对的，这涉及两种设计思路。针对大批量、大规模、多品种生产，模块化思路是对的；但如果只生产一个品种车型，模块化思路就不一定合适。国内有的厂家，驾驶室地板就做一个，他只要把这一个做到极致就行了。

对研发人员来说，真正的难点不是如何开发出一个先进产品，而是如何从多维度来评价一个产品，包括从技术可行性、满足用户需求、商业经营，以及制造、维修、服务、备品供应等方面进行多维度评价。这些经验很难从书本上学到，只能逐步摸索，而且还必须承担失败的风险。

汽车研发的核心

2009年解放J6上量后，一汽技术中心开始筹划下一代产品——解放J7。2009年调研，2012年立项，2018年投产，前后也是近10年时间。

从运作流程和运作规模看，解放J7研发跟解放J6有很大不同，解放J7是站在解放J6的肩膀上进行开发的。解放J6的目标是向欧洲水平靠近，而解放J7的目标是要达到欧洲当代产品水平。当时李骏院士讲过一句话，他说，要举一汽技术中心之力来做解放J7。意思是，研发体系只要跟卡车相关的都上，大家共同来做这件事。所以，支撑解放J7项目的不仅是一汽技术中心，还有生产制造和营销体系。

解放J7项目总负责人是时任一汽集团总经理助理王立志，他从一汽集团范围进行统筹。从研发模式看，解放J6是一个小分队在推进，很大程度上还处于摸索阶段，而解放J7从一开始就是一个正规化团队按照流程一步一步往下推进。但也正因为有解放J6积累的经验教训，解放J7才能少走一些弯路，按照体系化开发流程进行。

解放J7产品策划定位高品质，现在看确实有很大突破。在操控性能方面，匹配13升奥威柴油机，达到550马力，最大扭矩2600牛•米，为国内外同排量最大，目前正在开发16升发动机。除操控性能达到欧洲水平外，解放J7驾驶室噪声只有60多分贝，在国产车里已属噪声最低水平。

在制造工艺方面，解放J7跟欧洲车不相上下。要达到欧洲水平，冲压、焊接、涂装、总装等各种工艺水平都得提高，必须要有技术能力支撑，最终我们解决了这个难题。此外，在电动化和智能化方面，解放J7也有很多亮点，如利用车载智能终端，为用户提供主动干预服务等。

当用户真正体会到解放品牌为他带来的全新操控体验和品牌价值时，解放J7才能跟欧洲车画等号。但要跟用户心目中的高品质真正画等号，还有很多细节要完善。

在解放J7项目上，我的重点工作是把握好大的技术方向，尤其是把握好影响用户体验的核心竞争力方面。一些大的技术方案必须提前考虑好各种关联因素，如果方案成型后再改，代价就太大了。

比如仪表台高度控制，我们在解放J6项目上吃过亏，研发解放J7时，这就是一条红线，绝不能碰。再比如驾驶室内部高度控制，直接关系到用户的居住性水平，这个高度一旦轻易变动，就会带来很多问题，除重量变化外，连驾驶室的刚性和固有频率都会改变。

另外，在解放J7如何达到欧标方面，我组织开发团队进行专题深入研究，通过多渠道收集欧标信息和深度对标欧洲样车，在设计标准、验证标

解放J7下线

准、工艺标准等方面基本明晰了解放J7应达到的技术水平和技术路径。

我们在解放J7上市时前瞻性地提出了新战略，即由传统商用车制造商向智慧交通运输解决方案提供者转型。解放品牌如何在智能驾驶和智慧物流中占得先机？这对研发团队提出了更高要求。切入自动驾驶领域，跟我们合作的软件公司不是来自传统汽车业，他们擅长的领域我们不擅长，我们擅长的领域他们不擅长。

这些公司擅长算法和软件，但对汽车转向、制动、纵向控制、横向控制等性能缺乏深刻了解，也不懂这些系统的内部规律，而这些恰恰就是汽车企业的技术核心。过去我们对这些认识并不深刻，被各种互联网概念推着往前走，甚至某些阶段我们都不清楚自己的价值，到最后才看明白，核心应用软件还得自己做。

所以，在和这些公司合作时，我们要明确对方擅长的领域和我们能掌控的核心。做这些事情有难度，但只有把这些事情弄清楚，知道汽车研发的核心价值所在，才能真正做到以“我”为主。现在，我们正在筹建智能驾驶和智能网联技术自主能力，也在考虑下一代解放产品。

向华为学习

向华为学习流程再造，主要由一汽解放公司董事长胡汉杰全力推动，我也一直参与其中。从2016年起，胡董就开始筹划这件事，仅仅给解放高层“洗脑”就用了一年时间，还邀请华为顾问给解放各个部门做培训。

最初我对向华为学习的认识还不是很深刻，但现在已逐渐认识到胡董的战略思维。胡董希望达成的解放未来愿景是建立一套现代企业制度。那么，谁是现代企业制度的典型代表？华为。因为华为是现代化企业，而且是中国企业，它的经验更适合解放学习借鉴。

选择华为，就意味着我们的组织建设要向华为方向努力。华为是流程化组织，即先要梳理、优化业务流程，再靠组织机构支撑流程，这就是IPD

（Integrated Product Development，集成产品开发）管理体系建设。IPD 只是流程化组织建设中的一个流程，华为的业务流程有十几个，每个流程都是完善而独立的。

一汽解放要按照华为方法论把流程做好，再让自身组织机构满足流程需要，其实就是解决怎么干事情最合理、最科学的问题。

一汽解放将跟华为的合作称为“征途”项目，当前已经进行到第二期。“征途”一期重点在于战略，“征途”二期重点是 IPD 产品诞生流程。“征途”一期和二期我都有参与，“征途”一期有 5 个子项目，我负责其中 3 个。“征途”二期有 9 个子项目，我是项目群总负责人。

对于未来流程变革的落地，我们肯定会遇到很多困难。华为顾问说，全球变革成功率非常低，不足 8%。主要问题还是来自人的思想意识，因为人都有惰性和畏难心态，所以流程变革需要我们坚定思想意识不动摇。

“征途”二期的流程文件将于 2020 年底完成，接下来就是流程文件实施阶段。我们会不遗余力地推行贯彻流程化组织建设，为达成一汽解放成为“中国第一、世界一流”的智慧交通运输解决方案提供者目标强化体系支撑。

1950
-
2020

尚兴武

核心竞争力

一汽解放真正实现了一汽当年的愿望：研发一代，储备一代，生产一代。

尚兴武，一汽解放副总经理兼解放青岛整车事业部党委书记。

作为第二代一汽人，尚兴武成长于一汽，就读于一汽子弟学校，1985年考取吉林工业大学汽车设计专业，1989年毕业后被分配到长春汽车研究所，几乎经历了继解放CA141之后的所有解放产品开发。

入职初期，面对国内卡车行业“缺轻少重”的情况，尚兴武参与开发9吨6×4车型，填补一汽重型产品空白；牵头研发国内第一款前双转向轴卡车产品，目前该类产品仍为中、重型载货市场主流品种之一。

2000年，尚兴武调入一汽集团规划部；2002年，调入一汽解放规划部。2006年，担任一汽技术中心商用车部部长，其间组建客车部，率先研制推出长头校车，推动校车行业发展。

2012年，尚兴武调入一汽解放公司，先后分管生产、质量、采购、技改和困难企业改革等。2017年，一汽集团全面改革，他担任一汽解放副总经理兼解放青岛整车事业部党委书记，主要负责解放轻型车和新能源车。

2020年5月13日，尚兴武在一汽解放青岛整车事业部接受访谈。

从中型到重型

1989年我大学毕业，被分配到长春汽车研究所总布置室，当时一汽还在生产销售5吨长头解放CA141载货汽车。

1989年到2000年以及2006年到2012年，这两段时间我都在汽车研究所（后变更为一汽技术中心）度过，经历了一汽卡车平头化、柴油化、多轴化、重型化、国际化的升级过程，也经历了计划经济体系下单一标厢产品，向市场经济下市场细分、多元化产品转化的过程。

刚入职时，我在总布置设计一室工作，所里和科室里有很多老同志，如汽车研究所领导周颖、康展权，发动机专家冯建权，车身专家朱崇武，制动专家薛汉池，以及吴长发、陆德俊、王永惠、沈言行、朱贵等。

我们科室有4个专业组，我所在的总布置组负责整车设计，车架组负责车架设计，公底组负责公共汽车底盘设计，使用服务组负责使用服务说明书。办公室就在商用车开发院主楼七楼。那时候没有计算机，总布置组全是大图板。整车设计采用涤纶膜画布置图，因为涤纶膜不会变形。先在涤纶膜上打格，再进行全车每个部件的布置设计。所有尺寸和计算都在大图纸上进行，改进时要在上面重新布置设计。

一汽从20世纪90年代中期步入平头化、柴油化时代，开始设计与之匹配的CA6110柴油机。之后抓住转型契机，向大功率、重型化方向发展，结合平头车，在CA6110基础上把发动机功率提高到200马力以上。我承接做平头6×4车型总布置设计工作，推出双桥9吨车，这是一汽向重型化和大功率方向发展迈出的第一步。

解放产品的基础是从中型长头车开始的，后及时引进日本三菱平头驾驶室技术。对应市场重型化需求，我们把两轴车升级成6×4三轴车，同时提升发动机功率，解决了用户多拉货问题。

一汽同步开发重型化的动力、传动、承载、行走总成系统，推出第三代

9 吨 6×4 车型，填补一汽重型产品空白

6 吨平头柴油车、新 7 吨卡车和新 9 吨卡车，一汽从此形成以平头为主，长头为辅，中、重、长、平并举的格局。

同时，研发人员不断升级技术，将最早引进的三菱 FK 系列窄体驾驶室扩展为 FM 系列中体驾驶室和 FP 系列宽体驾驶室。结合动力总成和底盘系统的升级完善，形成解放第四代车型系列，奠定了市场上一直延续至今的中型、准重型、重型产品雏形。

20 世纪 90 年代后期，一汽启动各系统全面换型升级、应用完全自主开发的 8 升、9 升 CA6DL 系列发动机和全新变速器、驱动桥，形成解放第五代产品，也就是奥威系列。2004 年 7 月，奥威重卡下线，紧接着，同代系列产品悍威、骏威相继投产，形成一套主流产品。一汽解放自此实现完整产品格局，真正进入重卡时代。

从 2001 年起，一汽在集团领导及技术中心领导董春波、许宪志、沈言行、朱启昕的带领下，启动解放J6项目，吴碧磊做总体设计，2007年7月投产。解放J6标志解放车型结构进入一个新平台，是一汽解放向现代化、国际化发展的里程碑。

我参与了新工厂建设。解放J6投产后，销量逐步爬升，发展成为适应行业需求的主流产品。2015年前后，结合市场对重卡产品高端化需求，我们推出解放J6领航版，全面引领市场，带动行业高端化进程。

在一汽解放的推动下，一汽技术中心组织开发的解放JH6成为一汽解放青岛基地的主力升级换型产品，并实现与解放J6共平台，有效推动一汽解放长春、青岛两个主力基地的平行扩张发展。

解放J7是完全面向国际化的全新产品，由李骏、朱启昕主抓，吴碧磊担任总设计师。解放J7不再只是运输工具，而是“新四化”下搭载信息化技术的智能终端，是一汽解放实现“中国第一、世界一流”目标的里程碑式代表作。

形成核心竞争力

解放中、重卡产品的发展历程是一部紧跟国家发展主脉络，洞察市场需求变化，勇于创新、敢于领先的辉煌创业史，也是一段坚持自主、深耕技术、永不言败的艰苦奋斗史，其间历经几次大环境的转变。

20世纪90年代初，恰逢国家经济体制从计划经济向市场经济的重大转变。此前，一汽生产解放CA141，主要根据轴距变化来改变车厢长短。进入市场经济后，需求呈现多元化，车型要根据市场进行细分。

一汽很早就树立了以用户为中心的理念，但也有个转化过程。一汽分管营销的领导和时任一汽贸易总公司总经理赵忠信提倡设计人员要融入市场。我负责基本型产品，首先进入市场营销领域。

记得有一次，我去南方走访市场，销售经理带我去看市场需求车型。他指着车后面露出的双层车架说，用户为了多拉货，需要这样一眼就能看到的双层车架，你们只在中间做加强，用户看不到，也不买账。

这对我触动很大（从力学角度来说，车架后端受力较小，设计上无须将加强梁延伸到最尾端），让我真正体会到市场和用户的需求有时很单纯，用户买我们车的原因就是产品的卖点。后来，我经常随销售人员走访用户，参加营销活动。

深入用户、以用户需求为导向已成为一汽解放研发人员普遍自觉的工作惯例。“解放卡车，挣钱机器”也已成为解放人的最根本理念和行动导向。

一汽还善于抢夺先机，在主流市场上推出高顶双卧车。原先客车只有一层卧铺，后来做成双层卧铺，高顶外凸，这就是结合市场需求快速反应的典型案例。

随着公路运输体系越来越完善，跑长途运输的客户越来越多，各种长途货运差异化需求应运而生。各重卡企业都开始围绕市场和需求转型，卡车企业拼的是谁对市场了解多以及谁反应快。

根据细分市场的不同需求，一汽解放很快就能做出满足用户需求的车型。例如，我们率先开发了一种新的仓栅结构车厢，可以运输一些散杂货物。这些车初期大都用来运输义乌小商品，被用户称为“义乌厢”，受到极大欢迎。

回到市场“缺轻少重”的年代，在耿昭杰厂长（时任一汽厂长）的带领下，一汽开始布局轻卡业务。一汽原有长轻（长春轻型车厂）、吉轻（一汽吉林轻型车厂），后有哈轻（一汽哈尔滨轻型车厂），包括一汽红塔，都生产轻型车，引领了国内轻卡市场。大量轻型车从东北发往南方，被大家比喻成“轻兵入关”。

后来，一汽集团对轻型车进行战略布局，开发解放J6F新产品，布局给一汽解放。一汽解放轻型车开始高速发展，连续4年行业增速第一。

高度重视自主技术，是一汽最重要的传统和根文化。耿厂长特别重视产品，一汽集团每年工作重点都是以产品为核心，展开梳理，突出不同产品

率先研制推出长头校车，引领行业校车发展

重点。

2000 年前后，一汽集团发展重点是“1233”，其中“1”指强化产品开发中心；“2”指采购和营销两个网络；第一个“3”指建设焊装、涂装、总装三大工艺；第二个“3”指发动机、变速箱和车桥三大总成。

一汽克服困难，把大量资金投入前期总成研发，这不仅需要技术，还需要能力。这期间我经手的很多项目，不但最终形成了产品，而且更重要的是训练了研发队伍。同时，一汽坚持对大总成进行技术投入，为推动自主研发奠定了强大的自有技术基础。发动机、变速箱、车桥发生巨大转变，形成一汽自主核心竞争力。

三个阶段

我在一汽大致经历了三个阶段。第一个阶段从 1989 年到 2000 年，是继承和传承的阶段。

刚入职时，田其铸、华庆等老同志都在。每个设计师都有厚厚的设计笔记，那是他们多年积累的经验财富。当时没有计算机，没有信息化系统，每个人的笔记本上都是汽车相关信息，包括计算方法、设计方法等，非常严谨。

举个例子，画图先用白图纸，然后由师傅审核。哪个地方错了，用红铅笔勾画，如果红笔多了，图纸咔咔就被撕掉。当时没有计算机，撕了就意味着要重画。我用涤纶膜画的图纸撕不了，只能作废。

领导成天教育我们，不要只坐在办公室画图，每个月必须有1/3的时间在车间现场，了解工艺流程。那时候设计和市场结合还处于过渡阶段，我们要先到车间了解零部件制造工艺，才能设计、画图。

老一代设计师对自己负责的那部分设计生产工艺相当熟悉，脑袋里跟过电影似的。他们对年轻人毫无保留。比如沈言行，解放J6前身的缔造者，他和许宪志都是汽车研究所的领导，他们一起策划换代车型，前期沈言行对项目策划作出了不可磨灭的贡献。前辈们不仅传授我们技术，还把严谨的工作态度传承给我们。

这些老同志对我的一生影响很大，他们每个人都是我学习的榜样。无论是从技术角度，还是从其他方面，他们传帮带都毫不吝惜，恨不得直接往我们脑袋里灌知识，让我们尽快成长。

这个阶段正处于市场经济初期，用户需求是多拉快跑，希望提高卡车动力和承载能力。针对用户需求，我们对解放CA141进行小升级。主要是对车架进行加强，在车架纵梁内侧增加上下两块加强板，中间横梁也做了一些改动，生产上需要投资生产冲压模具。

在那个年代，这对一汽来说算是比较重大的改动。需要一汽副总工程师李松龄和车身厂技术副厂长朱宗华组织会议进行技术论证。正好带我的师傅出差做创国优项目，于是就由我这个刚入职没几年的年轻人代表汽车研究所去汇报方案。

第一次见这么大的场面，我只能硬着头皮尽力而为。好在老领导、老专家并没有因为我年轻而有任何偏见。他们实事求是，就技术论技术，虽然讨论得甚是激烈，但还是商定了周密的工艺方案，通过了我们的设计。我被老专家们的务实精神所打动，这件事虽已过去 30 年，让我记忆犹新。

再谈谈我的工作。做完 9 吨 6×4 双桥总布置后，1997 年我到日本做商务考察，发现日本有一种前双轴转向的多轴车，且应用较多。日本道路狭窄，很少有挂车，大都为单车多轴，而且把前面两个轴都作为转向轴，当时国内还没有自主开发过这种车。

回来我就跟周颖所长（汽车研究所所长）汇报，我认为这种车很有前途。周所长说，行，我支持你，做吧。我说，所长，没有人啊。他让我自己想办法。于是，已是科长的我就开始自己上手，组织前双轴转向车型开发。刘蕴博（汽车研究所高级工程师）指导我做理论计算分析，我们设计了第一辆前双轴转向 8×4 载货汽车，这是国内首款自主双轴转向车。推出后，成为解放独有产品，供不应求。

这款车型在研发过程中也遇到过困难，开始我们做得比较复杂，中间过渡臂曲里拐弯的，用一个动力转身器驱动两个转向轴。后来，在这个基础上进行简化。现在，这类产品已成为市场重要需求结构之一。

第二个阶段从 20 世纪 90 年代后期开始，一汽技术中心的整车、总成研发进入快速发展时代。这期间，先是董春波担任技术中心主任，后来是李骏院士。发动机、变速箱、车桥系列化等产品整体技术提升都从这个阶段开始。

2000 年，我在一汽集团规划部工作，参加了一汽与奔驰合作谈判的项目组，经历了谈判的最后阶段。当时奔驰刚整合完美国克莱斯勒公司，正雄心勃勃，与一汽的合作条件是，全面应用奔驰技术，停止正投入准备的 CA6DL 发动机项目，只使用奔驰发动机。这严重触碰了一汽学习吸收、发展自主产品的底线，最终谈判破裂。

这让一汽认识到，要想发展民族汽车工业，必须依靠自己的力量。一汽集团下定决心，克服一切困难自主发展。一汽人奋发图强，投入大量资源培养自主研发能力，开发核心总成，走出一条自力更生、不屈不挠的自主之路、艰辛之路、成功之路。

这期间我们到世界先进车企参观学习，这些车企普遍认为，中国汽车工业落后，所以不怕开放给我们看。转眼 20 多年过去，一汽解放卧薪尝胆、奋发图强，迅速缩小与国际先进水平差距。时至今日，国际整车企业对一汽解放技术人员采取封闭态度，禁止我们去交流学习，原因是我们已经强大起来，已然成为他们心目中的竞争对手。

第三个阶段就是最近 10 年。一汽解放经过不断成长，形成更强开发能力。新产品日趋丰富，成为行业排头兵，市场开发和经营成果蒸蒸日上。

2012 年，我调入一汽解放，开始个人职业发展的另一阶段。一汽解放的成长历程就是一部中国汽车工业发展的历史，每个年代都有典型作品，融入了时代的变化，引领了行业技术的快速进步。现在一汽解放真正实现了一汽当年的愿望——研发一代、储备一代、生产一代。沿着这条路，一汽解放研发水平越来越接近国际先进水平，跟欧洲重卡技术相比，差距在逐渐缩小。

我在青岛整车事业部分管轻卡业务。解放轻型车目前有虎 V 和解放 J6F 两大系列产品，解放轻型车的销量，2016 年是 1.7 万辆，2017 年是 3 万辆，2018 年是 5 万辆，2019 年是 6.5 万辆，2020 年的挑战目标是 8 万辆。一汽解放已成为轻型车市场成长速度最快的企业，更是竞争对手研究的对象。

按照这种发展态势，我们对未来有足够信心。一汽解放已经处于优势地位，我们要不断加强研发投入，保持上升优势，继续领航前行。

1950
-
2020

赵国清

做产品策划开发就像在冰上行走

每走一步就有每一步的压力，始终战战兢兢，丝毫不敢懈怠。

赵国清，一汽解放总经理助理、产品管理部部长。

1989年，赵国清从吉林工业大学汽车专业毕业，被分配到一汽空调机厂技术科，从事新产品试制。1992年1月，调任长春汽车研究所底盘设计一室悬架组，其间7年，最重要的任务是设计9吨车和16吨车的悬架。

1998年10月，赵国清调任一汽富奥公司产品开发部业务主任。一年多后，调回一汽技术中心商用车部总布置设计一室，其间参与开发解放“四大”加强型系列卡车和FM平地板车。2002年10月，调任一汽解放规划产品部产品开发室主任，组织开发解放6×2前双轴牵引车和解放8×2等系列车型。2005年开发4×2小自卸车。同年，参与“521”工程策划，策划开发26个车型，支撑一汽解放后几年的发展。

2011年，一汽解放成立新技术发展部，赵国清担任技术发展部部长。2015年成立产品管理部，赵国清任副部长，负责项目管理。在朱启昕的带领下，策划解放J6领航版、质惠版、四季版、南方版和北方版等系列产品。2017年一汽集团改革，赵国清担任一汽解放产品管理部部长，负责战略规划、产品规划策划和产品项目管理，参与策划和管理解放J6升级版、解放J7和国六等产品。

2020年4月13日下午，赵国清在一汽解放商用车开发院接受访谈。

初入职场

1989年，我从吉林工业大学汽车专业毕业，随同专业23位同学一起分到一汽。其中大部分同学被分到长春汽车研究所，其他同学被分到一汽旗下各部门。不知为何，我被分到一汽空调机厂，以前分到这个厂的大学生都是学机械制造专业的，我是第一个汽车专业本科生。

空调机厂主要做一些汽车零部件，种类很多，比如悬架支架、翻转机、减震器等。我被安排到技术科，参与减震器新产品试制。先到车间实习一个月，我去向车间主任报到。他从工人一步步成长起来，非常注重卫生，当工人操作机床时还能穿白衬衫，机床也干净整洁。

车间主任看到我就说，大学生来了，实习多长时间？

一个月。我答道。

你根据自己的时间安排。他说。他们没有给我任何压力。我就到减震器车间装配减震器总成，车间做一部分零部件，还有一部分外委。一个月下来，我真切体会到做产品的艰难，也体会到工人师傅的辛苦。

每当有新产品，空调机厂都要先试制，经试验合格后，再批量生产。试制就得让减震器车间做零部件和装配工作，我负责产品配合，由此熟悉了零部件生产过程和装配过程。其间我还做过试验，技术科有两个试验台，分别做减震器性能和寿命试验。那个阶段的学习成果我一直应用到现在。

这段经历让我了解到做一个产品的过程。每个机床上都有工艺卡，现在叫操作指导书，工人们按照工艺卡操作。现在看来，实习期应该更长，技术人员只有下到车间，才能体会到技术和实际的距离。

参加工作第二年，我遇到一个出差机会。有几个减震器零部件在宁波工厂生产，厂里派我去宁波出差。当时我还够不上坐卧铺的条件，只能坐硬座，也没想过辛苦，就想去南方看看。我们从长春坐火车出发，一行两人，另一位是生产部的周师傅，他负责订货量和交货周期，我负责技术交流。

36个小时后到上海西，途中有人下车，随手将一个纸箱子壳传给我，我把纸壳往座位底下一铺，躺下就睡着了。从上海到宁波这段路的氛围，和东北段很不一样。我明显感受到南方人更有经济意识。

到工厂后，我拿着图纸跟对方谈要生产的活塞和压缩阀，对方告诉我，这些件的材质是粉末冶金，还领我去车间看生产工艺。我这才知道生产粉末冶金零件也得有模具，这才开始了解零部件工艺。产品是技术，工艺也是技术，拿到产品图纸后得做模具、工艺分析、投资分析和成本分析等。这是我第一次跟供应商打交道，感觉他们的思路更为开阔灵活。

实习和出差让我体会到零部件生产工艺的重要性。产品设计要是不了解工艺，设计的产品结构在工艺上就会无法实现或者实现困难，给工厂带来很大麻烦。所谓“设计师一条线，工人师傅一身汗”，意思就是设计结构简单，工人师傅省事；设计结构复杂，干起来就麻烦，工序繁多，工人师傅很难做，所以设计跟工艺一定要对齐。

1991年前后，我参与了一个减震器大项目。一汽一大众准备生产高尔夫轿车，一汽让空调机厂做减震器总成，项目为“年产15万辆高尔夫轿车减震器”。对空调机厂来说，这是一个非常好的项目。

第一步要拿出可行性研究报告。项目由一汽集团规划部牵头，具体工作由空调机厂技术科做，科长让我帮着整理材料。他们开会论证，我记录整理综合报告。那时可行性项目论证不像现在这么系统，只能一段一段地整理，没有电脑，只能用方格纸写。项目头两段就写了12页，写完先给科长看，他说逻辑思维还可以，就把这事交给我负责。

我花了3个多月时间，写成《年产15万辆高尔夫轿车减震器项目可行性研究报告》，共二三百页，对项目从头到尾进行分析论证，包括投入、产出、工厂建设、成本等。写完后交给办公室打印，我校对后再派人送北京审批。

减震器项目最终没在空调机厂做成，但执笔可行性研究报告对我后来帮助挺大。我离开空调机厂后，减震器业务独立出去，成立了减震器合资厂。

到汽车研究所

减震器毕竟只是汽车上的一个小总成，我还是希望学习和参与整车项目。1991 年底，机会突然来了。技术科分来一位大学生，他父亲在长春汽车研究所底盘设计一室当科长，我就托这位新同事帮着打听他父亲那里是否还需要人。

新同事第二天告诉我，他父亲想见见我。一天下班后，他带我上他家，经过沟通，他父亲当场同意我去上班，但表示科里还有副科长和主任工程师，希望我再去科里一趟，和他们交流一下。

第二天下午，我来到汽车研究所底盘设计一室。他们见面就问我毕业设计做的什么。少片簧变截面钢板弹簧设计。我答道。

听到这个课题，他们都很惊讶，因为设计题目很新。当年汽车上装的钢板弹簧基本都是多片簧，没有少片簧。少片簧片数少，重量轻，技术比多片簧先进。汽车研究所已有装少片簧的方案，但生产上还没应用。接着，我们又交流了少片簧和多片簧的优缺点。

汽车研究所同意让我去上班。我跟师傅提及调动的事，他也赞同我去，他说，厂里做的零部件很杂，主要是做工艺，但你在工厂这两年也没白费，对你将来会有帮助。我又找厂长沟通，厂长也表示同意。

1992 年 1 月 22 日，我到汽车研究所报到，这个日子我记得很清楚，因为我期盼了两三年。我被分到底盘设计一室悬架组。少片簧就是悬架上的零部件。

悬架组组长叫王秀莲，对我很照顾，经常带我上现场处理钢板弹簧卡子、副簧跟支架的摩擦等生产上遇到的问题。回办公室后，我再跟着整理设计文件。同时，还安排我在解放 CA141 基础上做一些变型车设计。

刚到悬架组，我就被安排画钢板弹簧支架，这对我来说是一个比较复杂的零件。当时科里就 3 台计算机能用 CAD 制图，我还不会用，只能在图板上画。虽然不轻松，但我还挺高兴，毕竟是一个学习机会。同事领我去现场看支架，正好空调机厂生产支架。我就去找支架车间主任，问他能不能给我一个支架做设计参考？车间主任从废品中找出一个支架给我。

这是总布置按照整车设计要求给我们下发的设计任务，也是我毕业后第一次画产品图。画图地点在汽车研究所主楼五楼，图板很大，约有三四米长。科里有 33 个设计人员，其中 17 人是 20 世纪 60 年代毕业的大学生，都是老师傅。他们看我画图，感到很新鲜，经常过来做些指导，使我受益匪浅。

支架设计完成后，交给师傅审查，她提出了一些问题，我再修改。师傅确认签字后，我再送去描图。描完图后还要校对，最后晒出蓝图，发到工厂试制，试制出来后再装车。

装车时有人捎话，说尚兴武找我。当时尚兴武在汽车研究所总布置设计一室，他做整车设计，我做悬架设计，我们要一起上总装线配合装车。支架铆到车架总成上，再装钢板弹簧，如果没问题，整车装配完成，检查合格后入库，成为商品车。

看到自己的作品成功装车，非常有成就感。回来后，我跟师傅说，装配没问题。师傅说，挺好，没问题就接着干，有问题就分析改进。

设计重型车悬架

我在底盘设计一室干了 7 年，设计了不少产品，最重要的是 9 吨车和 16 吨车的悬架。1994 年，一汽想发展平头重型车。以前解放主要产品是中型长头车。产品设计任务分解到悬架组，组长安排我设计悬架。

从理论上讲，大学生毕业后都有一个师傅带。我到汽车研究所时，已不是刚毕业的大学生，就不能再给我派师傅了，但在技术上大家都可以说是我的师傅。组长让我干，我又高兴又担心，这是一个全新悬架，组里比我能力强、经验丰富的老师傅挺多，所以压力很大。

我先做9吨车悬架。一位老师傅给我两本计算书，教我做悬架设计计算。一本是CA141前悬架设计计算书，另一本是CA141后悬架设计计算书，后悬架计算比前悬架复杂。这两本设计计算书都是手写的，我如获至宝，天天翻阅，天天琢磨，先把悬架设计计算原理弄清楚，再到现场看实物，为设计做准备。

做悬架时还有个插曲。20世纪90年代，国内公路运输市场发展很快，用户拉货越来越多，对悬架承载能力要求越来越高，那几年一汽销售公司经常提出要主簧加强。当时郭孔辉是汽车研究所总工程师，他管整车研究。

针对一汽销售公司的要求，郭孔辉交给我们科一个课题——能否副簧加强？因为副簧加强比主簧加强效果好。科里把课题安排到组里，组里安排我分析计算。汇报当天，汽车研究所领导围着大图板坐下，我从来没见过这么多专家。当时没有PPT，汇报材料用手写，复印几份再发给大家。汇报过程中，领导提了些问题，组里老师傅帮着解释。经过讨论研究，汽车研究所决定副簧加强。

做重型车开发时，汽车研究所开始实行主查制，相当于现在的项目经理制。重型车项目主查是黄文海，任底盘设计一室传动组组长，清华大学毕业，当选过一汽劳模。整车设计是刘蕴博，郭孔辉的得意门生。我负责悬架设计。

为研究悬架结构，刘蕴博经常带我们去拆车测绘。汽车研究所购买过进口车，因产品开发所需，还有不少商检车要检测。我们拆过一款日产9吨柴油车，发现副簧刚度很大。解放CA141是5吨车，要提高到9吨，设计悬架时就要提高副簧刚度。以前副簧刚度大约是主簧的1.5倍，现在要提高到3倍。我们就按这个思路设计，这种设计方法一直延续到现在。

设计16吨车后平衡悬架时，黄文海带队到山西大同调研。山西产煤拉煤，对重型车需求大，仅大同第二运输公司就有120辆进口日产柴FV413

重型车。到运输公司后，我们四五个人钻到车底下去研究。

光看不行，还要测绘。我们问对方，能不能借一套零部件？对方从备件库里找来一套给我们。在一个空旷的车间里，我们用纸箱子垫在地上进行测绘。用了近一周时间，才基本弄清楚日产柴 FV413 重型车的悬架结构。

我们在此基础上设计 16 吨车的平衡悬架，这是一汽较早的大吨位平衡悬架。当年设计的一些参数，还在解放重型车上使用，比如 16 吨平衡悬架的中后轴轴距是 1350 毫米，现在还是这个参数，但结构更先进、性能更好。

接着在专用车厂试制，地点在兴隆山。为配合装车，接连一个多月，每天早上我们从汽车研究所大院坐车到专用车厂，晚上再坐车回来。自己设计的零部件大都自己装，体验装车感觉。装车过程中也出现过问题，比如现场遇到不合适的零部件，跟着师傅拿去改，改好后再拿回来装。要是自己的设计有问题，改完后回来再做分析。

装完车后再测参数。悬架有个重要参数，从前轮中心到大梁上表面距

赵国清（右一）在生产一线

离设计是555毫米。决定这个参数的因素很多，包括相关零部件重量、钢板弹簧弧高公差和前轴总成相关尺寸精度等。从理论上讲，装车后参数在555±5毫米范围都属正常。装完后再测量，正好是555毫米。

9吨车和16吨车是一汽向重型车转型的关键产品。1996年10月31日，9吨车通过国家鉴定。这期间，我跟黄文海、刘蕴博学到不少知识。刘蕴博理论基础非常好，做事严谨，计算横向刚度、纵向刚度、质心高度等参数时，经常是我们先算完，他再复核。

项目完成后，我对悬架有了更深理解。悬架是整车和底盘的连接承载机构，既是弹性元件，也是承载元件，使用条件比较苛刻。在底盘设计一室，我做成了一点自己想做的事情。

"四大"加强型和FM平地板

1998年10月，一汽富奥汽车零部件股份公司（以下称为"一汽富奥"）成立，从汽车研究所要人做产品开发，底盘也需要人。他们希望我去当业务主任，我同意了。

到一汽富奥做产品开发，跟汽车研究所反差太大。汽车研究所是一步步学，要平台有平台，要老师有老师，一汽富奥没这些条件。当时跟我一起过去的有两个人，一个做车身设计，一个做试验，后来又从一汽富奥旗下各部门调来几个人。但要做零部件设计，这些力量远远不够。

我在一汽富奥只待了一年多，虽然没设计相关产品，但对公司职能管理有了深入了解。一汽富奥职能部门不到100人，都很精干，在协调一汽富奥和内外部各项工作时，我深刻感受到职能部门的服务和管理工作对一汽各分公司的重要性。

1999年底，我向一汽富奥提出，希望回汽车研究所，对方表示同意。时任汽车研究所所长周颖也同意我回去。我希望回底盘设计一室，但部门领导说，总布置设计一室愿意要做过底盘的人。

我被分到总布置设计一室，跟吴碧磊是前后桌。吴碧磊现任一汽解放副总经理兼商用车开发院院长，他干活很细，设计过 5 吨车、7 吨车，还有不少变型车。这时运输市场对重型载货车需求很大，我们做了四大加强型车，对发动机、离合器、变速器和后桥四大关键总成加强、加大。

四大加强型系列是一汽向重型车转型的过渡产品。从 2002 年到 2007 年，一汽解放主要靠四大加强型系列产品吃饭。

回汽车研究所这 3 年，我还做过一个 FM 平地板车项目。平地板车是在 7 吨车平台基础上进行技术升级，总布置应用模块化等新技术，同时达到降重 750 千克的要求。平地板车做得很辛苦，虽然已开始用计算机做总布置，但还只是二维设计，设计时要边布置边上车间看，观察结构变化和合理性。

我们负责整车设计，要跟踪试制全过程，有问题马上改。为实现整车降重，采用了许多新结构。比如，横梁连接板结构用 L 形，而不是 U 形；采用模块化管路和少片簧；在车架上打标准口，间隔 50 毫米一个，孔多相当于降重，将来做变型车也灵活。

除结构外，我们在材料上也狠下功夫，能用铝材就用铝材，如散热器就是铝合金。以平地板和降重为特色，平地板车实际降重 760 千克。

后来在平地板车基础上，又进行了内外饰升级。做这个项目时，我跟时任一汽技术中心副主任许宪志去意大利对升级项目进行造模评审。评审过程不仅让我学到了国外先进汽车工程技术，还学到了很多汽车造型和人机工程方面的知识。

三四百个任务单

2002 年下半年，一汽筹备成立解放公司。当年 10 月，一汽商用车制造中心成立，并模拟运作。2003 年 1 月 18 日，一汽解放成立。

筹备阶段，规划产品部部长尚兴武给我来电话，说准备成立贴近市场、快速反应的产品开发室，问我愿不愿意去？我愿意去试试。2002 年 10 月 27

日，我到产品开发室当主任。产品开发室的主要职责是，在技术中心各平台产品基础上进行适应近期市场需求设计，也叫适应性产品设计。

产品开发室直接服务营销部门提出的产品需求。当时一汽技术中心产品开发任务很重，中型、轻型、重型都要做，还要做乘用车。市场有需求，我们能做的几乎都做了。产品开发室起初只有12个人，边做边招人，扩充技术力量。

我们几乎每天都能接到销售公司提交的用户需求单，这些需求都是在平台车基础上做变化。有些需求改动较大，汽车试制出来后，还需要做试验，这类单子多数由一汽技术中心做，交付周期不太严格。

我们接到的单子大多对产品改动不大，或是更换现有驾驶室、变速箱、轮胎、油箱之类，或是更换速比，或是轴距做些变化等。这类单子销售公司得跟用户签交车时间，还特别强调，如果到时不交车，用户可能要退单。

这句话对我造成很大压力。产品设计不出来导致退单，不就影响一汽解放经营吗？那时压力大到瞅着单子就害怕，甚至晚上睡不着觉，导致头发白了不少。仿佛突然之间市场意识就浓了，而且有很强的危机感。

看到需求单不断变化，我在办公室也坐不住了，就开车拉着产品开发室的同事，直接到二发送站研究商品车，或者到汽贸城研究学习竞品车，回来做设计。周期很快，设计完成后，每隔两周或者一个月就排产装车。

2003年，装车时我都会到现场。其间也出过问题，当年匹配过一个435桥，装车时制动管路连不上，为保证交车时间，我们连夜更改设计。

这一年磨炼下来，产品开发室摸熟了一汽解放相关工作流程，对车间也更为熟悉。车间对我们很支持，师傅们经验丰富，装车遇到问题，他们就在现场调整。这一年确实很辛苦，至少接了三四百个任务单，所幸没耽误生产和销售。

2004年，我开始参加一汽解放每天早晨的交班会，解决头一天市场和生产上遇到的问题。交班会起初由各科室副主任参加，后来领导说，事关生产大事，大家要重视，各科室一把手得参加。

交班会上会讨论市场和现场两方面问题。关于现场问题，我都能讲清楚。但产品问题既有现有产品问题，也有历史产品问题，就得核查处理。有些车卖出去好几年，还有问题反馈回来，查完后第二天就得回复。交班会对提高工作效率很有帮助。

产品开发团队设计了很多车，其中有不少畅销车。有些车畅销是因为抓住了市场需求，还有些车畅销是因为及时捕捉到了法规变化机会。比如，2004 年国家发布影响汽车行业发展的 GB1589－2004《道路车辆外廓尺寸、轴荷及质量限值》标准（以下称为“1589 法规”），对汽车尺寸和质量进行重新定义。

还有一个重要变化是，国家开始治理超载超限，下发《关于进一步加强车辆超限超载集中治理工作的通知》（交公路发〔2004〕455 号），规定一轴只能承载 10 吨。

针对 455 号文，我们在一汽技术中心开发的解放 J5M 牵引车基本型基础上，开发解放 6×2 前双轴牵引车。本来 6×4 加上三轴半挂车也能组成 6 轴列车，但解放 6×2 前双轴牵引车重量更轻、成本更低。2006 年产品开发完成，王瑞健负责生产准备，当年投产上量，全年销售 7000 多辆。

针对 1589 法规，我们开发了解放 8×2 型车，该车采用支撑轴式结构，这种结构属国内首创。2007 年，解放 8×2 型市场占有率达 87%，占绝对垄断地位。

小自卸车

2006 年，配合国家新农村建设，我们开发了一款 4×2 小自卸车。该车需求量非常大，农村可用它来拉渣土，有些地方不用上牌，所以绝对需求量没法统计。

开发小自卸车的最大压力来自成本，该车型总售价 10 多万元，要比标准车型便宜 1 万元。我跟时任一汽解放总经理王立志到吉林省梅河口市场做调研，了解市场需求，对比竞品车型。回来后着手研究如何降成本，一汽解放还给了些特殊政策，放开采购资源，可以采购体系之外的零部件。

我们一个件一个件地对标分析，算出可降成本 10800 元。接着开始设计，装出车到辽宁省鞍山市海城做试验。我跟着去海城，对试验车提出一些改进意见。正式投产后，有时一个月能装车 500 多辆。

这个车在梅河口卖得最多。当地用户提建议，该车后桥承载力不够，建议把后桥做大。两轴车承载主要在后桥，于是我们把 457 后桥换成 300 后桥。有人不理解，认为小自卸车何必配这么大后桥？结果配 300 后桥后卖得很火。后来由于产品排放升级变化，小自卸车市场竞争力不足，销量逐渐减少。

小自卸车让我对整车的成本控制，以及专业用户需求有了更深认识，这些认识只有深入市场才能体会到。其间有用户反映车辆抖动，我和一个设计师到梅河口去解决问题。找来找去，都找不到抖动原因。

后来，我和设计师到汽配店去看零部件。我们判断可能是发动机悬置件有问题，但服务站没有件，调件时间又长，我看汽配店里有差不多规格的件，就买了两个，让服务站给小自卸车换上。幸运的是，这两个件的连接尺寸跟原厂件一模一样。车修好后，用户立刻开出去拉活。

临走前，用户说，你们今天不能走，明天我干一趟活，看车还有没有问题。第二天一早，我和设计师还有服务站人员就站在路边等用户反馈。10 多分钟后，司机开车过来，车上还拉着大石头。

这有多重？我问。

车货总重 35 吨。他回答道。

车用着怎样？

挺好。

听他这么一讲，我立刻感觉非常畅快，只要能把问题解决掉，其他都是次要的。否则故障不解决，用户用不了车，我们心里也不踏实。但换件只是应急措施，回来分析原因，发现还是零件材料有些问题。我们把材料做了更改，问题最终解决。

除小自卸车外，产品开发室还开发过很多市场需要的品种。做适应性产品设计，就要适应市场需求。一汽解放经常组织调研，产品设计人员也跟着去，每年都要去河北曹妃甸和唐山迁安，当地有矿区，使用条件差，坡度大，灰尘多，对空气过滤器等零部件要求高。

有一次去做调研，客户提出对长头运煤车的需求，对承载能力、空气过滤器等有些特殊要求。我们按照客户要求设计新产品，一度很畅销。调研市场不能走马观花，要真正深入一线，有时去一趟不行，还得去第二趟。我每年都要花一定时间调研市场需求。

“521”工程

在解放产品开发史上，“521”工程是一个里程碑事件，这是一汽集团副总经理董春波2005年牵头策划和组织的一个项目。

所谓“521”工程，就是要在解放中、重型汽车中打造26个精品，其中5个五星级车型，21个四星级车型。我们把解放车型按重要度分成三个等级：红五星、蓝四星和黑三星，红五星最好，蓝四星次之，黑三星就不在精品之列。

“521”工程背景跟当年解放市场份额往下走有关，大家都有些紧张。其实解放产品不少，我们认识到，只有产品不行，还要打造有市场竞争力的商品。好商品必须具备三个要素：第一，产品适应性决定其能不能在市场上打响；第二，产品质量决定其能卖多长时间；第三，产品价格决定其销量。

要打造适合市场需求的商品，就得控制成本，这是一汽解放实施“521”工程的初衷。某种程度上，“521”工程开启了解放产品深度策划的新阶段，打造精品的同时，倒逼我们进行成本改善，而成本改善往往又涉及产品结构改进。所以，实施“521”工程，有助于推动一汽解放进一步适应市场化要求。

董（春波）总全程参与了“521”工程策划。为了这个项目，一汽解放和一汽技术中心成立联合项目团队，开发出26种车型，重点车型都由一汽技术中心开发，王瑞健抓生产准备，支撑了一汽解放后几年的发展。

“521”工程重要目标之一是降成本。我记得有一次在办公室，王立志给我打电话，让我跟他到车间走一趟。他带我去看产品结构，王（立志）总精通工艺，对产品结构很熟悉。看完结构，他要求我结合车型设计，做一个降成本表。我在个别产品上也做过降成本工作，但没有当作专项工作来做。

按照他的要求，我做了一个项目降成本方案表，包括车型、原结构、现结构、原方案、现方案，如何优化、预计产量、降多少成本以及什么时间实施等。王总认为这个表挺好，要求以后就按这个模板组织实施降成本工作。这个降成本方案表至今仍在沿用。

为统一思想，我们专门在工人文化宫举行降成本动员会。我第一个发言，讲降成本的整体思路和方案，效果还不错。从2006年开始，一汽解放产品每年降成本5000多万元，2019年降了1亿多元。

2006年1月，许宪平担任一汽解放总经理。有一天，他叫我去办公室，问了我一系列问题，比如，中、重卡市场有多大，解放占比多少，解放各车型在细分市场中的表现，如何提升解放市场占比等。回来后我们继续研究，最后拿出提升方案。

许（宪平）总经常到下面了解各种需求，包括销售公司提出的产品公告等问题。他在产品和市场方面的思路，对我影响很大。在他的指导下，2007年我们开发了解放8×4、解放6×2等降成本车型，销量不错。2008年，他指导我们开发了解放J5P平地板车，那是一个新项目，先后做过好几个方案，上市后卖了很多年。

国六产品策划

一汽解放的技术发展部和规划部原本是分开的，2011 年合并成立技术发展部，我当部长。这个部业务链条很长，从规划、策划、投资、设计到生产准备、产品认证，全都包含在内。

由于技术发展部职能过多，2015 年再次进行机构调整，分成三个部——产品管理部、产品开发部和技术发展部。产品管理部部长由朱启昕兼任，副部长分别是吴碧磊、王志才和我，同时设立 4 个品系经理，分别负责战略规划、产品规划、产品策划和产品项目管理。

这次机构调整是一汽解放产品发展史上又一个重要节点。吴碧磊负责产品策划，我负责项目管理，王志才负责市场研究。部门成立后，我们一起策划了很多车型，都很畅销，如解放 J6 领航版、质惠版、四季版、南方版和北方版等细分市场产品。

自 2017 年 9 月 18 日起，一汽集团进行全面改革，一汽解放将商用车开发院项目管理部整合到产品管理部，我担任部长，职责可概括为 16 个字——战略规划、产品规划、产品策划、项目管理。

朱启昕分管产品管理部，他带领我们重新构建一汽解放产品管理体系。结合商用车市场和解放产品实际情况，平台产品项目和品系产品项目执行不同流程。平台产品项目由一汽解放产品战略委员会决策，品系产品项目主要由品系经理决策。

我们策划的项目包括解放 J6 升级版、解放 J7 和国六产品等。最难的是国六产品策划，按照国家蓝天保卫战要求，2019 年 7 月 1 日重点城市和地区要提前实施国六标准。标准要求，2019 年 7 月 1 日天然气车实施国六标准，2020 年 7 月 1 日城市用车实施国六标准，2021 年 7 月 1 日其他车型实施国六标准。

压力可想而知。国六升级技术跨度很大，行业普遍认为，从国一到国五加起来的技术跨越，都不如从国五到国六难度大。解放有 10 种发动机，可配 300 多种车型，半年时间要做这么多国六产品，还都得自己干，具体怎么执行需要产品管理部作判断。

2018 年 11 月 11 日，一汽解放召开国六项目启动会。开完会后，吴碧磊找到我说，这不可能完成，因为技术不可以跨越，产品验证、四季标定也不可以跨越。

2019 年 7 月 1 日重点城市和地区会不会严格实施国六标准还是个未知数，只有到时才能见分晓，但这半年很痛苦。我找吴碧磊商量，还是分三步走：第一步，做天然气车的国六升级。第二步，对销售到北京的车和城市用车实施国六标准。第三步，其他车型国六升级。一步到位不可能，否则很可能哪个车型都干不好。

解放产品国六升级就按照这个节奏来推进。我们的压力一直很大，因为

赵国清（右五）在一汽解放第 700 万辆车下线现场

产品管理部管产品策划，判断对了是职责要求，如果判断错了，说难听点就成了一汽解放的罪人。万一 2019 年 7 月 1 日重点城市和地区实施国六标准，而解放却没车可卖怎么办?

后半年我一直跟行业主管部门保持沟通，中国汽车工业协会为推进行业健康发展做了大量工作。原定 2019 年 7 月 1 日重点城市和地区提前实施国六标准，但是当年四五月份有关部门就感到，整个商用车行业暂不具备实施条件，直到 6 月还没接到正式实施文件，这时我们才真正踏实下来。

现在来看，当时分三步走的判断是正确的。根据这个判断，可以决策哪些车型靠前进行国六升级，按节奏实施，不至于影响解放经营发展。但当时压力实在是太大，而且众说纷纭，那半年我没有踏实过一天。

打造全价值链企业

2016 年，一汽解放提出“十三五”规划目标是“国内领先、国际一流”，市场份额达到 20%，利润率达到 2%。后来把目标改为“中国第一、世界一流”，因为到 2017 年时，解放已经做到国内第一。截至目前，“十三五”规划目标基本实现，一汽解放市场份额 2019 年达到 21.7%，中、重型商用车领域国内第一，当前利润率约为 3%。

其实在制定“十三五”规划时，就有成立解放研发院的构思。当时有两种想法：一是自己成立研发院。但考虑研发是一个体系，各专业设计、试验和分析等都得有，客观看一汽解放还不具备条件。二是跟一汽技术中心商用车研发板块合并。许宪志（时任一汽解放总经理）、胡汉杰（时任一汽解放党委书记）非常支持，但构思没有写进“十三五”规划中。

制定“十三五”规划时，我们总结了八大问题，其中之一就是，一汽解放目前还不是全价值链企业。2017 年一汽集团全面改革，我认为一汽解放是改革的最大受益者之一。

我在一汽解放做适应性产品设计时，一汽技术中心对我们的支持力度非常大，可以说我们是站在巨人肩上做了一点工作。但也有苦恼，比如开发变化大的产品和解决一些质量问题，自己做压力很大，一是基础数据不全，二是能力不及。所以我们经常到一汽技术中心求援，一汽技术中心领导和设计师总是有求必应，对此我们一直心存感激。

改革后，产品开发力量融合到一起，“1+1”大于 2，这个问题得到解决。一汽解放这两年经营业绩不错，与商用车开发院回归有很大关系，我们有足够产品技术和资源作出快速反应，实现了全价值链企业目标。

2018 年，一汽解放开始学习华为的流程化组织建设。“征途”一期分为四个模块，一是市场与客户洞察，二是战略管理，三是产品规划及策划，四是项目群管理。

刚开始学华为时，我们也有些担心，一汽解放是汽车企业，华为是通信企业，双方业务性质差距很大。但后来发现，华为方法论对我们也很适用，我们可以结合解放业务现状重构流程管理体系。胡汉杰董事长说，解放目标是“中国第一、世界一流”，要实现这个目标，就要有世界一流的管理体系。

2018 年 4 月 23 日，一汽解放“征途”一期项目启动，我担任项目群经理。华为模式对解放现有体系冲击很大，对于重构流程管理体系，各方面都有很大压力。一面要变革，一面要发展，我们就利用周末学习方法论，研究四个模块，陆续应用到解放管理体系中。

一汽解放重新构建战略管理体系。战略规划分为几步走：进行战略回顾，寻找差距；进行环境分析，分析内外部环境，通过环境变化分析机会，识别威胁；针对差距、机会和威胁，找到创新焦点；明确战略举措。

战略规划就按照这套方法做。效果不可能立竿见影，管理优势要逐步才能显现，但战略管理效果比较明显，起码固化了管理流程和体系。以前尝试了许多方法，现在是做完后，下次做还有继承性，滚动刷新改革成果。

目前我们正在做“征途”二期项目，主题是 IPD。“征途”一期的方法和流程已经应用到具体工作上，体现在战略规划、产品规划和产品策划中，如解放J7升级等重大产品项目等。现在还存在许多问题，随着“征途”二期建设将逐步完善。

我从1989年参加工作，迄今已31年，其间做过战略规划，产品规划、策划和开发，做过项目管理，也做过生产准备，可以说责任与压力并存。总结起来，做产品策划开发，就像在冰上行走，每走一步都有压力，始终战战兢兢。

产品策划时，怕策划出来的指标没有竞争力；项目实施时，怕目标没达成；项目投产时，又怕在市场上出现大的质量问题……而且做产品策划开发还不敢懈怠。

产品规划策划要不断调整，因为市场变化很快。比如疫情过后，国家会高度重视公共卫生环境治理，并加大工程建设，专用车和自卸车等需求将会增长。我们也在跟踪分析这些变化，尽早作出部署，支撑一汽解放实现“中国第一、世界一流”的战略目标。

1950
-
2020

钱恒荣

跨越时空 20 年

他主导研发中国第一台拥有自主知识产权的四气门发动机，被誉为“跨越时空 20 年”。

钱恒荣，一汽解放总经理助理，一汽解放发动机事业部党委书记、总经理。

1964 年，钱恒荣出生在江苏扬中，1979 年考取镇江农业机械学院（江苏理工大学前身）内燃机专业。1983 年毕业，被分配到机械工业部无锡油泵油嘴研究所做设计员，师从行业权威专家费起义，参与设计 Minimec-9、P7100 和 ZW 型喷油泵。1993 年 9 月被提为所长助理，分管生产、贸易和试制车间。

1997 年 2 月，钱恒荣调任一汽无锡柴油机厂副厂长，2005 年 4 月担任常务副厂长，2007 年 12 月担任厂长。2017 年一汽集团改革后，担任一汽解放发动机事业部党委书记、总经理。2018 年起担任一汽解放总经理助理，全面负责一汽解放发动机业务。

自 1999 年起，一汽集团启动国内第一台四气门大功率柴油机研发，不仅使我国发动机水平与国外差距缩短 20 年，更重要的是，通过此项目，一汽解放无锡柴油机厂出产品、出机制、出人才、出流程，成为国内第一家具备正向开发能力的发动机企业。

一汽解放发动机事业部正在研发新 11 升和 16 升发动机。新一代发动机定位“中国第一、世界一流”，技术上最节油、最可靠、最环保。自 2019 年起，一汽解放启动欧标项目，希望用两年时间达成。

2020 年 4 月 23 日下午，在一汽解放发动机事业部无锡总部，钱恒荣接受访谈。

1964 年我出生在江苏扬中，扬中是扬子江第二大岛。我 4 周岁（虚岁 6 岁）开始上学，那时候贯彻毛主席“学制要缩短，教育要革命”思想，小学五年、初中两年、高中两年，1979 年考大学时，我只有 14 周岁。

上学早跟邻居有关，邻居是位小学老师。我从小个子就很高，实际还不到上学年龄，他也不知道我几岁，就跟我母亲讲，你们家的大小孩（我还有两个妹妹）可以上学了，送过来吧。我就这样稀里糊涂地上了学。

“文革”期间，基本没学什么知识，书包都不用背，只发两本薄薄的书，一本数学，一本语文。小学时学写字，我连一横一竖都写不直。1979 年是全国恢复高考制度的第三年，我准备参加高考，但是晚上看书从没超过 8 点半，到点母亲就让关灯，说不要浪费电。

我高中虽然是在扬中乡下读的，但有几位因一些原因被下放到中学的老师很有水平，他们任教后，我成绩提升很快。高考时，我和另一个班的一位同学分数一模一样，在应届毕业生中成绩并列第一名，只有一位往届生比我们分数高。

填志愿我也不太懂，都是老师推荐。1978 年江苏参加全国统考，试题相对容易，分数都比较高。到 1979 年试卷就特别难，我五科考了 337 分，心想肯定考不上，结果当年江苏重点本科录取分数线是 318 分。

我的分数报考浙江大学、南京工学院等都没问题。选报镇江农业机械学院（江苏理工大学前身）的原因有二：一是离家近。母亲说，我年纪小，不要去远方，就报最近的学校。扬中就在镇江，坐汽车只要一个多小时。二是镇江农业机械学院是重点大学。

大学期间我开始认真学习。4 年来，每科成绩不是第一就是第二，平均成绩 91 分。我喜欢数理化，也喜欢机械制图。老师说我的制图学得好，直接给我 100 分，免试。

班上我年龄最小，有的同学比我大四五岁。我进大学时，身高 1.70 米，大学毕业时，身高 1.84 米，毕业后又长到 1.87 米。我每天早上坚持跑步，每周基本只有一两天下午有课，所以我一般中午休息后，就去打篮球，一直打到五六点钟，吃完晚饭再看会书。总体来说，大学生活比较轻松。

初到无锡油泵油嘴研究所

想想真是命运的安排。我当时报考的第一志愿是内燃机专业，第二志愿是电子专业，其实我更喜欢电子专业。跟我高考分数相同的那位同学，我们报考同样的学校、同样的志愿、同样的专业，结果我被内燃机专业录取，他被电子专业录取。

虽然不清楚内燃机怎么回事，但感觉挺有意思。当时电器就只有收音机，电视机刚开始有，录音机、电冰箱、洗衣机都还没有。20 世纪 80 年代开始出现日本三洋单放机，学校里最时髦的装扮就是穿喇叭裤、留长头发，再拿一个三洋单放机，听邓丽君的歌，走在路上回头率很高。

乡下孩子的生活比较艰苦，往往一件中山装就穿一个学期。班上除少数几个家庭条件不错的同学没有助学金外，其他同学都有助学金。助学金是每月 14.5 元钱和 28 斤粮票，包括 2 元零花钱。除此之外，父亲会想办法再寄些粮票和钱给我，主要用来吃饭。我们在学校也没其他消费，想买东西都买不着。

1983 年毕业分配，学校准备把我分到济南重汽厂，我也同意了。后来分配方案公布，我被调配到无锡油泵油嘴研究所（以下称为“无油所”）。当时机械工业部旗下有三大研究所——上海内燃机研究所、洛阳拖拉机研究所和无锡油泵油嘴研究所，三个研究所共有十几个分配名额。

按照国家政策，分到研究所的同学成绩必须好。作为班上成绩最好的学生，我可以选择去上海还是无锡，洛阳太远，我肯定不选。没选上海理由也很简单，毕业前我曾到上海柴油机厂实习一个月，在上海生活很不习惯，一是双季稻米吃不惯，二是自来水漂白粉味太浓喝不惯，所以选择了无锡。

我们学校一起分到无锡的有 7 个人，其中 2 人分到无锡柴油机厂（以下称为“锡柴”），2 人分到无锡油泵油嘴厂（无锡威孚集团有限公司前身），分到无油所的有 3 人，分别是陈国强、朱剑明和我。我来自内燃机一班，陈国强和朱剑明来自内燃机二班。内燃机二班原是师资班，学校本打算开工程热物理专业，招的全是江苏人，毕业后准备让他们留校。后来这个专业没被教育部批准，便改为内燃机二班。

1983 年 7 月毕业，除分到无油所的朱剑明先回家结婚外，我们 6 人直接到单位报到。朱剑明比我大 8 岁，上大学前已谈好女朋友，毕业后要先回去结婚。我就帮朱剑明带着行李，我的行李就一个江西产的樟木箱，多年后才扔掉。

我记得很清楚，在无锡老火车站，我们三拨人分别给单位打电话。无锡油泵油嘴厂来得最快，派来一辆北京小吉普把人接走。那天正好是礼拜三，赶上锡柴厂休息，找不到人，两位同学只好坐公交车去。无油所则回话说，让我们在那里等着，看看有没有车过来。结果我们等了好几个小时，也没等来车。

我让陈国强守着行李，我坐公交车去无油所看情况。无油所没人管这事，最后我找到比我早两届的校友，通过他帮忙联系，找了辆小卡车，才把我们的行李拉回来。当时给我的印象极其深刻，后来我在锡柴强调，要多关心刚毕业的大学生。

第二天，我们到无油所人事科报到。接待我们的是两位女同志，后来我才知道，她们有个绰号叫“马列主义老太太”。我们到办公室，她们头也不抬，眼皮往上一翻，说，你们干什么？我们说，新大学生来报到。对方答，回去吧，我们还没收到档案，现在不能报到。

当时无油所还在荣巷，位于钱荣路的新基地正在筹建，办公跟住宿地点在一起。我们把行李存放到师兄房间，就回家去了。1 个月后，无油所打来电话说，已收到档案，可以来报到了。刚上班的大学生，被安排天天打扫大楼卫生，负责植树绿化，现在无油所那些树都是我们当年种植的。大半年后，无油所才搬到钱荣路。

无油所有 100 多人。刚进来的大学生，每人发两个饭盆，我的编号是 132 号。我被分到产品室，设计油泵。第一个项目是设计 BX 型喷油泵，这是机械工业部组织的一个项目，跟英国里卡多（Ricado）公司合作，打算引进西埃维（Lucas CAV Ltd）公司的 Minimec-9 油泵。西埃维是英国一个燃油喷射公司，后被德尔福收购。

当时全世界喷油泵分为两大流派，一个流派以德国博世为代表，一个流派以英国 Minimec-9 喷油泵为代表。博世对制造工艺要求较高，机械工业部研究后认为，Minimec-9 喷油泵更能跟国内机床制造工艺结合。因此，我们就测绘 Minimec-9 喷油泵，照着画图。

带我的师傅名叫费起义，2019 年刚去世，之前每年我都会去看他。费师傅是上海人，原来在陕西汉中油泵厂。无油所创建时，第一批专业人才从全国各地油泵厂抽调而来，约一半多来自上海。费师傅是油泵行业权威专家，对人要求严格，后期最喜欢我，因为我画的图最漂亮。那时候手工画图，竖实线也好，虚实线也罢，他会用油标卡尺来量，差一点都要重画，我画的图最能满足他的要求。

两次体制改革

那时倡导设计师要一管到底，不仅要做出新产品，而且从设计到跟柴油机匹配整个过程都要参加。画图用了半年时间，图纸出来后，交给山东油泵厂生产、试制，我要跟过去做生产服务。虽然我年纪小，但已经是他们的设计指导。从试制到改进产品用了 2 年时间，每次去山东都要待一段时间，最长时我在厂里住了 3 个月。

喷油泵上有个调速器，需要试制，试制后再跟柴油机匹配，装到柴油机上做试验。我跟试验也跟得多，1987 年曾 3 次到广西玉柴机器股份有限公司（以下称为“玉柴”），每次待 1 个月，主要跟玉柴总工程师和技术科打交道。

Minimec-9 喷油泵跟玉柴匹配做 6105 柴油机。玉柴当时没多少技术人才，柴油机由上海内燃机研究所设计，我们帮着匹配喷油泵。通过 6105 柴油机，玉柴抓住汽（油）改柴（油）机会发展起来。当时包括锡柴在内的柴油机厂都在拼非道路车辆，如工程机械，匹配的是汽油机。1983 年锡柴研制出第一个车用柴油机，但没能扩大产量。

做完 Minimec-9 喷油泵后，我还设计过 P 型喷油泵 P7100 和 ZW 型泵。P7100 与山东龙口油泵厂合作，ZW 型泵跟石家庄油泵厂合作。1989 年，我到石家庄油泵厂做新产品设计，他们要发展油泵产业，后来这个厂因经营不善被关掉。

那时候基本每个省都有油泵厂，全国大大小小油泵厂有 100 多家，但油泵油嘴水平相对落后。机械工业部因此成立行业归口研究所，做新产品设计，旨在推动行业发展。当时无油所筹建组组长朱文斌同时兼任无锡油泵油嘴厂厂长。朱文斌最早是上海柴油机厂厂长，后来从上海柴油机厂下放到贵阳柴油机厂，后又调到无锡油泵油嘴厂。

从 1986 年起，国家开始第一次科技体制改革，财政部划拨的经费每年以 20% 速度递减，到 1990 年减到原来的 20%，其余经费需要研究所自筹。我们被市场逼着开始四处找项目。比如，给厂家做服务，合同金额 20 万元，无油所提 30%，扣除所有成本后，项目组可按照 30% 的利润提取奖金。当时工资一个月只有几十元，我记得第一年每月拿 45 元，第二年实习期满定级后每月拿 54 元，后来涨到每月 68 元，要能拿一两百元奖金，那就非常高了。

1988 年，无油所技术输出，派 3 人到山东一个厂蹲点半年，由王亚伟（现为无锡威孚集团有限公司总工程师）带队。到山东后，我们才被告知要做工艺，而不是设计。

工艺我们都没做过，于是第二天连夜赶到山东油泵油嘴厂，请他们帮忙找些工艺资料学习。一周后我们基本都会了，就现学现卖，因为我们有设计基础，有机械基础，有画图基础，最后工艺要求基本都实现了。

1993 年我被提为所长助理，其间管过 2 年工贸工作。改革开放后，无油所市场化，我负责生产和贸易，还管过试制车间 2 年。试制车间有几十个人，是最难管的部门。看我年轻，领导说，你去管吧。

我先学习管理知识。无油所旗下有个合资企业，就是现在的无锡泽根弹簧有限公司，属我分管。正好机械局要在这里办一个管理培训班，我非脱产学了半年，学的都是基本管理知识。

刚分管试制车间时，工人经常挑战我。试制工艺不像批产工艺，每个零部件都不一样，有人来跟我请示怎么做，其实有时他们是故意的。我看过一些工艺方面的书，他们要想难倒我还比较困难。

工人们大多从表象来解决问题，不会从原理角度进行思考。大学时我们学过机械，其中有本书《内燃机工艺》，我就以它作为指导，从理论分析着手解决问题。半年后，不敢说服服帖帖，但很少再有人来挑战我。

20 世纪 90 年代中期，国家以科研院所转制为主要内容进行第二次科技体制改革。机械工业部撤销，成立机械工业联合会，除保留北京农业机械研究所外，其他研究所都要改制。上海内燃机研究所划归上汽集团，洛阳拖拉机研究所划归洛阳拖拉机厂。

1995 年，无油所加入一汽集团，对外仍保留机械工业部无锡油泵油嘴研究所名称，以及为行业服务的职能。

调任锡柴厂

1997 年 2 月的一天，时任一汽党委组织部部长黄文昌到无油所找我谈话，要调我去锡柴厂。我一点心理准备都没有，谈完话他就要带我去报到。我记得很清楚，当时我穿着一件皮夹克，整个冬天就这一件外衣。我提出要先回去换件衣服，穿着脏兮兮的衣服，给人家印象不好。黄文昌说，别换了，原来穿什么就是什么。

锡柴厂那时已经走出困境，1996 年销量 4 万多台，生产各方面都已走上正轨，但基础还比较弱。我去报到时，锡柴厂厂长蒋洪彬说，5 月 1 日前，你配合赵（淼森）总工作，5 月 1 日后，赵总配合你工作。赵淼森是锡柴厂总工程师，将于 4 月底退休。当时分管技术的总工程师是张伯恩，1996 年已退休，属返聘。

我虽然学内燃机专业，但柴油机大批量生产设计，对我来说仍是一个全新挑战。当时锡柴厂正在进行第二次创业，锡柴厂产能规模 4 万多台，设计科有 47 人，就在 6110 基础上扩缸。AK 型将冲程从 120cc 扩大到 125cc，BK 型把缸径扩大到 113 毫米。那时候发动机都是自然吸气，我上任后开始设计 CK 型，改为增压中冷。

锡柴厂技术由技术副厂长分管，质量由总工程师管，赵淼森和张伯恩退休后，技术和质量都由我分管。但从 1997 年到 1999 年，我基本没时间管技术，主要精力都用来抓质量。当时产品质量问题一大堆，6110 最大的问题就是断曲轴和缸盖开裂。

一般来说，发动机出现这样的问题就要大修。大连柴油机厂（以下称为“大柴”）跟我们做同样的产品，但它们的 6110 比锡柴卖得好。锡柴也有自己的优势，我们将灰铸铁曲轴升级为球墨铸铁曲轴，对外口号为“曲轴不断，缸盖不裂”，主要就是为了与大柴 6110 产品抗衡。此外，发动机问题还包括油泵断轴、前后油封漏油、前皮带轮断等。

缸盖开裂既有设计的问题，也有制造的问题。6110 发动机仿制日本三菱 6D14，6D14 功率只有 140 马力，后被三菱提升到 160 马力。但我们将 6110 提升到 160 马力时性能达不到原机水平，要达到原机水平就会出现断曲轴、缸盖开裂等问题。后来通过工艺将 BK 型提升到 180 马力，再通过增压做到 210 马力。

210 马力增压机出来后，青岛汽车厂第一个使用，刚批量生产就断曲轴，按理说不能再卖。但当时国内没有大功率柴油机，即使出现问题，青岛汽车厂也要，并且专门跑到锡柴来订购。当然断曲轴也有一定比例，为5%~10%。

当时东风EQ153卖得很好，它匹配康明斯B系列发动机，被称作“八平柴”。而同样的发动机，大柴比锡柴卖得更好，装车时每台大柴机要比锡柴机贵5000元。

2001年，锡柴厂开内部会议，副厂长王德林管销售，我管技术。王厂长希望价格能定便宜些，要是跟大柴一样贵，肯定卖不出去。我主张一定要把锡柴机车价格提上去，否则长期来看，会对锡柴品牌产生打击，因为用户的观念是便宜没好货，锡柴卖得便宜，他们就会认为质量肯定不如大柴。

两种观点相持不下，最后蒋洪彬厂长说，你俩到长春去跟（分管一汽贸易公司）集团领导汇报，让领导拍板。

集团分管领导同意我的意见，将整车价格提到跟大柴一样。后来的销售情况证明，只有前半年受到影响，半年后用户就认可了锡柴。锡柴发动机最大的特点是省油，CK型已经做出来，尽管还存在一些问题，但已经做了很多改进。

以曲轴为例，仿制日本三菱时采用的是圆锥连接结构，我极力主张改成法兰连接结构。这一改，整个生产线上的机床全都要换。我去找蒋厂长，我说，要彻底解决问题，就得把圆锥结构改成法兰结构，保证前面皮带轮不会断裂，但厂里得给我钱改造生产线。蒋厂长最后同意了。

还有装配。过去的装配都是人海战术，靠人用扳手拧螺丝，工人刚上班时有力气，拧到下班时就没力气了，柴油机经常会出现螺丝没拧紧的问题。每次锡柴厂来客人，蒋厂长都喜欢带他们参观装配车间。因为装配车间里全是人，一片热火朝天的景象。

看过几次后，我跟蒋厂长讲：蒋厂长，装配线我看了三次，没看到一样先进装备，就是看人，倒是都干得热火朝天。但是拧螺丝全靠人，特别是缸盖螺丝、连杆螺丝等关键螺丝，如果扭矩不能保证，柴油机质量我管不好。

1998 年，锡柴下决心购买电动扳手。当时购买了两套设备，一套用于装配，一套用于加工车间的连杆螺丝，缸盖 26 个螺丝一下就能拧紧。电动扳手装上后，质量得到很大提升。直到现在，拧每个螺丝都用电动扳手，规定多少扭矩就能达到多少扭矩。

第 39 个项目

1999 年，锡柴决定要上一个全新柴油发动机 CA6DL。因为老 6110 再怎么改，也好不到哪里去，它已经把潜能发挥到极致。当年 5 月，我们决定跟奥地利 AVL（AVL List Gmbh，李斯特内燃机及测试设备公司）公司签约。

在这之前，国内发动机基本都是测绘和模仿。真正从一个产品概念开始，到做出一个发动机，其间的流程谁都不清楚。国外开发一个发动机往往要投入两三亿元，可是如果这两三亿元给我们，我们都不知道怎么用，不知道要做哪些工作。

找 AVL 公司合作原因有二：其一，锡柴跟 AVL 公司曾经合作过 BKS 项目；其二，AVL 公司在国内合作过大大小小 38 个项目，结果全部失败，它需要一个成功案例来证明自己。跟 AVL 公司谈合作时，我们认为项目能不能成功，方法很重要，他们原来的做法要改进。

设计 CA6DL 柴油机，锡柴需要向 AVL 公司付费 320 万美元。谈判时我们表示用美元，签合同时 AVL 公司坚持用欧元。到实际支付时，欧元兑美元的比例已从最初的 1 比 1.1 跌到 1 比 0.85，相差 20%，锡柴还因此节约了些费用。

我们跟着 AVL 公司学习如何设计一个全新发动机。新产品研发设计要经历三阶段，完成样机试制后，还要进行一代开发、二代开发、三代开发，整个流程要 48 个月。

设计的三个阶段约需一年时间。第一阶段是概念设计，包括各大系统方案，确定油泵、缸径、冲程、缸心距，以及曲轴的主轴径、连杆径等参数。第二阶段是方案设计，具体到各个模块，经过讨论后确定。第三阶段是详图设计，出图纸，再试制。

概念设计用了三四个月。我记得第一次启动会议，AVL 公司叫我们提供八份材料，我们一份都拿不出来。比如功率、扭矩、油耗等几个指标的具体参数，我们都不知道，只能告诉对方我们的要求。举个例子，我们要求发动机带辅助输出，能装水泥搅拌车。AVL 公司就提出，要装什么样的水泥搅拌车；这个搅拌车多少立方；需要多少转速、多少扭矩？我们只能先让 AVL 公司提供欧洲样品，再让他们按照样品设计。

概念设计阶段，我们派出 3 个人到奥地利。到方案设计和详图设计时，又根据不同阶段所需，派人长驻 AVL 公司，跟他们一起讨论方案，学习具体流程。到方案设计阶段，一汽技术中心主任李骏派人参加，到 AVL 公司学方法和流程。

我从谈判就开始参与，项目启动、每个节点的评审都亲自把关，中间过程就让技术员跟进。AVL 公司认为好的方案，我们会让他们具体说明分析，力求把方案背后的东西挖出来，下次才能自己作出正确判断。

CA6DL 发动机投产时，为保证质量，38 种零部件全是进口件。寻找供应商也是一个学习过程，国内配套厂几乎没有一个能达到要求，但国外哪里能采购到这些配件，我们也是两眼一抹黑。这些在现在看来都特别简单，但当时我们并不知道马勒集团（MAHLE Group），油泵国外供应商也只知道博世。

后来我们就单独付费，让 AVL 公司列一个欧洲零部件厂清单。跟国外零部件厂合作时，我们要求对方必须提供技术规范，而不只是购买一个部件。以活塞为例，得告知我们活塞的规范是什么，怎么评价活塞质量等。

气门我们计划用 TRW（天合汽车集团，TRW Automotive Holdings

Corp）产品，由我带队去谈。对方拿出两本资料，一本是气门的技术规范，另一本是怎么判别气门故障缺陷。我们当时就傻眼了，国内哪有这种资料？别说零部件，连柴油机都没有。可见他们的技术积累非常深厚。

接下来是去马勒集团，以前没跟他们接触过，所以就先参观它的博物馆，做个初步了解。博物馆里存放着各种各样的活塞，凡是你能想到的活塞，他们都已经做过，而且沃尔沃、奔驰等公司都是他们的客户，所以我们当即就决定用他们的产品。

我们把零部件标准带回来给国内零部件厂商看，他们也都傻眼了，因为从来没有按照这种思路做过。过去都是解决有无问题，从国外拿来样品，依葫芦画瓢做出来，差不多就行。根本不知道这样设计的原因，以及判断产品好坏的标准。

CA6DL 国产化时，我们给国内零部件厂提供技术标准，能达到标准就用，达不到就不用。通过这种方式，使国内零部件水平有效提升。

出流程

CA6DL 是我到锡柴后主持的最大项目，从 1999 年到 2003 年底，用了 4 年半时间。做项目总结时，锡柴提出“四出”——出产品、出机制、出流程、出人才。

出流程就是出产品开发流程，新产品怎么从无到有、从一个概念变成实实在在的产品。CA6DL 是国内第一个具有正向开发流程的柴油机，我组织锡柴技术员编写具体开发流程，后来汽车开发也遵照这套流程执行。

为出这套流程，我读了两本书。一本是大众汽车写的关于轿车发动机的诞生流程，由一汽汽车研究所翻译；一本是关于沃尔沃卡车的发动机诞生流程。我们这套具体开发流程就是在这两本书的基础上，再结合我们与 AVL 公司的合作过程编写完成。

出人才方面，一汽技术中心花费 300 万美元，派一批人到奥地利，要求

AVL 公司为我们培养技术人才。简单来说就是，我购买你的软件，但你得教我怎么用，得让我们把提供的报告再计算一遍，而且算出来的结果得跟你的一模一样。

这笔钱花得非常值得。为什么很多企业不成功？因为他们把软件买回来，不会用，也不会算，即使算出来，结果也不可信。我们这样的人才培养模式，就能学习到 AVL 公司的核心技术。不过 AVL 公司更核心的技术是他们编的软件。我们购买软件，只学会了怎么使用，还达不到编软件的程度，因为这需要大量的技术和数据积累。

2003 年，CA6DL 发动机投产，这是我国第一台拥有自主知识产权的发动机，被评价为“跨越时空 20 年”——使我国发动机水平一下与国外缩短 20 年差距。CA6DL 后来取名奥威，解放 J5 也叫奥威，对外推广时用了发动机的名字。

CA6DL 发动机是 7.7 升，开发时先定马力，再定排量。当时发动机包括 CK 型最大功率是 230 马力，我们分析未来卡车一定会向大功率发展，但

奥威 CA6DL 柴油机

具体会到什么程度还不清楚。原来的功率只有 210 马力、230 马力，我们提出提高到 300 马力。我们的设计思路是，根据 300 马力的要求倒推排量大小，再由排量确定缸径数据。

设计时还留有余地。因为考虑到 300 马力以后可能还有提升空间，后来在 7.7 升基础上扩缸加冲程，做到 8.6 升、375 马力，这就是 CA6DL2。

接着是全新设计 13 升 6DN 发动机，这是个失败案例。当时超载特别严重，上面提出发动机必须功率最大化，性能满足整车载重量达到 180 吨的要求，这样发动机就要达到 13 升、500 马力。这次发动机全新设计以锡柴为主，关键地方请 AVL 公司把关。

6DN 发动机做出来后，刚好遇到国家限制超载。再加上设计时，领导要求速度要快，产品开发周期从 4 年缩短到 3 年，也带来一些设计方面的问题。

我们从 6DN 项目汲取的最大教训是，流程不能跨越。流程规定 4 年就是 4 年，现在我们的流程已从最早的 50 多个月缩短到 42 个月。任何领导让我压缩这 42 个月流程，我都不会同意。事实已经证明，流程必须一步一步

2018 年 10 月，奥威搭载解放 J7 全球上市

走，流程跨越的地方最容易出问题。如果把问题带到批量生产中，带到用户使用过程中，将对品牌造成非常大的伤害。

开发奥威发动机时，我是管技术的副厂长，上面还有蒋洪彬厂长把关。为避免蒋厂长提出缩短设计流程的要求，每次评审，我都请蒋厂长去AVL公司，连续几次后，蒋厂长知道，发动机要一步一步按流程做。所以，CA6DL发动机成功的重要原因之一，是蒋厂长认可了流程，认可了时间要求。

6DN发动机生产线按照5000台纲领设计，损失不是很大。6DN停产后，紧接着就研发11升发动机。经过前面几个发动机的历练，11升发动机严格按照4年流程设计。完全依靠技术中心和锡柴自己的力量，做得非常成功，于2012年2月投产。

后来解放J7又匹配了在11升发动机基础上新开发的13升发动机，卖得也很好。据此，一汽解放发动机开发水平位居国内第一。

终极动能

设计解放J6发动机时，省油是第一特征，可靠性是第二特征。如果跟竞争对手比不省油，那么这个发动机就不能开发。

解放J6长换油技术最早想做到6万公里，方案报到一汽解放，领导说，6万公里没竞争力，要做就做到10万公里。10万公里需要提升油品，这方面国外已有先例。一方面，发动机设计要做些改进，适当扩大油底壳容量。另一方面，零部件精度和清洁度要提升。

具体而言，2万公里或者1万公里换机油技术，清洁度要求1500毫克。长换油技术提高到10万公里后，整机清洁度要求350毫克，清洗剂要全部更换。整车匹配后做使用试验的时间很长，而且每1万公里要抽油样检验，最后全部达到要求。

锡柴的主要竞争对手是潍柴控股集团有限公司（以下称为“潍柴”），某种程度上，锡柴成就了潍柴。按照要求，从 CA6DL 开始，锡柴的最新发动机、最好技术只能供一汽用。国际品牌如奔驰、沃尔沃也是这样，发动机不外卖，而玉柴和康明斯当时还没有大功率发动机，所以大功率发动机市场全让给了潍柴。

从 2011 年开始，锡柴开始第四次创业，目前已进入第三阶段。产品方面，锡柴正在研发 16 升发动机，目标瞄准世界最高端。同时也在开发新 13 升发动机，油耗更低，可靠性更好，适用于第四阶段国七排放标准，瞄准沃尔沃和奔驰品牌。

新一代发动机定位全球标准，产品开发指标均属全球领先，技术上要打造“三最”发动机——最节油、最可靠、最环保。

解放发动机还只是中国一流，和国际品牌相比，以下三方面还存在差距。第一，排放标准。第二，可靠性。相比进口发动机，性能方面差距不大，但“三漏”（即漏水、漏油、漏气）比例稍高。第三，运营里程。密封件、橡胶件、胶汇封都存在老化问题，橡胶老化是世界性难题，目前还没有可替代的新材料。

锡柴历史悠久，创建于 1943 年，跟它同时代的很多企业已经销声匿迹，锡柴为什么能活下来，并且还活得很好？我的感触是，企业最终要做品牌。做好品牌，就要求产品质量、产品性能、服务、企业文化、管理等方方面面都做好，否则就会对客户和品牌造成双重伤害，影响企业生存。

我一直希望能把我们的发动机卖到欧美国家。2019 年发动机事业部已经启动欧标项目，配合解放品牌一起做。一汽解放也有这方面的规划，项目正在运作，瞄准欧洲，希望用 2 年时间达成。

我认为燃料电池将是终极动能。内燃机的发展方向是进一步提高热效率，降低油耗，其他污染物做到零排放。其实，零排放发动机已经在我们实验室里初步实现——二氧化碳排放仍然有，但污染物如氮氧化合物、颗粒物等则是零排放。

再过三五十年或者更久，石油终有用完的一天，用完后怎么办？只能用可再生能源或者核能源。电动卡车不利于长途运输，所以最好的能源是燃料电池。燃料电池能真正实现污染物零排放，尽管现在成本高，如果批量达到几百万、几千万，成本就会大幅下降，当然基础设施各方面也要跟上。从理论上分析，燃料电池应该是终极发展方向。

1950
-
2020

郭立群

为解放 J7 装“大脑”

亲历解放研发 30 年，她有着怎样的心路历程？

郭立群，一汽技术中心副总工程师、解放商用车开发院首席产品师，解放 J7 项目经理。

1962 年最后一天，郭立群出生在黑龙江省北安县。1980 年考取吉林工业大学农机专业，1984 年大学毕业，又攻读 3 年研究生，改学工程力学专业。2011 年，获吉林大学车辆工程博士学位。

1987 年 6 月，郭立群研究生毕业，被分配到长春汽车研究所强度振动研究室，做基础性研究和车架研究。其间 4 年，她从产品工程角度，对汽车有了深刻认识。1991 年底，她调入轻型车开发部，后因一汽集团战略调整，2000 年，郭立群加入新重型项目组，主要开发解放 J5，这段经历为之后开发解放 J7 打下基础。

2012 年 8 月，郭立群被提升为一汽技术中心中重型车部部长，也是该中心第一位女部长。这期间，她一手推动整车机械开发部门建立，着手梳理商用车研发体系和管理流程，建立实用性体系规范。

解放 J7 项目 2007 年酝酿，2010 年开始策划。从研发到生产准备，都是按照大项目群的管理思路运作，这在一汽商用车史上还是第一次。解放 J7 研发过程体现出高品质追求、全体系联动等新特点。在郭立群的全力推动下，解放 J7 装上 VCU 大脑，为后续电动化和智能化奠定基础。

2020 年 4 月 14 日上午，郭立群在一汽解放商用车开发院接受访谈。

我父母都是医生，抗美援朝时来到黑龙江北安县，当地军工企业很有名气，颇有些边陲小镇的感觉。1962 年底，我在北安县出生，从小我就立志要好好学习，将来考大学，这和家庭熏陶有关。父母希望我学医，但逆反的我却不以为然。

到北安县最好的中学一中念书时，班上除了我，还有一位郭姓同学，我俩成绩都非常好，在县里不是第一就是第二，也算小有名气，老师对我俩也特别关照。

我本科读的是农机专业，这个专业当时在全国排名第一，全班仅两位女生。1984 年大学毕业，我又连读了 3 年研究生，从农机专业转向工程力学。取得硕士学位后我还想继续深造，家里不太同意，认为女孩子没必要学历太高。

基础与启蒙

1987 年，我被分到长春汽车研究所强度振动研究室，做基础性研究。毕业生要先实习半年，我就到底盘试验室做试验员。带我的导师阎世栋当时正在做 AP 离合器试验，交给我很多 AP 离合器英文资料，让我翻译。我做事从来都很认真，加上英语也不错，拿到资料后没日没夜地工作。导师认为我不错，就想留我在底盘试验室。

但因为我学的是工程力学，做的是与力学相关的振动、变形和结构研究，所以我想回强度振动研究室，这更符合专业方向。强度振动研究室是汽车研究所从事理论和基础性试验的部门，我是这里分来的第一个研究生，跟着老同志一起做振动和强度试验以及一些科研课题。

在这个过程中，我对汽车逐渐有些新认识，并且乐在其中。我对汽车业的热爱，就是从这里开始的，这段经历是很好的启蒙。

除做基础试验外，强度振动研究室还研究车架。我原来认为车架就是一个大梁，像人的脊背一样，所有东西都架在上面，至于承载的东西如何运行，各种功能如何实现，则和车架没关系。

但通过研究、测试和结构分析，我发现它其实是复杂的弹性体，不同车架结构会产生不同振动形式，不同振动形式又会对车架所承载的部件产生不同的影响。换句话说，车架结构会影响所承载部件的功能和性能。

对车架模态的这一认识，大大加深了我对汽车产品的理解，并让我学会系统性思考问题，对我后来做整车开发帮助很大。从解放J5开始，项目团队对车架模态也有了更深入的理解，并将这一成果运用到解放J7开发上。

解放J5和解放J6经常出现的故障之一是大灯损坏。这和大灯质量有一定关系，但大灯的安装结构基础也有问题。大灯安装在车架前面，车架连在保险杠上，行车时大灯抖动得厉害。保险杠是一个柔软的弹性体，因为它的易变形性才让灯始终颤动。

这种情况下，灯丝、灯泡和外形承受很大的作用力。大灯外壳是一个塑料件，150万公里不坏的可能性很小。虽然灯泡是易损件，我们仍想办法提高它的使用寿命，并取得突破。最终，解放J7大灯使用寿命提高了3倍。

我们没有通过换灯厂、提高大灯质量这种简单办法，也没有改进大灯支撑结构，而是系统考虑，并从基础开始研究。最基础的车架振动是什么形态？连接是什么形态？连接完后，灯之间又是什么形态？它又如何传递振动？通过层层分析，找到对传递振动影响最大的因素，按照这种逻辑来重新改进结构。

原来大灯和支架之间是硬连接，现在放上橡胶，以减缓路面震动。原来保险杠只连接前边四个点，现在把保险杠边缘和踏板连接起来，增强连接刚度。因为车架也在传递振动，就把车架前部刚度加大。将所有和车架前部连接的地方都进行有限元结构优化。该加强的加强，该减弱的减弱，这一系列工作做完，大灯和整个车架就形成一个整体。

解决大灯问题后，我们将系统性方法推到车架每个件上，包括后处理、消声器、电瓶支架等，这些件都容易损坏。除提高品质外，还从改进底盘结构入手，尽量减少受外部冲击的几率。

开发解放J7时，我和产品设计人员一起策划，提出大幅度提高可靠性指标，做到150万公里无大修。以前卡车做到80万公里无大修就很不错，顶多做到100万公里无大修。

要挑战150万公里无大修，可靠性指标如何分解？对哪些总成和零部件改进才能达成指标？针对这些问题，首先要找到方法，从体系上确定最关键的攻克指标，然后把指标下给各专业，研究具体攻克办法，最后到台架、整车部门来验证。

在强度振动研究室工作的这段经历，让我从产品工程、系统角度，对汽车有了更深的认识。这些基础对于我后来完成整车开发、组织领导攻关项目等挑战大有裨益。

开发轻型车

1991年，我的思想发生了变化。尽管在强度振动研究室收获很大，但我认为自己对车的理解还可以更深入，可以在产品研发上有更充分的发挥空间。

有一次，汽车研究所所长周颖带人来参观，我负责解说。强度振动研究室有当时全国汽车行业领先的MTS6、10通道试验台——法国激振台，操作人员有六七十个，分工细致。每次来人参观，一般都安排我做讲解。一方面可能是我讲得通俗易懂，另一方面如果涉及技术问题，我也能回答。

当时汽车研究所研究生少，女研究生更是凤毛麟角，我也因此较受关注。参观结束时，周所长问我，立群，你在这里干得如何？

很好。我回答道，还跟他提了工作上需要改进的地方。最后我说，我还可以发挥更多作用。

他说，好啊，那我把你调出来。

我因此被调入轻型车开发部。一汽从20世纪80年代末开始做轻型车，我过去时轻型车团队已经组建，因为我擅长车架，领导就让我做车架。

一段时间后，我跟着郭万富做轻型车总布置。做车架时，我对汽车的认识仅限于对车架结构的认知，但车架只能说是半个总布置。现在做总布置，需要考虑整车性能控制和匹配，以及各系统之间的关系，要求更高。

我参与的第一个整车项目是测绘丰田考斯特。考斯特长度不到 9 米，3 吨独立悬架底盘，结构独特，减震性能好，常用作国宾接待车。我通过测绘，了解结构和原理，再进行虚拟仿真，吃透了相关原理技术，收获巨大。

做好车辆总布置，需要全方面能力。不一定在某方面钻得深，但一定要知道在哪里发力，知道这个车的重点，能发现核心难点，把最重要的东西挖掘出来，这是必备条件。此外，组织协调能力、洞察能力和战略能力也不可或缺，能力越强，走得越远。

解放轻型车总布置平台非常好，能把我的想法展现出来。我当时 30 来岁，总想做点事情，看看自己的潜能到底有多大，到底能做成什么事情？所以，工作劲头很大。

除微型车外，从 1 吨车、2 吨车到皮卡车，这些轻型车产品我都干过。后来一汽集团战略发生重大调整，轻型车制造体系分开，长春一汽轻型车厂停工，原轻型车业务分别划给一汽哈尔滨轻型汽车厂、一汽吉林轻型车厂和一汽红塔云南汽车有限公司。

这时一汽解放要上 9 吨车，刘蕴博带着团队在做。他希望我加入，我也乐意接受挑战，便加入新重型项目组。

新重型项目

新重型项目组要开发解放 J5，最初只有五六个人，后来又陆续加入一些人。这个项目做得很辛苦，比解放后几代产品更难，因为这处于解放卡车从中型车扩展到重型车的打基础阶段。

解放平头车最先匹配三菱 FK 驾驶室，然后是 FM 和 FP 驾驶室，从 5

吨增加到 9 吨。重型车总布置跟轻型车不同，虽说结构大致一样，但在断面、尺寸以及布置形式方面，两者是有区别的。我没做过这么大吨位的车，对重型车图纸也比较陌生，承载系统、动力系统、传动系统相对从前也已全面升级。为了解驾驶室之间的关系、结构，我不分昼夜地学习。打好基础后，我开始设计采用 FP 驾驶室的新重型车。

我们对中国重汽引进的斯太尔做过研究。由于斯太尔没有后续迭代产品，引进中国后，是否具备升级换代条件不好说。如果借鉴斯太尔，能不能成不好说，毕竟斯太尔是老产品且刚引进不久。但最终，我们放弃了斯太尔方案，采用代表国际最高技术水平的奔驰卡车作为对标车开发，目的是开发高水准重型车。

确定对标车型后，我们开始研究它在结构上的优势，如悬架大支架结构形式。在概念结构基础上分析计算，左一轮右一轮做过多次试验，也失败过多次。试验做完后，再做精细工程设计，把结构做出来，做模具打样件，上台架试验后，再上场地试验，这个过程需要半年或更长时间。一旦失败，就得重新再来。

这些全靠设计师自己一点点去摸索。当时产品开发流程和步骤不像现在这么完善，如果用今天的方法和手段开发解放J5，可能有些问题会在前期消灭。但也正是经过前几代产品的摸索、积累，才为开发解放J7 打下基础。

举个例子，开发解放J5 时，我们缺乏对载荷谱的认识，没有树立做设计试验前就要弄清载荷谱的意识，也没有能力理顺道路载荷谱和产品设计之间的关系。零部件几乎都是凭经验设计，只能一画、二造、三试。

我们也做过很多调研，跟 ECS（斯太尔工程技术中心）公司交流，向奥地利 AVL 公司咨询。这个过程中，仔细观察他们的方式、方法，逐渐认识到应该按照什么样的思路和流程开发产品，少走弯路，建立科学严谨的体系化开发思想在我心里萌发。

做解放J5 也确实留下一些遗憾。最值得总结的是，当时我们还有些闭门造车的味道，主要站在研发者角度，而不是用户角度去造车。从企业定位出发，去策划和定义一款车，但对用户的具体需求并不明确，产品设计离用户需求有一定距离。

比如，我们不知道用户怎么在矿坑里使用车，只知道吨位提升，车能拉得多，于是按照 9 吨设计。如果跑公路，这个车完全没问题，但要跑矿坑等复杂路面，问题就层出不穷。不管是板簧，还是大支架、前轴等承载系统都会出问题，原因就在于我们是按照普通路况设计，对矿坑这样恶劣环境的复杂性认识不足。如果在设计前，我们把真实坑路载荷拿来验证，就不会出现这种问题。

但不管怎么说，汽车不适应道路，不能归咎于路况恶劣，只能说明工程设计有问题，没有弄清楚道路载荷谱。后来我们做了两套底盘：一个公路车底盘，一个工程车底盘，以满足不同用户需求。

到开发解放 J7 时，我们提出一定要正向开发，把载荷谱弄清楚，确定其与设计参数的当量关系。同时，摸透用户情况，明确用户需求，了解用户运营方式等。为此，我们采集了中国三纵五横大通道的载荷谱。同时，导入 QFD 质量功能展开方法，即先确认用户前十位的需求，再确认前三位，把功能展开，细化到每个零部件，形成体系。解放车有很多品种，夏季版、冬季版、领航版、质惠版等，就是针对不同用户需求开发的适应性产品。

尽管与解放 J6、解放 J7 相比，解放 J5 更像一个过渡产品，但从研发者角度，这段开发经历不可或缺。不管是产品开发，还是生产销售，对产品的认知需要积累，需要一个成长过程。

就解放 J5 产品本身而言，我们下了大功夫，后期又做成本优化，当时叫“521 工程”。一汽解放总经理王立志坐镇，从各个环节找问题、降成本。从此，设计师建立起“产品成本是设计出来的”的理念，开发前期要对成本进行策划，提高产品竞争力和收益。现在成本意识根植于每个设计师心中。

解放 J5 改得很全面，一汽解放青岛汽车厂生产的大威用的就是解放 J5

平台，这个产品至今还在为一汽解放创造效益。

第一位女部长

我是解放J5项目经理，后来是汽车研究所商用车部主查。一汽技术中心成立中重型车部后，我被提为部长，也是（技术中心）第一位女部长，2年后升为技术中心副总工程师。

这是一个大转折。之前我做技术、做项目，没有专门做过管理。当时中重型车部需要一个做整车的人挑大梁，可能考虑到这是技术中心最重要的部门之一，加上我又是一位女同志，所以让我代理部长一段时间后，才顺理成章地升为部长。

要带领团队一起前行，我最想做的有两件事。一是按规则做事。就是把这些年的积累形成体系，建立实用性体系规范。二是建立一支不断创新、敢打硬仗的队伍。要想保持解放产品的领先地位，就要带领大家一起干，而不是一个人单干。

中重型车部后来扩充到接近300人，专业领域包括整车开发、底盘开发、底盘试验、整车机械开发等。其中，整车机械开发部是我推动建起来的。开发解放J5时我就有这个想法，到开发解放J7时我就思考怎么做。

机械开发简单讲就是可靠性开发。为什么要成立这个部门？因为产品可靠性对用户来说是第一位的，要解决可靠性问题，必须有体系保证，而不是出了问题就救火。这就需要有专门的组织研究来支撑可靠性开发。比如，150万公里重卡的可靠性涉及很多方面，需要有个部门统筹组织，进行体系化运作，同时跟生产部、质量部、市场协同配合。机械开发部门在这方面起到重要作用。

我当部长后，逐步放手解放J5，后来交给青岛汽车厂，我们就很少参与。在技术中心，中重型车部排名和考核都很靠前，再加上我们设计的车卖得不错，大家很有自豪感，但有次出国考察对我震动很大。

我们去考察斯堪尼亚和MAN（曼商用车股份公司），他们做产品介绍，我提出想看一些汇总性资料。起初他们说没有，后来又从数据库里调出文件，那是一个相当完善的资料库。当时我非常震惊，一个企业有积累、有体系、有数据，不管具体执行者在岗与否，技术管理体系都能保持下去。

我们也有这种技术管理体系，但没有总体规划，建立目的很不清晰，完成到什么程度也很随意。这就导致以前的技术管理体系建立后，各个专业部门不清楚是否需要采用。作为部门负责人，我对技术资产也是不甚了解，心中没底。

回国后，我组织人员对技术管理体系进行梳理——有哪些文件，有哪些规则，应该遵循哪些规范？技术中心对技术资料有管理要求，但各个部想法不一。我比较敢干，认为这样做方向正确，没请示就开始建体系。

我们把各个项目放到一起，逐一梳理，建立整套技术规则和流程，明确整车开发规范，让中重型车部能体系化运作。慢慢地，积累的资料越来越多，如标准、法规和专利，包括开发过程中的各种文件，都分门别类收集起来，建资料库。我们专门做了一个平台，把所有技术标准文件都放在里面。

以前大家各做各的项目，项目完成后相关资料也是各自保留，没有分享交流的环节。搭建数据平台后，可以知识共享，也可以了解别人怎么管理项目。对年轻人来说，这个学习过程很重要。

后来，我们又编制了管理手册和员工手册。技术中心本来就有手册，我们在它的基础上加入部门对个人的要求。哪怕是普通办事员，也应该明确自己需要负责的工作。在员工手册中，我们一条一条列出相应岗位职责，让员工遵照执行。

通过梳理，技术管理工作逐渐体系化并开始走上正轨。没有的数据得到补充；没有的标准得到增补；不够完善的地方得到持续改进。一汽技术中心成立60周年时，中重型车部印刷过两本手册：一本是《商用车开发指导手册》，一本是《中重型车体系建设》管理流程。此外，还积极推进建立《商用车模块化产品开发方法》，在解放J7上进行模块化开发实践。

解放J7项目经理

担任中重型车部部长时，我就开始做解放J7。解放J7项目从2010年策划，但其实2007年就开始酝酿。当时，我跟李骏（时任一汽技术中心主任）一起申报国家863项目，题目是“高品质重型商用车开发”。课题获得立项，并得到一些资金支持。项目周期4年，我是项目完成人之一。

申报这个课题的初衷很有意思。我多次跟领导沟通，我说，做开发这么多年，我的总体感受是，以前开发的车不够精细化。我们不能再做这种品质平平的车，解放J7一定要做出高品质。

这正是申报国家863项目的初衷。我想借863项目契机，弄清楚高品质中的品质指标定义——高品质指标包括哪些方面，以及这些指标怎么分解？

要弄清楚高品质指标，必须与高品质车型对标研究。我们对标过很多欧洲车型，欧洲车具体好在哪里，我们的车与他们相比又差在哪里？欧洲车的指标是多少，我们指标又是多少？这些都是亟待解决的疑问。

通过与奔驰、MAN、沃尔沃、斯堪尼亚的大量数据对标，我们建立了高品质评价指标体系，包括外观质量、内在质量、内在性能、可靠性指标等。整车研究室有位黄朝胜博士，我们搭档了很长时间。我提目标，他做试验，我俩一起合作，最终确定高品质功能和性能指标。这时我们对产品开发已有一些新领悟，我认为解放J7要想成功，不能只局限于研发，还要关注两个重要问题：一是高品质，一是全体系。

为什么强调全体系？从解放J5、解放J6到解放J7，这一路走来，都是研发牵头，研发人员做得很累，别人还不理解。这种工作模式肯定不正确。所以，做事前要充分沟通，要把意图告诉团队和相关部门。别人清楚后，才能按照研发人员的意图去做，才能事半功倍。

开发解放J7，不仅是举一汽技术中心的力量，更是举一汽集团的力量。

郭立群在解放 J7 对标试验现场

解放J7是一汽集团项目，一汽集团项目经理是王立志。关于解放品牌战略要达到的高度，他们也在做规划，解放J7项目便被纳入其中。

从研发到生产准备，解放J7已经不是一个单纯的技术开发项目，而是一个大项目群管理。按照这种思路运作，在一汽历史上还是第一次。我负责产品研发，前期研发路线较长，后面还有生产准备阶段，采购供应、市场销售各个环节都以项目形式提前介入。

解放J7项目2012年正式立项，项目代号Z1202。立项前两年，我们一直在做市场调查和前期策划。欧洲车是主要对标对象，但也不可能只对标欧洲车，最终还要结合中国实际情况，以市场为导向，去做市场调查。

我们策划过很多方案，不是简单地纸上谈兵，而是拿出模型车做试验，看结果表现如何。把这些都做完，才能得出我们重点追求的方向。我们还委托过一家调研公司，收集了几千个样本分析，最后得出第一重点是全生命周期成本最低。在这个基础上继续做分解——什么是可靠性，如何节油，达到多少指标才够得上全生命周期？

以节油为例，这是一个很大的目标体系，从风阻、结构、造型，到传动系、匹配、轮胎，可分为很多子项目。设计 CD 值（空气阻力系数）时，根据对标车型知道大概范围。设计造型前，告知设计人员，CD 值不能超过 0.57，他就按照这个目标设计。

再比如第二重点是舒适性，那就把舒适性指标再分解。解放 J6 的舒适性已经达到国内领先水平，解放 J7 如何提高？跟国外车型比较，发现对方驾驶室里噪声为 65~68 分贝，我们的是 70 多分贝，于是把噪声目标设定为 65 分贝，再进行分解。对需要改进的部位，一点一点地攻关。

解放 J7 项目挑战很大。这么大一个工程，图纸上的指标项就有上万个，有时一个指标牵涉到十几个专业。作为总布置，我这边定完指标，核算指标，通过后再下达。接手解放 J7 没多久，我就被提为副总工程师，但还兼着中重型车部部长，尽管累，但也有好处，容易调动资源。

体系联动模式

和前几代解放产品开发相比，解放 J7 项目呈现出体系联动的全新特点。设计部门不仅要提出品质精细化要求，还要和生产准备部门一起研究，确保最终交付的商品达到设计要求。也就是说，对高品质的要求不仅体现在设计环节，还体现在生产制造、采购和销售环节，甚至连物流运输都要考虑到，这在以前从未有过。

还以车架为例。通俗地讲，我们提出要求——大梁不能扭、不能弯，因为会影响整车品质。大梁弯了，装上驾驶室就会歪。驾驶室有一点耷拉，缝隙就全出来了，品质就无从谈起。为控制车架品质，车架厂在焊接和卡具上做了大量试验验证，用近一年时间才攻下难关。

按照体系联动开发模式，我们对供应商管理更严格。前期设计阶段，就让核心供应商加入进来。产品定义前，我们会选择两家供应商，让他们按图纸质量要求相互竞争，谁能达到要求就选谁。

提高操控性是解放J7要提升的重要指标之一，否则无法达到国际一流的精准操控性能。转向系统指标是实现操控性的关键，当时供应商无法满足技术指标，还不愿意做，因为要上设备、要改造，还要把新生产阀体从美国拿过来。但我们不能降低操控性的品控标准，就招标多家供应商进行选择，最后经过设计师和供应商多方努力，改进后性能达到设计要求。

开发驾驶室模具时，围绕驾驶室造型也有过争执，从中可以看出体系联动开发遇到的阻力。但最终效果证明，体系联动对高品质有推动作用。

解放J7驾驶室造型由意大利设计公司设计，突破了前几代解放产品平面造型特点，属立体造型。前围棱线横贯车门，直接横跨到后面，棱角分明，雕塑感强，既不失解放基因，又更具视觉冲击力。

解放J7原定2017年上市，后来推迟近一年。推迟的主要原因是为了保证高品质：一为降噪，当时国产竞品噪声70多分贝，奔驰为68分贝，我们设定了更高目标。二是对消声量要求较高，供应商达不到设计值。供应商不愿意改，他们的理由是，所有供货都这样，没必要改。我们就让他们看国外车效果，后来供应商改了生产线，最终达到预期值。

为实现解放J7高品质目标，从时间成本、人力成本到资金成本，可以说我们不遗余力地投入。但这也带来一个问题：如何在提升品质的同时，合理地控制成本？

典型的例子就是防腐防锈。很多国产车用一年就生锈，但进口车用多少年都不锈。车身漆、工艺、底漆、喷漆次数等对驾驶室影响很大，虽然最初不太影响直观效果，时间稍长对质量的影响就会显现。而且因为成本差很多，防腐防锈方面很容易被偷工减料。

供应商为保利润，最简单的办法就是通过降低品质来降低成本。解放

J7 对表面质量要求高，自然不可能降低标准。我们主要还是发挥体系联动作用，通过提升质量管理体系，把供应商纳入管理体系。

总体来看，在处理品质和成本这对矛盾时，我们始终把握两个原则：第一，高品质是核心，首先要确保高品质指标实现，在这个基础上研究如何控制成本。第二，策划前期对单车成本进行策划，实现降本增效，发挥技术创新的作用。解放J7 大量采用创新性材料，如铸件采用新型球墨铸铁，挡泥板采用新型复合材料，重量比原来轻，成本得到控制，效能不降反增。解放J7 成本最终达到策划目标要求。

VCU 控制单元

通过几年努力，解放J7 基本实现全生命周期成本最低设计目标，在可靠性、节油方面继续提升和延续解放品牌口碑。另外，这几年行业也在向“新四化”（电动化、智能化、网联化、共享化）转型，这是大趋势。

开发解放J7 时，我们坚持要给它装上 VCU（实现整车控制决策的核心电子控制单元），这是汽车智能化的基础。现在解放车已有 30%~40% 零部件实现电子化，发动机、变速箱等动力总成，以及驾驶室内都有自己的 ECU（电子控制单元）。从 EBS（电子控制制动系统）、ABS（制动防抱死系统）到 ESP（车身电子稳定系统），再到底盘，我们增加了很多电控系统。

这么多电控单元，基本都各管各的，它们之间缺乏协调，没有一个中央控制大脑。当时我们还面临另一个问题——线束太多。车架里到处都是线束，既笨重又凌乱，连支架都没办法做。要解决这个问题，就要中央控制，为车装上 VCU。

在我看来，车有没有装 VCU，不仅是电控一体化问题，还体现出我们对用户的尊重。因为随着行业发展进步，像可靠性和节油这些指标，都将成为商用车的基本属性。新一代用户追求更安全、更舒适的驾驶体验，没有 VCU 就很难通过智能化设计来满足这些需求。其实，以 VCU 为主体的解放J7E/E架构使解放J7一投产就成为国内线控底盘最好的智能卡车。

把控制软件装到VCU里，用VCU控制刹车系统，这是中重型车部的独创。授权德国供应商生产，初始成本增加不到100元，后来成本基本忽略不计。每次参展，该供应商都会展示这个功能，作为产品亮点。他们说，在中国，能给德国公司提出要求的只有一汽解放，这也是他们愿意跟一汽解放深入合作的原因。

为保证整体电子电气可靠性，我们专门成立项目组做线束管理。减少品种，简化装配，固定牢靠，还进行了线束的模块化设计，做到品种少、改动少，变型车做线束非常简单。

这期间，市场上出现越来越多的可交互电子产品。但因有VCU基础，我们在智能化方面为用户创造了新的使用体验。解放J7车载终端显示屏功能强大，里面有个菜单叫“解放J7学院”，集纳了解放J7的维修、保养、使用说明以及节油驾驶方法等，方便用户查找和使用。

随着科技进步，商用车越来越智能化，主流厂家都在研究自动驾驶。一汽解放是较早进入这个领域的企业之一，从L2级自动驾驶产品发展到具有L4级自动驾驶的解放J7。因为有VCU，我们在解放J7平台上开发自动驾驶系统就更加方便，最能满足车规级要求。

三个体会

虽然我已退休，但还以返聘身份继续为一汽解放工作。解放技术研发体系已有70年历史，我有幸参与最近的30年，这也是解放技术快速发展的30年。回顾我参与的解放技术研发史，我有三个体会。

第一个体会，技术进步不是突变，而是渐进式的积累过程。解放技术研发体系的70年，就是这么一步一步走过来的；解放在重型商用车技术上取得的成就，也是这么一点一点创造出来的；我个人从中获得的成长经验，也是这么一年一年积累起来的。

产品开发可以加快某些步骤，但绝不可能跳过某些重要步骤。从解放J5到解放J6，再到解放J7，产品品质的提升过程就是不断摔打、不断总结、不断积累的过程。我们在前一代产品研发上犯下的每个错误，都会成为下一代产品研发过程中的铺路石。如果没有前面几代研发人的艰苦努力和积累，也就无法成就解放商用车今天的辉煌地位。

就研发人员而言，当积累的经验达到一定高度后，对事物本质的认知和感悟就比做具体工作更重要。开发解放J5时，我们遇到过不少问题，这些问题当时为什么解决不了？不仅是当时技术条件不具备，更主要的是我们缺乏系统认知，这种认知需要一点一点地积累。开发解放J7时，我们才有了对产品高品质的感悟。

第二个体会，商用车研发是一个大工程，需要体系化支撑。从解放J5

解放J7核心技术团队

到解放J7，项目越来越多，支撑体系也越来越庞大。开发解放J5时，新重型项目只有五六个人主导，背后支撑团队实际有100多人。到开发解放J7时，更是举全技术中心之力，单技术力量，背后就有上千人。

这样一个庞大体系，绝不是靠一位项目经理就能拉动的，这需要整个团队达成一种共识，并共同努力。而达成这种共识，不仅需要共同愿景，更需要体系化的研发文化支撑，包括技术体系、质量控制和流程再造等。我们就是依靠这种体系联动的研发文化来打造解放J7，这种文化的形成，离不开前几代产品开发过程中摔打和总结出的经验教训，是水到渠成的结果。

第三个体会，为一汽效力30年，见证过技术中心的分分合合。从研发人员角度来看，这种分合最终要由市场之手来推动。

我刚工作时，是在长春汽车研究所。2001年，一汽将工艺处和技术处部分业务合并，成立一汽技术中心，对技术投入的力度更大、更集中，各种资源得到整合。当时我们非常有干劲，经常去接触用户，有问题马上到试验室解决，每个项目都能看到成果。

后来商用车和乘用车分开，分家的滋味很难受，也很不舍，我用近一年时间才调整过来。商用车开发院和一汽解放结合后，能更精准地面对市场。一汽解放之所以能开发出一系列受用户欢迎的商用车，我个人认为和现在这种产、研紧密结合的体系有很大关系。

中国商用车市场前景无限，但竞争同样激烈。从电动化到智能化，新技术发展必将导致商用车重新洗牌。为此，我们必须要有前瞻性的策略、强大的技术储备和快速的应对机制，商用车开发院要和生产销售部门抱成一团、协同一致，在市场激流中抢滩，一汽解放才能保住“中国第一”的位置，真正实现“国际一流”的目标。

后 记

为什么是解放

1963年，一个名叫盐野七生的日本人到意大利游学，两年后回国，她深感日本是一个没有英雄的国度，唯有昔日罗马能让她一圆英雄梦。不久，她再赴意大利，并定居罗马，终生研究罗马史。29年后，这位女作家完成鸿篇巨制《罗马人的故事》系列，透彻而清晰地重现了罗马帝国1300多年的时空画卷。

每个人心中都藏着一个英雄梦。

本书呈现的23个人物，既包括中国汽车技术领域权威孟少农，也包括庄群、刘经传、支德瑜、韩玉麟、徐兴尧、林水俊、周颖、郭孔辉、冯建权、田其铸、姚贵升、朱德照、王秉刚、许宪志等老一辈汽车研发人，还包括董春波、李骏、朱启昕、吴碧磊、尚兴武、赵国清、钱恒荣、郭立群等新一代解放产品研发者和管理者。他们讲述的故事，构成了中国汽车工业研发史的集体记忆。

这是一段跨越70年的历史，我试着将这70年划分为两部分。

第一部分呈现前40年的成长岁月，它解答中国汽车工业的研发从何时开始、又如何发展，某种程度上，这也是解放研发史的成长历程。那是一个英雄辈出的时代，也是一个时势造英雄的时代。从模仿到自主，从逆向开发到正向开发，老一辈研发人披荆斩棘，开辟出一条汽车研发的探索之路。

如果说前40年是中国汽车研发从0到1的过程，那么本书的第二部分聚焦的是在商业回归、英雄退隐、“新四化”浪潮席卷而来的时代背景下，新一代解放研发人如何以解放为蓝本，从创领走向超越的艰难历程。

在本书后半部徐徐展开的30年里，我们会读到一些迥异以往的记录。他们突破跨国公司掣肘，以己之力，最终摘取皇冠上夺人心魄的明珠。他们从中型向重型突围，十年磨一剑，打造具有世界一流水平的现代化产品。70年来，他们一次次地挥起技术长矛，攻破堡垒，在珠峰南坡上树起中国品牌的猎猎大旗。30年来，在中国商用车企业纷纷合资的背景下，他们用一套独特的商业哲学捍卫着中国汽车技术的价值与尊严，打造一个集研、产、供、销于一体，集机、箱、桥核心技术于一体的全价值链企业。

他们浓墨重彩地绘就了一张跨时代的解放画卷。他们是这个时代当之无愧的英雄。通过近距离接触和记录，我看到了他们坚韧的力量。他们就是我梦中的英雄。

为什么是罗马？

盐野七生在15本《罗马人的故事》系列中，一直自我设问并努力回答——这些古罗马人，他们智力不及希腊人，体力不及高卢人，技术不及埃特鲁利亚人，财力不及迦太基人，但为什么能打败对手，建立并维持一个庞大的罗马帝国？

今天的中国汽车市场呈现两极分化。2019年，在乘用车市场，中国品牌仅占39.2%；在商用车市场，中国品牌占有率达90%以上。其中，2016年，解放重卡重回第一，自2017年起，解放中、重卡连续3年领跑。

为什么是解放？

相信读者诸君一定能从本书中找到答案。

葛帮宁

2020年5月30日

致谢

这本书能顺利出版，要感谢很多人。

首先感谢所有接受访谈的讲述者。因为您们的理解与支持，我们才有机会记录这个时代的英雄。

感谢何光远、刘经传、韩玉麟、徐兴尧等老一辈汽车人，因为您们的厚爱与宽容，我们才有机会更好地呈现解放70年研发史。

感谢安庆衡、傅京生、支敏、孟运、张超、张学东、潘成、顾民等的鼎力相助。因为您们的教诲与劝勉，我们才能更好地见证和记录。

感谢董宽、刁艳群的专业支持。因为您们的辛劳，这本书才得以顺利出版。

感谢张国华、唐昱、任瑞杰、于雪梅、李日升、石博、许畅等的热情支持。

特别感谢中国汽车工业咨询委员会、一汽咨询委员会、一汽解放商用车开发院、中国工人出版社等单位的大力支持。

也感谢我的同事和家人。

由于时间仓促，水平有限，本书的纰漏和不足之处，恳请各界人士指正。书中部分资料和图片由一汽解放商用车开发院和受访者提供，如有不恰当之处，请与本书作者联系，邮箱 gbngbn@126.com。